D1699622

MICHAEL KASPER
BASKISCHE GESCHICHTE

MICHAEL KASPER

BASKISCHE GESCHICHTE

Mit einem Schlußkapitel von
Walther L. Bernecker

Einbandgestaltung: Martin Veicht, 2design Regensburg.

Einbandbild: Guggenheim-Museum, Bilbao.
Foto: picture-alliance, Bildagentur Huber.

Die Deutsche Nationalbibliothek verzeichnet diese Publikation
in der Deutschen Nationalbibliografie;
detaillierte bibliografische Daten sind im Internet über
http://dnb.d-nb.de abrufbar.

Das Werk ist in allen seinen Teilen urheberrechtlich geschützt.
Jede Verwertung ist ohne Zustimmung des Verlages unzulässig.
Das gilt insbesondere für Vervielfältigungen,
Übersetzungen, Mikroverfilmungen und die Einspeicherung in
und Verarbeitung durch elektronische Systeme.

2., bibliographisch aktualisierte und mit einem Schlußkapitel
von Walther L. Bernecker versehene Auflage 2008
© 2008 by WBG (Wissenschaftliche Buchgesellschaft), Darmstadt
1. Auflage 1997
Die Herausgabe des Werkes wurde durch
die Vereinsmitglieder der WBG ermöglicht.
Gedruckt auf säurefreiem und alterungsbeständigem Papier
Printed in Germany

Besuchen Sie uns im Internet: www.wbg-darmstadt.de

ISBN 978-3-534-21478-5

INHALT

Danksagung VII

Einleitung 1
  Allgemeines 1
  Geographische Voraussetzungen 3
  Die baskische Sprache 6

Baskische Vor- und Frühgeschichte 12
  Vorgeschichte 12
  Vorrömische Stammesgliederung 15
  Romanisierung 17
  Christianisierung 19
  Der Niedergang der römischen Kultur 22
  Widerstand gegen Westgoten, Franken und Araber 24

Das baskische Mittelalter 30
  Herausbildung der Territorien 30
  Die urbane Revolution 35
  Politische Veränderungen im Spätmittelalter 40

Das Zeitalter des Foralwesens 51
  Die Fueros als Grundlage der Stabilität 51
  Die Wirtschaft im 15. und 16. Jahrhundert 60
  Die Krise des 17. Jahrhunderts 65
  Konflikte mit den Zentralgewalten 69
  Der Aufstieg des Handelsbürgertums 75

Das Ende des Foralsystems 82
  Die Französische Revolution und ihre Folgen 82
  Der Volkskrieg gegen Napoleon 88
  Das südliche Baskenland im Konflikt zwischen Liberalismus
    und Absolutismus 94
  Der Erste Karlistenkrieg 100
  Die letzte Etappe des Foralsystems 105
  Der Zweite Karlistenkrieg 113

Die Entstehung der modernen baskischen Gesellschaft 119
  Die industrielle Revolution 119
  Die Entstehung des baskischen Nationalismus 125
  Soziale und politische Konflikte in der Industriegesellschaft . 132
  Das südliche Baskenland in der Spanischen Republik 143
  Der Spanische Bürgerkrieg im Baskenland 153
  Die Basken im Zweiten Weltkrieg 162

Das südliche Baskenland unter der franquistischen Diktatur . 165
  Repression, Widerstand und Konsolidierung
    des franquistischen Staates 165
  Wirtschaft und Bevölkerung zur Zeit des Franquismus . . . 170
  Die Entstehung des radikalen Nationalismus von ETA . . . 174
  Das Ende des Franquismus 180

Das südliche Baskenland in der spanischen Demokratie . . . 184
  Autonomie und parlamentarische Demokratie 184
  Der Wandel von der Industriegesellschaft
    zur Dienstleistungsgesellschaft 193
  Die Fortsetzung des bewaffneten Kampfes durch die ETA
    und die Entwicklung der „Taktischen Alternative KAS" . 197
  Die „Erholung" der baskischen Sprache im südlichen
    Baskenland 205

Das nördliche Baskenland vom Zweiten Weltkrieg bis heute . 209
  Wirtschaft, Bevölkerung und Sprache 209
  Die Entwicklung des baskischen Nationalismus
    im nördlichen Baskenland 211

WALTHER L. BERNECKER
Die politische Entwicklung seit 1995 217

Auswahlbibliographie 227

Zeittafel 230

Karte 238

DANKSAGUNG

Folgenden Personen bin ich zu besonderem Dank verpflichtet:
Frau Karmele Santamaría, Leiterin des Dokumentationszentrums im Institut für Baskische Studien der Universität Deusto (Bilbao), die mir immer mit bibliographischem und historiographischem Rat half und für jedes Problem eine Lösung wußte.

Dr. José Urrutikoetxea, Dozent an der Universität des Baskenlandes in Leioa (Bilbao), in dessen Geschichtsunterricht ich dank seines bewundernswerten Weitblicks die Faszination der Geschichte des Baskenlandes vermittelt bekam und der mich bei der Vorbereitung dieser Arbeit entscheidend unterstützte.

Dr. Jürgen Lange, Spezialist in baskischer Wirtschaftsgeschichte des 18. Jahrhunderts, der mir immer mit selbstloser Hilfe und kritischen Kommentaren zur Seite stand und mir in der Endphase dieser Arbeit entscheidende Hilfestellung geleistet hat.

Herrn Mikel Alberdi, Direktor des Zumalakarregi-Museums in Ormaiztegi (Gipuzkoa), sowie den Mitarbeitern dieses Museums, unter deren Anleitung ich die ersten Schritte in der Erforschung der baskischen Geschichte machte und deren Museum mein bevorzugtes Forschungszentrum ist.

Prof. Dr. Günter Kahle, ehemaliger Direktor des Instituts für Iberische und Lateinamerikanische Geschichte der Universität zu Köln, der trotz aller Schwierigkeiten und vielfältiger Projekte immer zu mir hielt und ohne den ich nie angefangen hätte, historische Forschungen anzustellen.

Der Bevölkerung der baskischen Kleinstadt Gernika, der „Heiligen Stadt der Basken", Symbol der baskischen Freiheiten, wo ich herzlich aufgenommen wurde, wo man mich immer unterstützte und wo ich eine neue Heimat fand. Besonderen Dank an Familie Bilbao Erleaga, die mir in jeder Situation bereit war zu helfen.

EINLEITUNG

Das Baskenland ist keine politisch-administrative Einheit, sondern versteht sich als ethnische und kulturelle Gemeinschaft, die vor allem von der gemeinsamen Sprache getragen wird. Die Basken bezeichnen sich selbst als *euskaldunes*, was „Baskisch-Sprecher" bedeutet, und ihr Land als *Euskal Herria*, „Land der Baskisch-Sprecher", also „Land der Basken". Das Zusammengehörigkeitsgefühl der Basken geht damit über politische und administrative Grenzen hinaus und erstreckt sich vielmehr auf ethnische, kulturelle, historische und insbesondere sprachliche Identität.

Allgemeines

Bei der Beschäftigung mit dem Baskenland stoßen wir von Beginn an auf Probleme der begrifflichen Abgrenzung. Unter dem deutschen Begriff „Baskenland" versteht man das „Land der Basken", was sowohl die vier Territorien umfaßt, die zum spanischen Staat gehören, als auch die drei Territorien im französischen Staatsgebiet. Zusammen entspricht dies dem baskischen Begriff *Euskal Herria*. Die Geschichte dieses Gebietes soll in diesem Buch dargestellt werden.

Der moderne spanische Begriff *País Vasco* ist dagegen auch die Bezeichnung der spanischen autonomen Region (einem deutschen Bundesland vergleichbar), deren baskischer Name *Euskadi* ist. Der französische Begriff *Pays Basque* bezieht sich nicht auf eine politisch-administrative Einheit, die es im französischen Staat in dieser Art nicht gibt, sondern meint das gesamte Baskenland, ebenso wie der deutsche Ausdruck.

Innerhalb des Baskenlandes muß man verschiedene geographische Einheiten unterscheiden, die seit dem Mittelalter unterschiedliche politische, kulturelle und institutionelle Wege gingen. Dabei unterscheiden wir einerseits *Iparralde*, was „der nördliche Teil" bedeutet und die drei Territorien meint, die im französischen Staatsgebiet liegen, und *Hegoalde*, „der südliche Teil", der zum spanischen Staat gehört. Die weithin üblichen Bezeichnungen „französisches" und „spanisches Baskenland" lehnen wir ab, weil sie sich auf eine neuzeitliche politische Orientierung beziehen, die wir innerhalb einer „Geschichte des Baskenlandes" für unangebracht halten. Innerhalb von Hegoalde unterscheiden wir das mittelalterliche Königreich *Navarra* und die drei westlichen Territorien *Alava, Gipuzkoa* und *Bizkaia*. Die drei Territorien in Iparralde sind *Labourd, Soule* und Nieder-Navarra; letzteres bildete bis 1530 eine Einheit mit dem Königreich Navarra auf der Iberischen Halbinsel. Wegen der historischen Beziehungen benutzen wir den deutschen Namen.

Eine weitere geographische Unterscheidung ist aufgrund der Naturräume vorzunehmen, deren Beschaffenheit entscheidende Konsequenzen wirtschaftlicher, sozialer und sprachlicher Art hatte. Zu unterscheiden sind das „atlantische Baskenland", dessen Bäche und Flüsse sich in den Golf von Biskaya ergießen, und das „mediterrane Baskenland", dessen Wasser in den Ebro und von dort ins Mittelmeer fließen. Zum atlantischen Gebiet gehören die drei Territorien Iparraldes, Bizkaia, Gipuzkoa und der nordwestliche Teil Navarras; das mediterrane Gebiet bilden Alava und der größte Teil Navarras. Doch nicht nur das Ziel der Flüsse unterscheidet das mediterrane vom atlantischen Gebiet, sondern viele Eigenschaften mehr, die diese Region mit anderen mediterranen Gebieten gemein hat, wie ein trockeneres Klima mit heißeren Sommern und kälteren Wintern, andere landwirtschaftliche Produkte wie Wein, Oliven usw., und auch eine andere Siedlungsweise: Während im atlantischen Raum mit Ausnahme der Küstenorte Streusiedlungen vorherrschen, sind es im mediterranen Raum größere befestigte Ortschaften. Die unterschiedlichen Naturräume hatten auch entscheidende historische und sprachliche Konsequenzen, denn der mediterrane Raum wurde erheblich stärker romanisiert, was zur Verdrängung der baskischen Sprache führte, so daß sie heute in Alava und im mediterranen Navarra nur noch von einem kleinen Teil der Bevölkerung gesprochen wird.

Der Begriff Euskal Herria = „Baskenland" = „Land der Basken" ist eine linguistische Bezeichnung und meint das Land, das von den Sprechern der baskischen Sprache bewohnt wird. Eine Sprache verhält sich aber nicht statisch, sondern dynamisch und variabel, womit sich die Grenzen des Baskenlandes als Land der Baskisch-Sprecher auch ständig verändern müßten. Dennoch wird damit heute allgemein ein weiterer Begriff bezeichnet, der sich auf das Stammland der Basken in einer bestimmten historischen Epoche bezieht, und zwar im Hochmittelalter, als das Königreich Navarra den gesamten baskischen Sprachraum beherrschte. Auch diese Definition hat ihre Schwäche, weil schon zu jener Zeit die baskische Sprache aus dem navarrischen

Ebrotal verdrängt war. Trotzdem wäre es unhistorisch, Teile des Kerngebiets der navarrischen Monarchie aus dem Begriff „Baskenland" auszuschließen. Andere Gebiete, in denen in römischer und vorrömischer Zeit Baskisch gesprochen wurde, wie weite Teile der zentralen Pyrenäen und das klassische Aquitanien sowie Bereiche der heutigen spanischen Provinzen La Rioja, Soria und Burgos, werden dagegen nicht in den Begriff *Euskal Herria* einbezogen.

In der vorliegenden Arbeit sprechen wir von den sieben baskischen „Territorien"; dies ist die objektivste Form der Benennung, denn um „Provinzen" handelt es sich nicht. Navarra war lange Zeit ein Königreich und ist heute eine autonome Region innerhalb des spanischen Staates. Für Alava, Gipuzkoa und Bizkaia ist erst seit Mitte des 19. Jh. die Bezeichnung „Provinzen" üblich. In Iparralde dagegen erkennt die französische Verwaltung keine drei baskischen Provinzen an, sondern die drei Territorien bilden nur Verwaltungsbezirke innerhalb des *Département Pyrénnées Atlantiques*.

Zur Schreibweise der Ortsnamen sei anzumerken, daß es oft zwei Bezeichnungen gibt, und zwar auf baskisch und auf französisch oder spanisch. Wir geben die Ortsnamen so wieder, wie es heutzutage üblich ist, d. h. in Iparralde auf französisch und in Hegoalde so, wie es von der betreffenden Kommunal- oder Territorialverwaltung beschlossen wurde.

Geographische Voraussetzungen

Die sieben Territorien des Baskenlandes umfassen etwa 20 000 qkm. Das Baskenland erstreckt sich vom Berg Auñamendi (2504 m) in den Pyrenäen bis nach Westen zum westlich des Flusses Nervión gelegenen Gebiet der Encartaciones. Die nördliche Grenze ist das Tal des Flusses Adour und die südliche Grenze der Ebro. Die wichtigsten geographischen Merkmale sind die Lage am Golf von Biskaya und der stark bergige Charakter mit Hochgebirgen, die sich von Westen nach Osten erstrecken und das Baskenland in zwei sehr unterschiedliche Klimazonen trennen.

Die Pyrenäen im Osten des Baskenlandes fallen langsam nach Westen hin in den Golf von Biskaya ab. Die geringe Höhe ihrer Pässe erlaubte schon vor Tausenden von Jahren eine recht unproblematische Überquerung. Entgegen der weitverbreiteten Meinung waren die Pyrenäen niemals eine Grenze, die Völker auf ihrer Wanderung aufgehalten hätte. Ganz im Gegenteil förderte die Transhumanz der Hirten, die jahrtausendelang u. a. zwischen den nördlichen und südlichen Pyrenäentälern betrieben wurde, sogar einen kulturellen Austausch zwischen verschiedenen Völkern und Kulturen. Bester Beweis ist jedoch, daß die baskische Sprache beiderseits der Pyrenäen gesprochen wird. Die geographische Lage des Baskenlandes machte es also einerseits zum Durchgangsgebiet von Invasionen und Völkerwanderungen; die schwer zugänglichen bergigen Regionen waren aber andererseits ein gutes Rückzugsgebiet, und während die landwirtschaftlich nutzbaren Gebiete des mediterranen Baskenlandes und des Adourtales im Norden für alle Besetzer interessant waren, blieb das restliche Gebiet aufgrund seiner landwirtschaftlichen Armut bis ins Hochmittelalter weitgehend unberührt von äußeren Einflüssen. Dies ist der wichtigste Grund für das Überleben der baskischen Kultur und besonders seiner außergewöhnlichen Sprache.

Im Nordwesten Navarras schließt sich an die Pyrenäen fast übergangslos das Kantabrische Gebirge an, dessen höchste Erhebungen in Ost-West-Richtung die Berge von Aralar (1408 m) an der Grenze zwischen Navarra und Gipuzkoa, Aizkorri (1544 m) zwischen Alava und Gipuzkoa und Gorbeia (1475 m) zwischen Alava und Bizkaia sind. Diese Bergkette, die sich vom Westrand der Pyrenäen bis nach Galicien erstreckt, erreicht im Baskenland mit 600 m ihre niedrigsten Höhen und ist somit nicht nur eine Barriere, sondern auch eine Verbindung, die zu allen Zeiten der Menschheitsgeschichte auf dem Weg von Europa nach Süden überquert wurde. Das Kantabrische Gebirge im Baskenland wird darum als „Baskische Schwelle" bezeichnet. Als das kastilische Königreich im Mittelalter den Handel mit Europa suchte, bevorzugte es die baskischen Häfen, weil die Berge des Baskenlandes am leichtesten zu überwinden waren.

Das Kantabrische Gebirge ist nicht nur Wasserscheide, sondern auch Wetterscheide. Nördlich dieser Berge herrscht ein feucht-gemäßigtes Klima vor, das dem mitteleuropäischen Klima sehr ähnelt. Besonders die Nähe des Meeres führt dazu, daß sowohl die Sommer als auch die Winter mild sind. Die Niederschläge sind gleichmäßig über das Jahr verteilt, ihre Menge liegt zwischen 1200 und 2000 mm pro Jahr. Südlich der Wasserscheide nehmen die Niederschläge ab und betragen im Süden Navarras am Ufer des Ebro nur etwa 500 mm pro Jahr. Auch das Klima des sog. mediterranen Baskenlandes wird noch als gemäßigt bezeichnet, wenn auch mit klaren mediterranen Einflüssen, die weiter südlich immer deutlicher werden. Im mediterranen Baskenland gibt es aufgrund des spanischen Festlandklimas heiße, trockene Sommer, aber kalte Winter.

Die geographische Beschreibung der einzelnen Territorien beginnen wir mit den Territorien in Iparralde, die alle drei eine ähnliche Orographie aufweisen. Im Süden werden sie von den Pyrenäen begrenzt, die von Soule über Nieder-Navarra nach Labourd immer niedriger werden. Ans Hochgebirge schließen sich nach Norden die hügeligen Vorpyrenäen an, die im Norden Nieder-Navarras und Labourds schließlich in die fruchtbare Ebene des Adourflusses übergehen.

Im Westen von Labourd bildet der Fluß Bidasoa die Grenze zu Gipuzkoa, dessen Gebiet die ungünstigsten Voraussetzungen für eine infrastrukturelle Erschließung bietet. Die Romanisierung erreichte dieses Territorium – wenn überhaupt – nur an ausgesuchten Orten an der Küste, und bis ins 18. Jh. waren die Verbindungen mit dem mediterranen Baskenland mehr als prekär. Selbst innerhalb von Gipuzkoa sind die Verbindungen ungünstig, da es sich aus verschiedenen Tälern bildet, die in Nord-Süd-Richtung verlaufen und von steilen Bergzügen getrennt sind. So entwickelten die Täler des Bidasoa, Urumea, Oria, Urola und Deba (von Osten nach Westen) eine jeweils eigenständige Infrastruktur. Diese regionale Besonderheit erschwerte die Entwicklung einer Hauptstadt, die erst nach Überwindung der größten Hindernisse Mitte des 19. Jh. San Sebastián wurde.

Das Relief von Bizkaia dagegen wird eindeutig vom weiten Tal des Flusses Ibaizabal dominiert, der – anders als in Gipuzkoa – in Ost-West-Richtung fließt, um im Westen nach dem Zusammenfluß mit dem Nervión, dessen Namen er annimmt, bei Bilbao ins Meer zu fließen. Die günstige Lage prädestinierte Bilbao als Hauptstadt Bizkaias. Die Küste Bizkaias ist ebenso schwer zugänglich wie die Küste Gipuzkoas, und die Verbindungen nach Süden sind ebenfalls durch die Berge erschwert, so daß auch dieses Gebiet nur sporadisch an der Küste romanisiert wurde.

Alava hat ein ganz eigenes Gepräge. Im Zentrum befindet sich die ausgedehnte Alavesische Hochebene (*Llanada Alavesa*) mit Höhen zwischen 500 und 600 m. In ihrem Zentrum liegt die Hauptstadt Vitoria und nicht weit von ihr die von den Römern angelegte Siedlung Iruña. Die alavesische Ebene ist auf allen Seiten von Bergen umgeben; im Norden sind es die obengenannten Gipfel des Kantabrischen Gebirges, das die Wasserscheide zwischen atlantischem und mediterranem Gebiet bildet, und im Süden die sog. Äußeren Vorpyrenäischen Gebirge. Hinter diesem Gebirgszug fällt Alava steil zum Ebrotal ab, das sich in 400 bis 450 m Höhe befindet. Diese Südflanke des Territoriums wird Alavesische Rioja genannt und ist hervorragend für den Weinbau geeignet. Sowohl diese landwirtschaftlich reiche Gegend als auch die Alavesische Hochebene erlebten eine frühe Romanisierung, und die wichtige Straße von Astorga und Burgos verlief über Alava nach Pamplona und von dort nach Bordeaux. Das Tal des Flusses Arakil, beidseitig von hohen Bergzügen flankiert, bildet einen Korridor von etwa 40 km, der die Alavesische Hochebene und die Ebene von Pamplona verbindet. Pamplona ist seit jeher die Hauptstadt Navarras und liegt strategisch günstig zwischen den Pyrenäen im Norden und dem Ebrotal im Süden, wo sich der südliche Hauptort Tudela befindet. Navarra weist die größten geographischen Unterschiede des gesamten Baskenlandes auf. Es gibt sowohl Hochgebirge im Nordosten mit 2500 m Höhe als auch ein vom atlantischen Klima beeinflußtes Gebiet im Nordwesten im Tal des Bidasoa, wo Navarra fast die Küste erreicht; nach Süden hin verändern sich Topographie und Klima zusehends, um im Ebrotal, der sog. navarrischen *Ribera* (dt. Ufer), ein ausgesprochen mediterranes Gepräge zu bekommen.

Navarra wurde als erstes baskisches Territorium romanisiert, und Pamplona wurde als *Pompaelo* im Jahr 75 v. Chr. von Pompeius angelegt. Dieser Ort lag strategisch wichtig auf dem Weg von Astorga über Vitoria nach Bordeaux, und nördlich von Pamplona war der Ibañetapaß (1058 m) bei Roncesvalles der bevorzugte Pyrenäenübergang. Nachdem im 9. Jh. das Grab des Apostels Jakobus (spanisch *Santiago*) in Galicien im Nordwesten der Iberischen Halbinsel entdeckt worden war, führte der Pilgerweg nach Santiago de Compostela von Mitteleuropa über ebendiese alte Römerstraße durch Navarra. Der sog. Jakobsweg hatte entscheidenden Anteil an der frühen Wirtschaftsentwicklung des Königreichs Navarra, das im 11. Jh. auf dem Höhepunkt der Pilgerfahrten seine Blütezeit erlebte.

Die baskische Sprache

Bei der baskischen Sprache – auf baskisch *Euskera* oder *Euskara* genannt – handelt es sich um die einzige überlebende vorindoeuropäische Sprache und damit um die älteste Sprache Westeuropas. Obwohl Sprache und Kultur der Basken seit mehr als 2000 Jahren zuerst von der römisch-lateinischen und dann von der französischen und spanischen Sprache und Kultur dominiert wurden, hat sich die baskische Sprache bis heute erhalten können. Euskera ist damit ein in Europa einzigartiges Phänomen und ein europäisches Kulturgut.

Die ersten schriftlichen Erwähnungen der Basken stammen von

griechischen (Polibius, Strabon, Ptolomeus) und römischen (Sallust, Plinius, Tacitus) Gelehrten, die barbarische Stämme erwähnten, die das heutige baskische Siedlungsgebiet bewohnten. Außerdem sind vereinzelte Inschriften aus der Zeit des Römischen Reiches erhalten, besonders Grabsteine, auf denen baskische Eigennamen zu lesen sind; darüber hinaus gibt es seltenere baskische Sprachzeugnisse auf Münzen und in einem Mosaik. All diese Zeugnisse belegen, daß die baskische Sprache vor 2000 Jahren in einem größeren Gebiet gesprochen wurde als heute, und zwar im Norden fast bis Bordeaux, im Südwesten bis Burgos und in den Pyrenäen bis Katalonien. Die Ortsnamen, die auf die baskische Sprache zurückzugehen scheinen und die sich auf der gesamten Iberischen Halbinsel finden lassen, sind dagegen oft falsch interpretiert worden, und in vielen Fällen sind sie auf andere Etymologien oder auf spätere baskische Besiedlung zurückzuführen.

Seit dem 16. Jh. bemühte man sich um die Erklärung der Herkunft dieser mysteriösen Sprache. Dabei ging man fälschlich davon aus, daß in vorrömischer Zeit auf der gesamten Iberischen Halbinsel Baskisch gesprochen worden sei. Es fällt auf, daß in der Frühzeit der baskischen Sprachwissenschaft ein Schwergewicht auf den hispanischen Charakter der baskischen Sprache gelegt wurde. Das Vorkommen des Baskischen nördlich der Pyrenäen wurde mit einer baskischen Invasion in fränkisch-westgotischer Zeit erklärt.

Die wissenschaftliche Beschäftigung mit der Herkunft der baskischen Sprache setzte mit Wilhelm von Humboldt ein, der das Baskenland im Jahr 1801 bereiste und sogar Euskera lernte. Er glaubte, daß das Baskische der letzte Rest der iberischen Sprache sei, die in vorrömischer Zeit auf der gesamten Iberischen Halbinsel gesprochen worden sei. Humboldt begründete damit die Theorie des sog. „Vasco-Iberismus", der später illustre Wissenschaftler anhingen, wie Hugo Schuchardt oder Menéndez Pidal.

Im Jahr 1877 glaubte der gaskognische Mediävist Luchaire beweisen zu können, daß die von Caesar und Strabon erwähnte aquitanische Sprache baskischen Charakter hatte, wobei er sich im wesentlichen auf die römischen Inschriften in Aquitanien stützte. Ein Jahrhundert später wurde diese Vermutung durch Luis Michelena bewiesen. In den 50er Jahren verglich er den Wortschatz und das phonologische System der aquitanischen Sprache vor 2000 Jahren mit den ältesten baskischen Sprachzeugnissen aus dem 16. Jh. und kam eindeutig zu der Erkenntnis, daß Aquitanisch zum baskischen Sprachtypus gehörte, ein direkter oder nahverwandter Vorläufer des historischen Euskera war und sich klar von den Nachbarsprachen unterschied.

Luchaires Erkenntnisse gegen Ende des 19. Jh. hatten kaum Einfluß auf die Sprachwissenschaftler, die sich mit der Iberischen Halbinsel beschäftigten. Romanisten und Indogermanisten waren von der Gültigkeit der Theorie des Vasco-Iberismus so überzeugt, daß sie diese ein Jahrhundert lang nicht in Frage stellten. Der Höhepunkt dieser Theorie wurde mit dem genialen österreichischen Sprachwissenschaftler Hugo Schuchardt (1842–1927) erreicht. Er versuchte, verwandte Sprachen des Baskischen zu finden, und verglich zunächst das Baskische mit dem Georgischen und anderen kaukasischen Sprachen (1895) und später mit dem Berberischen und anderen hamitischen Sprachen (1908). Für Schuchardt war Baskisch der letzte Rest der iberischen Sprache; folglich sei Baskisch mit den hamitischen Sprachen verwandt. Der Höhepunkt von Schuchardts baskologischen Studien war schließlich die Veröffentlichung von *Primitiae Linguae Vasconum. Einführung ins Baskische.*

Schuchardts Versuch war jedoch verfrüht, da die Entschlüsselung des iberischen Alphabets erst Manuel Gómez Moreno im Jahr 1943 gelang. Dadurch konnte bewiesen werden, daß es sich bei der iberischen Sprache nicht um einen direkten Vorläufer des Baskischen handelte, denn trotz einiger Ähnlichkeiten, die durch Nachbarschaft und durch ihre Eigenschaften als vorindoeuropäische Sprachen erklärlich sind, ist die baskische Sprache zur Entschlüsselung der iberischen Texte wertlos. Antonio Tovar kam zu dem Schluß, daß Iberisch und Baskisch keine verwandten Sprachen sind: Von tausend untersuchten iberischen Wörtern hatten nur 51 Gemeinsamkeiten mit dem Baskischen, zu wenig, um von Verwandtschaft zu sprechen.

Da man in der Zeit des Vasco-Iberismus ebenfalls davon ausging, die iberische Sprache den hamitischen Sprachen zuzuordnen, war auch der von Schuchardt durchgeführte Vergleich des Baskischen mit den Berbersprachen naheliegend. Tatsächlich ließen sich einige Ähnlichkeiten feststellen, die besonders in den 60er Jahren von dem Wiener Sprachwissenschaftler Hans G. Mukarovsky weiterentwickelt wurden.

Die Ähnlichkeiten des Baskischen mit kaukasischen Sprachen wurden schon im 19. Jh. von D'Abbadie und Fita und im 20. Jh. von Schuchardt, Uhlenbeck, Lafon, Karl Bouda u. a. erforscht. Ausgangspunkt für diese Theorie war, daß zu römischer Zeit im Kaukasus ein zweites *Iberia* existierte. Diese Forscher glaubten eine baskisch-kaukasische Sprachfamilie zu erkennen, so wie es eine indoeuropäische

Sprachfamilie gibt. Über 400 lexikalische Gemeinsamkeiten sind entdeckt worden. In letzter Zeit hat man sich jedoch von dieser Überschätzung einer baskisch-kaukasischen Sprachverwandtschaft distanziert. Die entdeckten Beziehungen sind einerseits nicht evident, zum anderen beziehen sie sich nicht auf den Vergleich mit einer kaukasischen Sprache, sondern mit zahlreichen Sprachen, die sich untereinander teilweise erheblich unterscheiden. Schon in den 60er Jahren neigte man unter den Linguisten und Baskologen also eher dazu, diese Ähnlichkeiten einer archaischen Sprachschicht zuzusprechen.

Heute glaubt man vielmehr, daß die baskische Sprache keinesfalls das Produkt einer Invasion ist, sondern daß sie der letzte Rest der Sprachen ist, die vor den indoeuropäischen Invasionen in Europa gesprochen wurden und die alle mit Ausnahme der baskischen Sprache von kulturell überlegenen Invasoren überdeckt wurden. Dies erklärt auch die Gemeinsamkeiten mit anderen archaischen Sprachen, wie mit den Berbersprachen oder mit Sprachen des Kaukasus, wo sich ebenfalls Reste der alten Sprachschicht erhalten konnten.

Es läßt sich mit relativer Gewißheit sagen, daß im heutigen baskischen Sprachraum vor den indoeuropäischen Invasionen und der Romanisierung Baskisch gesprochen wurde. Allerdings war der baskische Sprachraum im ersten vorchristlichen Jahrtausend erheblich größer als heute. Nördlich der Pyrenäen wurde die baskische Sprache im wesentlichen im ersten Jahrtausend n. Chr. auf das gegenwärtige Gebiet von Iparralde zurückgedrängt. Im Pyrenäenraum wurde bis Andorra Baskisch gesprochen und in den Tälern der zentralen Pyrenäen hat sich Euskera neben dem Romanischen noch bis ins Hochmittelalter gehalten. Auf dem Markt der aragonesischen Stadt Huesca beispielsweise konnte man sogar noch im 14. Jh. Baskisch sprechen hören. Auch aus den baskischsprachigen Gebieten der heutigen spanischen Provinzen Burgos und La Rioja wurde Euskera erst im Spätmittelalter verdrängt. Navarra, wo sich der baskische Sprachraum heute praktisch auf das Grenzgebiet zu den anderen baskischen Territorien beschränkt, war im Mittelalter noch eindeutig baskischsprachig, mit Ausnahme des stark romanisierten und arabisierten Ebrotals. Selbst in der Hauptstadt Pamplona dominierte Baskisch. Die spanisch-baskische Zweisprachigkeit beschränkte sich auf den Adel, das Bürgertum und den Klerus.

Die Gründe für das Überleben dieser einzigen vorindoeuropäischen Sprache in Westeuropa sind sowohl geographischer als auch wirtschaftlicher und sozialer Natur, da große Teile des Baskenlandes weder romanisiert waren noch kulturelle Zentren aufwiesen. Dazu kommt ein linguistischer Faktor, nämlich die große typologische Distanz zu den Nachbarsprachen, die eine allmähliche Assimilierung der Sprachen von vornherein ausschloß. Ein weiteres Phänomen, das zum Überleben der baskischen Sprache beitrug, ist die späte Christianisierung, die im 10. Jh. verstärkt einsetzte und erst im 16. Jh. endgültig erfolgreich war. Damit setzte sich der Gebrauch der lateinischen Sprache, durch die das Christentum vermittelt wurde, zunächst nicht durch.

Der entscheidende Rückzug des baskischen Sprachraums fand in den vergangenen drei Jahrhunderten statt. Im größten Teil Navarras ging Euskera erst im 19. und 20. Jh. verloren und wird heute nur noch im äußersten Nordwesten gesprochen, was in etwa dem Anteil Navarras am atlantischen Baskenland entspricht. In Alava wird Euskera nur noch im Tal von Aramaio und einigen Nachbardörfern gesprochen; aus dem Rest des Territoriums wurde die Sprache besonders im 18. Jh. verdrängt. In Bizkaia wird mit Ausnahme der Region der Encartaciones und dem Flußmündungsgebiet des Nervión mit Bilbao überall Baskisch gesprochen. Gipuzkoa ist vollständig baskisch- bzw. zweisprachig, wenn sich auch Gebiete finden lassen, aus denen die Sprache aufgrund einer starken nichtbaskischen Einwanderung praktisch verschwunden ist. Iparralde ist in seiner Gesamtheit baskischsprachig, aber an der Küste ist es schon fast vom Französischen verdrängt worden. Die sieben Territorien des Baskenlandes haben heute knapp drei Millionen Einwohner, von denen 22,4% *Euskaldunes* (dt. Baskischsprecher) sind. Sie sind zweisprachig, bis auf eine kleine Minderheit – meist ältere Leute –, die nur Baskisch spricht.

Trotz des relativ begrenzten Sprachraums und der recht geringen Zahl der Baskisch-Sprecher weist Euskera eine große dialektale Gliederung auf. Wenn auch die Gemeinsamkeiten zwischen den Dialekten größer sind als ihre Unterschiede, so bedienen sich viele Basken aus Bequemlichkeit der spanischen oder französischen Sprache, was natürlich nicht zur Überwindung der Dialektunterschiede beiträgt.

Die Gründe für diese Gliederung der baskischen Sprache sind vielfältig: Zur politischen und administrativen Trennung kommt der hohe Anteil der Landbevölkerung, die kaum Veranlassung hat, sich mit der Außenwelt in Verbindung zu setzen. Dazu kommt, zumindest bis ins 19. Jh., das Fehlen größerer Städte, die eine Konzentration der Sprecher und der Sprache ermöglicht hätten. Als sich diese Städte dann bildeten, wurde in ihnen fast ausnahmslos Französisch oder Spanisch gesprochen. Schließlich muß das Fehlen einer schriftlichen Tradition erwähnt werden, wodurch sich keine Standardsprache entwickeln konnte. Die Verwaltung bediente sich im Baskenland immer der jeweiligen romanischen Sprachen.

Das Fehlen einer einheitlichen Schriftsprache bemängelten die baskischen Autoren seit dem 17. Jh., aber es sollte bis in die zweite Hälfte des 20. Jh. dauern, bis man schließlich eine baskische Hochsprache, das sog. *Euskera Batua* (Einheitsbaskisch) erarbeitete. Anläßlich des Ersten Kongresses der Baskischen Sprache im Jahr 1918 in Oñati (Gipuzkoa) wurde die Akademie der Baskischen Sprache *Euskaltzaindia* gegründet, die sich u. a. die Schaffung einer Einheitssprache zum Ziel setzte. Die politische Entwicklung der folgenden Jahrzehnte war jedoch nicht dazu angetan, dieses Vorhaben voranzutreiben. Während man auf französischer Seite nie die Entwicklung der Randsprachen förderte, war die spanische Franco-Diktatur sogar baskischfeindlich. Viele baskische Intellektuelle verließen das Land, und das Regime erließ verschiedene Gesetze, die den Gebrauch der baskischen Sprache im öffentlichen Leben bestraften.

So dauerte es bis zum Ende der Franco-Zeit, bis es in Versammlungen 1968 in Arantzazu und 1969 in Bergara (beide in Gipuzkoa) möglich wurde, gemeinsame orthographische, grammatikalische und lexikalische Normen zu erarbeiten, die von den Repräsentanten aller baskischen Dialektgebiete akzeptiert werden konnten. Seitdem und besonders seit der Demokratisierung des spanischen Staates hat sich die baskische Hochsprache Euskera Batua – nicht ohne Probleme und Kritik – durchgesetzt. Ursprünglich nur als Schriftsprache vorgesehen, hat sich ihre Verbreitung enorm beschleunigt durch die Benutzung des Euskera Batua als Unterrichtssprache in den baskischen Schulen sowie durch ihren Gebrauch in den Massenmedien.

Euskera Batua hat als Grundlage den zentralen Dialekt Gipuzkoas sowie viele Elemente des Dialekts von Labourd, wo im 17. Jh. die einzige literarische Schule des Baskenlandes bestand, die sog. „Schule von Sare". Schließlich sind auch die anderen Dialekte in geringerem Maße an der Bildung der Hochsprache beteiligt.

BASKISCHE VOR- UND FRÜHGESCHICHTE

Vorgeschichte

Menschliche Besiedlung des Baskenlandes ist seit mindestens 150000 Jahren nachgewiesen. Der älteste menschliche Rest ist ein Unterkiefer, der zum Typ des Neandertalers gehört und aus der Höhle von Isturitz in Nieder-Navarra stammt. Vor etwa 40000 Jahren hat sich im Baskenland der Cro-Magnon-Mensch niedergelassen, der während der Würmeiszeit die zahlreichen Höhlen des Baskenlandes bewohnte. Es gibt zwar reichliche Zeugnisse menschlicher Besiedlung, das erste Skelett stammt aber erst aus dem Mesolithikum, vor etwa 7000 Jahren, und wurde in der Höhle von Urtiaga in Gipuzkoa gefunden.

In der Archäologie ist die Arbeit von José Miguel Barandiaran (1889–1991) hervorzuheben, der praktisch das gesamte Jahrhundert hindurch der Vater der baskischen Archäologie war. Er führte Untersuchungen an Schädeln durch, die fast völlige Übereinstimmung mit den Charakteristiken der heutigen Basken zeigen, womit die Schädelfunde des Mesolithikums als erste Manifestierung des sog. pyrenäischen oder baskischen Typus gelten können. Wahrscheinlich waren die Menschen, die in der Höhle von Urtiaga lebten, lokale Weiterentwicklungen des Cro-Magnon-Menschen. Damit verliert das Problem des Ursprungs der Basken als Folge einer Einwanderung aus anderen geographischen Räumen, dem besonders die Sprachwissenschaftler nachgingen und teilweise noch nachgehen, an Bedeutung.

Mit den Erkenntnissen Barandiarans stellt sich die Frage, inwieweit sich der baskische Menschentyp vom heutigen Europäer unterscheidet. Neben den Vergleichen von prähistorischen mit heutigen Schädeln bediente man sich seit Anfang dieses Jahrhunderts der Hämotypologie, d. h. der Untersuchung der Blutgruppen, nachdem man festgestellt hatte, daß die Häufigkeit von Blutgruppen in verschiedenen ethnischen Gruppen variieren kann. Die Basken unterscheiden sich dabei sehr von anderen westeuropäischen Völkern. Der auffallendste Unterschied liegt im Rhesusfaktor negativ: Er zeigt die größte Häufigkeit unter allen ethnischen Gruppen der Welt. Das heutige Baskenland teilt seine hämotypologischen Eigenschaften mit dem zentralen Pyrenäenraum, der einst baskisches Sprachgebiet war; zum Rande dieses Gebiets hin nehmen die spezifischen Häufigkeiten ab. Anfangs wurden die obengenannten Merkmale als rassische Differenzierungen begründet und dienten als Argument für einen übertriebenen ethnischen Nationalismus. Heute ist man inzwischen dazu übergegangen, diese Merkmale als bloße anthropologische Besonderheiten des baskischen Typus ohne jeden Absolutheitsanspruch anzuerkennen.

Die kulturelle Revolution des Neolithikums, die das Baskenland um 3500 v. Chr. erreichte, setzte sich nicht im gesamten Baskenland gleichzeitig durch. Die Orographie und die geographische Isolierung der Gebiete, die nicht als Durchgangsland zwischen Kontinent und Iberischer Halbinsel bezeichnet werden können, führten dazu, daß mehrere Kulturstadien nebeneinander existierten. In verschiedenen Gebieten setzten sich die Errungenschaften des Neolithikums in ihrer Gesamtheit nicht bis zum Beginn der Bronzezeit durch.

Das Neolithikum war eine Epoche bedeutender Veränderungen. Die Landwirtschaft und die Domestizierung von Schafen, Ziegen, Schweinen, Rindern und Pferden führten zur Seßhaftigkeit. Andererseits zwangen die geographischen und klimatischen Verhältnisse, besonders der Pyrenäen, zur jährlichen Transhumanz zwischen den niedriggelegenen Gebieten des Nordens und den hochgelegenen des Südens. Die Hirten wurden damit zu Vermittlern verschiedener Lebensweisen und Kulturen; sie importierten und exportierten insbesondere neue Werkzeuge. Diese Wanderungen der Pyrenäenbewohner und nomadisierender Nachbarvölker hatten wahrscheinlich keine entscheidenden Veränderungen in der ethnischen Zusammensetzung des Baskenlandes zur Folge, denn seit dem Mesolithikum veränderte sich der Menschentyp, der im Baskenland siedelte, kaum mehr.

Die bemerkenswerteste Errungenschaft des baskischen Neolithikums war die Hirtenwirtschaft. Schaf-, Ziegen- und Rinderherden bevölkerten die Berge, und für das Ende des Neolithikums vermutet man etwa 5000 Hirten im Baskenland. Diese Entwicklung wurde von einer auffälligen kulturellen Erscheinung begleitet, den Dolmen, deren Verbreitung mit der Region übereinstimmt, in der Transhumanz betrieben wurde. Die Dolmen sind in den Weidegebieten in den Bergen der Wasserscheide besonders häufig. Es handelt sich um Gemeinschaftsgräber in einer Kammer, die von mehreren senkrechten Steinen verschlossen und von einer waagerechten Steinplatte bedeckt ist. Diese Art der Bestattungen ist allerdings nicht rein baskisch, sondern scheint ein gemeinsames Kulturgut der westeuropäischen Hirtenvölker zu sein. Die Einführung dieser megalithischen Gräber weist auf die Ankunft oder den Durchzug von Völkern hin, die im Besitz dieses Kulturgutes waren.

Die Züge der Transhumanz brachten die Bewohner des Baskenlandes mit anderen Völkern in Kontakt, wovon einige kulturelle Elemente zeugen, wie der Brauch, die Toten zu verbrennen, sowie ethnische Elemente, die sich mit dem vorhandenen Substrat vermischten; dies geschah besonders im Süden, wo in der Bevölkerung verstärkt mediterrane Elemente auftauchen.

Das Zeitalter der Metalle begann um 2000 v. Chr., aber die Wirtschaftsform des Neolithikums überlebte in weiten Teilen des Baskenlandes sogar bis zur Ankunft der Römer. Die Verbreitung der Bronze war sehr spärlich und veränderte weder das Leben der Menschen noch ihre Werkzeuge, die denen der vorangegangenen Epochen ähnelten, auch wenn sie jetzt aus Metall hergestellt waren.

Die Eisenzeit fällt in das letzte vorchristliche Jahrtausend. Die Träger dieser Kultur waren die indoeuropäischen Völker, und zwar die Kelten, die aus Mitteleuropa vordringend das Baskenland um 900 v. Chr. erreichten. Sie suchten weite Ebenen, um sich niederzulassen, drangen deshalb nicht in die Berge vor, sondern blieben in der Alavesischen Hochebene und dem mediterranen Navarra bzw. zogen weiter nach Süden und Westen.

So verbreitete sich die Kultur des Eisens in Navarra und Alava, wo man typische Werkzeuge einer Getreidewirtschaft, z. B. Sicheln, gefunden hat. In diesem Gebiet findet man befestigte Ortschaften keltischen Ursprungs. Die Kelten bereicherten die Landwirtschaft des Baskenlandes mit neuen Techniken, und die Viehwirtschaft, besonders die Zucht von Rindern und Pferden, nahm zu.

Zu dieser Kultur gehören auch die Steinkreise, die als pyrenäische *Chromlechs* bezeichnet werden. Es handelt sich dabei um zeremonielle Begräbnisstätten, die aus Kreisen senkrechter Steine bestehen, die um einen Hügel oder einen Dolmen gruppiert sind, wo die Asche der verbrannten Leichname aufbewahrt wurde. Diese Chromlechs befinden sich normalerweise in hochgelegenen Weidegebieten und bilden damit, wie die Dolmen, einen Bestandteil der westpyrenäischen Hirtenkultur. Nur im östlichen Teil des Baskenlandes, östlich vom Leizarantal, sind diese Monumente zu finden, was auf eine Grenze des keltischen Einflusses schließen läßt. Am Ende der vorgeschichtlichen Epoche gab es somit verschiedene Kulturstadien im Baskenland.

Die befestigten *Castros*, die an strategischen Punkten in Alava und

Navarra errichtet wurden, stellen eine neue Form der Beherrschung des umliegenden Landes dar. Es ist wahrscheinlich, daß die neuen Völker, die zahlreiche Ortsnamen in Alava und Navarra hinterließen, militärische Macht ausübten und die einheimische Bevölkerung beherrschten. Wahrscheinlich förderten sie auch die Einteilung der Bevölkerung in Klans und Stämme. Tatsächlich sind zumindest zwei der Stammesbezeichnungen, die im Baskenland bei der Ankunft der Römer existierten, keltischer Herkunft: Vaskonier und Autrigonen. Die neuen Völker gingen aber bald in der einheimischen Bevölkerung auf. Nur so läßt sich das Überleben der baskischen Sprache, des Euskera, erklären.

In der Eisenzeit, als nach wie vor weite Gebiete des Baskenlandes im Kulturstadium des Neolithikums verharrten, vollzog sich die Ankunft der Römer.

Vorrömische Stammesgliederung

Beim Eintritt des Baskenlandes in die Geschichte, d. h. bei Beginn der Romanisierung, berichten die klassischen Autoren, besonders Strabon, von verschiedenen Stämmen, die das heutige Baskenland besiedelten und gemeinsame ethnische und sprachliche Merkmale aufwiesen. In Hegoalde waren dies von Westen nach Osten Autrigonen, Karistier, Varduler und Vaskonier, wobei letztere auch einen Teil der navarrischen Pyrenäen bewohnten. Den Süden Navarras, Teile der heutigen spanischen Region La Rioja und die Alavesische Rioja bewohnten die Beronen. Nördlich der Pyrenäen siedelten verschiedene baskische Stämme, von denen der repräsentativste die Tarbelli waren, die das Küstengebiet von Labourd und Les Landes bewohnten sowie das Mündungsgebiet des Adour. Diese verschiedenen Stämme können als Aquitaner zusammengefaßt werden, wobei dieser ethnische Sammelbegriff auf die gesamte römische Provinz Aquitanien ausgedehnt werden muß, die wohl auch von baskischen Volksgruppen bewohnt war.

Die Autrigonen lebten in dem Land vom Nervión bis etwa zum Fluß Asón, der bei Laredo (Kantabrien) ins Meer mündet; südlich reichte ihr Siedlungsraum bis in die heutige Provinz Burgos und in den westlichsten Teil von Alava. Die Karistier siedelten in Bizkaia zwischen den Flüssen Nervión und Deba und im größten Teil von Alava. Die Varduler lebten in Gipuzkoa zwischen den Flüssen Deba und Urumea; nach Süden hin reichte ihr Siedlungsgebiet bis in den äußersten Westen Navarras und in den Osten Alavas. Die Siedlungsräume dieser drei Stämme verliefen in Nord-Süd-Richtung und umfaßten Gebiete beiderseits der Wasserscheide. Diese seltsame Besiedlungsstruktur ist möglicherweise auf die neolithische Transhumanz zurückzuführen, bei der die Schäfer von Norden nach Süden und umgekehrt zogen und dabei als Kulturträger beiderseits der Wasserscheide auftraten. Die Vaskonier siedelten in Navarra bis zum Ebro und in den Randgebieten von Aragón sowie in Gipuzkoa zwischen den Flüssen Urumea und Bidasoa; es ist möglich, daß sich ihr Siedlungsgebiet auch nördlich der Pyrenäen erstreckte.

Interessant ist, daß die Stammesgebiete der Karistier, Varduler und Vaskonier fast mit den heutigen Territorien Bizkaia, Gipuzkoa und Navarra übereinstimmten. Es liegt somit nahe anzunehmen, daß die Stämme die Basis für die spätere Herausbildung der Territorien waren. Außerdem entsprechen die jetzigen Dialektgrenzen teilweise erstaunlich den damaligen Stammesgrenzen. So gehörte das an Bizkaia grenzende Gebiet Gipuzkoas noch zum Gebiet der Karistier und heute zum bizkainischen Dialekt, und in der Gegend um Oiartzun, die von Vaskoniern bewohnt war, wird der navarrische Dialekt gesprochen. Das atlantische Baskenland sollte fast vollständig von der Romanisierung ausgeschlossen bleiben, und es scheint, als hätten sich dort Reste der einstigen Stammesgrenzen bis in die Gegenwart erhalten.

Die Basken und ihre Nachbarvölker waren in Stämmen und Klans organisiert. In der Stammesgesellschaft waren die Mitglieder einer Gruppe wirtschaftlich und sozial gleichgestellt und fühlten sich durch Blutsbande untereinander verbunden. Es gab keinen Privatbesitz; die Gemeinschaft war wichtiger als das Individuum und die Zugehörigkeit zum Stamm oder Klan war wichtiger als die zu einer Familie.

Es ist unbekannt, wie diese Völker lebten und ob es zwischen ihnen Auseinandersetzungen gab. Die römischen Autoren bezogen sich nur ganz allgemein auf die Völker des Nordens, beschrieben sie zusammen mit Kantabriern und Asturiern und gingen nicht auf die Merkmale und Unterschiede der verschiedenen Stämme ein. Nach Strabon waren es arme und genügsame Völker, deren Lebensgrundlage Ziegenfleisch und Rinderfett waren sowie Eicheln, aus deren Mehl sie Brot machten. Wein war knapp, und sie tranken Wasser und Apfelwein. Sie praktizierten sowohl den Tauschhandel als auch den Zahlungsverkehr mit einfachen nicht gestanzten Silbermünzen. Sie opferten Menschen und ihre Sitten und Gebräuche waren – laut Strabon – primitiv und unmenschlich.

Bei der Ankunft der Römer gab es wahrscheinlich keine einheitlichen kulturellen und ethnischen Merkmale im Baskenland. Die baskischen Völker mußten zudem ihren Lebensraum mit verschiedenen nichtbaskischen Völkern teilen; in Iparralde waren dies die Gallier und in Hegoalde Iberer und Keltiberer, wobei das atlantische Gebiet Hegoaldes von diesen Völkern kaum beeinflußt war. Es ist möglich, daß die römische Politik innerhalb dieser ethnischen Vielfalt entscheidend zur Stabilisierung der verschiedenen Stämme und Volksgruppen beitrug, da die lange Zeit der römischen Herrschaft keine weiteren ethnischen Veränderungen oder Völkerbewegungen mehr zuließ.

Romanisierung

Der Kontakt der Basken mit den Römern begann im Süden im Jahr 178 v. Chr. mit der Gründung der Stadt Gracurris, heute Alfaro (in der Rioja am Ebro). Das mediterrane Baskenland wurde recht schnell dominiert, was offensichtlich ohne größere bewaffnete Auseinandersetzungen geschah, im Gegensatz zur Unterwerfung der kantabrischen Nachbarn im Westen, die bis zum Ende des letzten vorchristlichen Jahrhunderts erbitterten Widerstand leisteten. Die Stämme des atlantischen Gebietes in Hegoalde sind wahrscheinlich erst gegen Ende der kantabrischen Kriege nach 19 v. Chr. endgültig unter römischen Einfluß geraten. Das Fehlen von Kriegsnachrichten im Baskenland ist allgemein; da aber die klassischen Autoren mit besonderem Interesse kriegerische Aktionen beschrieben, ist aus dem vollständigen Fehlen solcher Nachrichten in Hegoalde nur zu schließen, daß es tatsächlich keine Kriege zwischen Römern und Basken gab.
Im Winter 75/74 v. Chr. hatte Pompeius sein Winterquartier in Iruñea, das verkehrsgünstig an der Straße lag, die bei Roncesvalles über die Pyrenäen nach Norden führte. In diesem Winter wurde wahrscheinlich Pompaelo angelegt, das heute Pamplona heißt. Die Beziehungen zwischen Römern und Vaskoniern waren im allgemeinen freundlich, bis hin zu einer echten Zusammenarbeit, was die Expansion erklärt, die die Vaskonier in dieser Zeit erlebten. Das von ihnen besiedelte Gebiet dehnte sich nach Osten bis Jaca aus, nach Südosten über das Gebiet um Sos, Sangüesa und Ejea und nach Süden über den Ebro, wo Calahorra (lat. Calagurris) und Cascante (Cascantum) zu baskischen Städten wurden, wogegen sie um 76–74 v. Chr. noch nicht als solche erwähnt wurden. Wahrscheinlich begünstigten die Römer ein Volk, mit dem sie freundschaftliche Beziehungen unter-

hielten, gegenüber anderen Völkern, deren Unterwerfung kriegerische Mittel erforderte oder erfordert hatte. Im Gegensatz zu den kantabrischen Nachbarn stellten die baskischen Stämme Hegoaldes nie eine Gefahr für die Römer dar, und in keiner antiken Quelle wird eine politische Organisation dieser Stämme erwähnt. Das Römische Reich beschränkte sich auf die Kontrolle der Verkehrswege, was bei einer nichtfeindlichen Reaktion der Basken keinen Grund zu Angriff und Zerstörung bot. Schon früh integrierten sich Basken ins römische Militär, wie einige Inschriften aus dem ersten Jahrhundert beweisen.[1]

Die Völker Aquitaniens kamen gegen 118 v. Chr. erstmals mit den Römern in Kontakt. Pompeius gründete Lugdunum Convenarum, das heutige Saint-Bertrand-de-Comminges, von wo aus der Nordrand der zentralen und westlichen Pyrenäen kontrolliert werden konnte. Im Gegensatz zu den Basken in Hegoalde leisteten die Aquitaner Widerstand und konnten erst im Jahr 56 v. Chr. durch Caesars Statthalter Crassus besiegt werden. Trotzdem waren auch in den nächsten zwei Jahrzehnten noch Feldzüge zur endgültigen Befriedung nötig.

Rom suchte insbesondere wirtschaftliche Kontrolle und die Versorgung des Reiches mit Getreide und anderen landwirtschaftlichen Produkten sowie mit Rohstoffen. Das Ebrotal hatte eine reiche, auf Getreide und Wein basierende Landwirtschaft und war damit das bevorzugte Siedlungsgebiet der Römer. Dieses Gebiet wurde von den Römern als *Ager* (dt. Acker, Feld) bezeichnet. Die Romanisierung des mediterranen Baskenlandes war so intensiv wie in den am stärksten romanisierten Regionen der Iberischen Halbinsel. Große landwirtschaftliche Güter wurden gegründet, die die Namen fundi oder villae erhielten und auf denen Sklaven arbeiteten. Die zentralen Gebiete Alavas und Navarras sowie das Adourtal in Iparralde waren Übergangsgebiete zwischen dem *Ager* und dem *Saltus* (dt. Gebirge), d. h. dem bergigen, bewaldeten und landwirtschaftlich uninteressanten Gebiet.

Das atlantische Baskenland, der *Saltus Vasconum*, bot wenig Anreiz für die Römer. So beschränkte sich ihre Präsenz auf einige Bergbauzonen wie Oiartzun (Gipuzkoa) und Somorrostro (Bizkaia) sowie auf einige Häfen wie Flaviobriga – wahrscheinlich das heutige Castro Urdiales in Kantabrien –, Portus Amanus – nicht identifiziert –, Forua (Bizkaia) und vielleicht die Mündung des Nervión.

---

[1] Eine Inschrift in Brescia in Norditalien vermerkt: „cohors cariestum et veniescum" und eine andere in England: „cohors prima, fide vascorum, civium romanum".

Der unterschiedliche Einfluß der Romanisierung ließ gegensätzliche Wirtschaftsformen entstehen. Während im Süden, besonders im Ebrotal und an den Hauptstraßen, die ersten Städte entstanden, überlebte im atlantischen Bereich die Hirtenwirtschaft. Aber natürlich führte der römische Einfluß auch hier zu neuen Wirtschaftsbeziehungen, von denen römische Münzen oder Reste von Keramiken im Innern von Bizkaia und Gipuzkoa zeugen. Der Umfang der Beziehungen zwischen Basken und Römern liegt allerdings völlig im dunkeln.

Zur Sicherung der militärischen Macht wurde im Römischen Reich ein dichtes Straßennetz angelegt, das auch die landwirtschaftliche Nutzung und die Verbreitung der Kultur förderte. Das südliche Baskenland wurde von dieser Infrastruktur in entscheidendem Maße begünstigt: Es wurde von der Ebrostraße berührt, die Lleida und León verband, und von der Straße von Bordeaux nach Astorga, die die Pyrenäen über den Ibañetapaß bei Roncesvalles überquerte, Pamplona passierte und bis Briviesca baskisches Gebiet durchquerte. Auf diesen Wegen kam die römische Zivilisation ins Baskenland. Von der Hauptstraße Bordeaux–Astorga gingen wahrscheinlich einige Seitenstraßen zur Küste ab.

Die geografische Barriere der Pyrenäen, die nie eine wirkliche Grenze für die Völker war, die beiderseits von ihr siedelten, war für die Römer Grund genug, eine administrative Grenze zu ziehen. Iparralde gehörte zu Gallien und Hegoalde zu Hispanien. So wurden die privaten Beziehungen, die zwischen den Bewohnern beider Seiten der Pyrenäen bestanden, von öffentlichen, administrativen Beziehungen überdeckt.

Unter Caesar wurde die Provinz *Aquitania* im Dreieck Pyrenäen–Garonne–Ozean gegründet, womit die kulturelle Sonderstellung dieses Gebiets im Gegensatz zum keltischen Gallien anerkannt wurde. Unter Augustus wurde Aquitanien zwar nach Norden bis zur Loire ausgedehnt, aber die aquitanischen bzw. baskischen Stämme verteidigten immer ihre Sonderstellung und erreichten schließlich im 2. Jh. n. Chr. die Gründung der Provinz *Novempopulania* mit der Hauptstadt *Elusa* (Eauze). Der Name der Provinz weist auf „neun Völker" hin.

Christianisierung

Der Zeitpunkt und die Intensität der Einführung des Christentums im Baskenland sind vielfach diskutiert worden. Die Vertreter der sog. „Verzögerungstheorie" verlegen die Christianisierung der Basken ins

12. und 13. Jh., während andere Wissenschaftler eine frühe Christianisierung im 4. und 5. Jh. vertreten. Um zwischen beiden Positionen zu vermitteln, muß man zunächst definieren, was unter „Christianisierung" zu verstehen ist, und dabei zwischen einer individuellen Dimension und einer sozialen Dimension unterscheiden. Letzteres bedeutet, daß es eine christliche Infrastruktur gibt, während die Gesellschaft teilweise noch den alten Glaubensvorstellungen verhaftet bleibt. Die Funde, die die Archäologie ans Tageslicht gebracht hat, helfen wenig weiter, denn Chrismone und andere christliche Anagramme als Schmuck auf persönlichen Objekten, Kreuze auf Grabsteinen usw. geben keine Auskunft über den wirklichen Glauben des einzelnen, sondern sind nur äußere Zeichen einer Christianisierung in der Gesellschaft. Ebenso verhält es sich mit der administrativen Einteilung der Kirchenprovinzen, die im atlantischen Baskenland von Beginn an nur formell waren. Schwieriger wird es aber bei der Beurteilung der Akzeptanz von christlichen Einsiedeleien und Klöstern in der Bevölkerung des umliegenden Gebietes.

Die langsame Einführung des Christentums im Baskenland spiegelt sich in seiner unsicheren Entwicklung innerhalb des ersten Jahrtausends wider. Ende des 4. Jh. hatte das Christentum die romanisierten Städte und die Orte an den wichtigsten Verkehrswegen des mediterranen Baskenlandes und Iparraldes erreicht. Es ist jedoch nicht klar, inwieweit die neue Religion auch die unmittelbar benachbarten ländlichen Gebiete ergriffen hatte. Dazu kam, daß die politischen und militärischen Erschütterungen zur Zeit des Spätrömischen Reiches die Verbreitung des Christentums erschwerten.

Während vieler Jahrhunderte lebten Christen und sog. Heiden nebeneinander her. Die Franken und Westgoten, die im wesentlichen die römische Kultur bewahrten, konnten ihren Einfluß und damit auch das Christentum nicht ausweiten; im Gegenteil: Die Basken setzten sich gegen deren expansive Politik zur Wehr, was ihnen den Ruf eines rebellischen Volkes einbrachte. In westgotischer Zeit ist bemerkenswert, daß an den westgotischen Konzilen in Toledo gelegentlich Bischöfe von Pamplona teilnahmen; allerdings wirft dieses untrügliche Zeichen von Christianisierung viele Zweifel auf, denn die langen Abwesenheiten der Bischöfe von Pamplona sind charakteristischer als ihre sporadische Teilnahme.

In westgotischer Epoche ist das Auftreten eremitischen Lebens zu beobachten. Besonders zwei eremitische Zentren mit zahlreichen Höhlen im Süden von Alava sowie eines in den Bergen von Leyre in Navarra sind von Bedeutung. In ihnen ließen sich seit dem 6. Jh.

christliche Einsiedler nieder, um dort ihr Leben strenger Askese zu widmen. Die Existenz dieser Einsiedeleien ist im Moment der eindeutigste Beweis für die frühe Christianisierung zumindest begrenzter Teile des Baskenlandes und gewisser Volksschichten. In den Küstengebieten gibt es dagegen nicht ein einziges Element, das auf Christianisierung in westgotischer Zeit hinweist. Zur gleichen Zeit erlebte Iparralde eine Entchristianisierung, denn die baskischen Einfälle seit dem 6. Jh., die dem Land im 7. Jh. den Namen *Vasconia* einbrachten, drängten die Kirche so weit zurück, daß es praktisch bis zum 9. Jh. keine Nachricht mehr über christliche Aktivität gab.

Im 9. Jh. leiteten das Fränkische und das asturische Reich eine Missionspolitik ein, der bald das Königreich Pamplona folgte und innerhalb deren in der Peripherie des Baskenlandes verschiedene Klöster angelegt wurden, von denen am bekanntesten Leyre in Navarra (9. Jh.) und San Millán de la Cogolla in der Rioja (10. Jh.) sind. Nördlich der Pyrenäen vollzog sich dieser Prozeß langsamer, und erst nach dem Verschwinden der normannischen Gefahr im 11. Jh. begann eine Epoche von Klostergründungen. Im 11. Jh. wurde auch die Diözese von Bayonne gegründet, die die Verbreitung des christlichen Glaubens auf eine solide Grundlage stellte.

Die Vertreibung der Mauren aus der Rioja und die Eingliederung dieser Region ins Königreich Navarra Anfang des 11. Jh. begünstigte die Sicherheit der Pilger auf ihrem Weg nach Santiago de Compostela im fernen Galicien. Gleichzeitig führte dies zu einer Stabilisierung des Christentums im mediterranen Baskenland und einer allmählichen Expansion ins atlantische Gebiet. Im 12. Jh. war die Christianisierung des Baskenlandes infrastrukturell abgeschlossen, indem in Gipuzkoa und Bizkaia kleine Klöster angelegt wurden.

Trotzdem handelte es sich dabei eher um Ausnahmen. Erst im 14. und 15. Jh. setzte eine umfassendere Aktivität von Klostergründungen ein. Außer den Hauptstädten Bayonne, San Sebastián und Bilbao wies das atlantische Baskenland aber immer eine geringe Dichte an Klöstern auf. Der kirchliche Grundbesitz war nicht weit verbreitet; das Land gehörte i. d. R. den Bauern selbst.[2] Als im 18. und 19. Jh. die Säkularisationen von Kirchenbesitz durchgeführt wurden, hatten diese im Baskenland einen erheblich geringeren Umfang als im spanischen oder französischen Staat.

Das bedeutet aber nicht, daß alle Basken nun Christen waren oder

---

[2] Das Problem des Feudalismus im Baskenland wird an der entsprechenden Stelle besprochen.

daß sog. heidnische Praktiken nicht noch lange fortlebten. Im Gegenteil: das Christentum stand im Gegensatz zu den Glaubensvorstellungen der Hirtengesellschaft, die im direkten Kontakt mit der Natur ihre religiöse Motivation fand. Die Durchsetzung des Christentums wurde außerdem durch die starke Zerstreuung der Bevölkerung und durch die fremde baskische Sprache erschwert. Das von der christlichen Kirche angewandte Mittel, um mehr Akzeptanz in der Bevölkerung zu finden, war die Aufnahme nichtchristlicher Kulte und Bräuche in den christlichen Ritus; so hatten beispielsweise Frauen das Recht, als Meßdienerinnen tätig zu sein. Trotz der Einführung von Bischofssitzen, Kirchen und Klöstern existierten auf diese Weise christliche und nichtchristliche Kulte nebeneinander. Darin mischten sich zudem Aberglauben und Mythen, was zur Folge hatte, daß gewisse religiöse Praktiken im Zeitalter der Gegenreformation als ketzerisch angesehen wurden. Darüber hinaus gab es im Baskenland tatsächlich Hellseher/innen und Naturheiler/innen, und gelegentlich fanden geheimnisvolle Zusammenkünfte statt, die von den Autoritäten als Hexensabbate bezeichnet wurden.

Seit dem 14. Jh. gab es im atlantischen Baskenland Berichte über sog. Hexen. Juristische Untersuchungen und Prozesse fanden statt, die gelegentlich zur Verbrennung der Angeklagten führten. Hexenverfolgungen und -verbrennungen gab es überall in Europa, aber ihren traurigen Höhepunkt erlebten sie im Jahr 1609 in Labourd unter dem königlichen Gesandten Pierre de Lancre, der die Verbrennung bei lebendigem Leib von Hunderten von Basken verfügte, insbesondere von Frauen, aber auch von Kindern und Geistlichen. Seinem besessenen Treiben wurde erst Einhalt geboten, als der Bischof von Bayonne einschritt und die aus Neufundland heimgekehrten Fischer mit Rebellion drohten. Interessant ist letztlich, daß die Vorwürfe der Hexerei im wesentlichen das atlantische Baskenland betrafen, den *Saltus Vasconum*, d. h. das nichtromanisierte und spät christianisierte Gebiet.

Der Niedergang der römischen Kultur

Im 3. Jh. veränderte sich die Situation des Baskenlandes entscheidend. Das Römische Reich war in der Krise. Starke soziale Spannungen, Räuberunwesen und Aufstände der Landbevölkerung schwächten die römische Herrschaft, die die Kontrolle über die Gebiete im Norden der Iberischen Halbinsel verlor.

Wahrscheinlich hatte im Saltus schon in den Jahrhunderten der *pax romana* eine verstärkte soziale Differenzierung stattgefunden, die auf den Einfluß der romanisierten Gebiete und den Kontakt mit den dort ansässigen romanisierten Basken zurückzuführen ist. Seit dem 3. Jh. wurde diese Differenzierung sozialer Hierarchien im Auftauchen militärischer Führer offensichtlich, die im Laufe der Zeit auch eine soziale und wirtschaftliche Vorrangstellung erlangten. Zu der traditionellen Autorität der „Ältesten" in der Stammesgesellschaft kam die neue Autorität der „Stärksten" in einer Gesellschaft, die zunehmend von gewalttätigen Konflikten bestimmt war.

Die bisher friedlichen Beziehungen zwischen Basken und Römern wurden nun mehr und mehr von Gewalt geprägt. Die Römer verstärkten das Militär rund um das nichtromanisierte Gebiet und errichteten einen militärischen limes, um die Basken des Saltus zurückzuhalten. Garnisonsstädte wie Iuliobriga (bei Reinosa, in Kantabrien), Veleia (Iruña, bei Vitoria) und Lapurdum (heute Bayonne) wurden im 4. Jh. befestigt.

Diese Epoche war eine Zeit der Entromanisierung und der Entvölkerung der städtischen Zentren im mediterranen Baskenland. Das Scheitern der urbanen römisch-lateinischen Kultur ist einer der Hauptgründe für das Überleben und sogar Erstarken der baskischen Kultur.

In dieser Epoche löste sich die alte Stammesgliederung auf. In einem Dokument aus dem Jahr 456 werden die Varduler zum letzten Mal genannt; Karistier und Autrigonen wurden schon lange nicht mehr erwähnt. Die Sammelbezeichnung als Vaskonier setzte sich durch. Alles weist darauf hin, daß die Kämpfe des Spätrömischen Reiches die Basken zwangen, ihre Kräfte zu vereinen. Die römischen, fränkischen und westgotischen Autoren übertrugen den Namen des wichtigsten der einstigen baskischen Stämme, den der Vaskonier, auf die Gesamtheit der Basken. Im Folgenden werden wir darum nur noch den modernen Begriff „Basken" verwenden.

Seit dem Ende des 3. Jh. brachen in Gallien und Hispanien Aufstände der Landbevölkerung aus, die unter dem Namen *bagaudae* bekannt sind. Dabei handelt es sich um bewaffnete Gruppen verarmter Bauern und geflohener Sklaven, die sich sogar dem regulären Heer entgegenstellten und offensichtlich im Baskenland Unterstützung fanden. Die massenhafte Teilnahme an diesen Aufständen und auch der offensichtliche spätere Erfolg der Völker der Völkerwanderungen zeigen, daß sich die niederen Sozialschichten innerhalb des Römischen Reiches wohl kaum mit dem Imperium identifizierten. Der römische Staat war der Unterdrücker und man schloß sich schnell den

Invasoren oder den Bagaudae an. Die Aufstände nahmen im 5. Jh. an Brutalität und Ausmaß zu und waren im Norden der Iberischen Halbinsel besonders gewalttätig.

Die Bagaudae hatten ihre soziale Basis bei den Landsklaven und bei den armen halbfreien und freien Bauern. Diese lehnten sich gegen die reichen Großgrundbesitzer auf, die in der Spätzeit des Römischen Reiches das wirtschaftliche Leben beherrschten, während das städtische Leben in klare Dekadenz gefallen war. Die aufständische Landbevölkerung fand Unterstützung bei den Basken, für die Romanisierung die Unterwerfung unter den Großgrundbesitz bedeutete, was ihre Interessen mit denen der armen Landbevölkerung zusammenfallen ließ. Nicht nur im Saltus, sondern auch in den Randgebieten des Ager, wie z. B. im stark romanisierten Gebiet von Zentralnavarra, hatten die Basken noch teilweise ihre alten Sozialstrukturen beibehalten können, was sie in der neuen gespannten Lage zur Zeit des Spätrömischen Reiches zu gefährlichen Verbündeten der zum Aufstand neigenden Landbevölkerung machte.

Die Bagaudae bedrohten die Sicherheit der Großgrundbesitzer bald derart, daß seit dem Jahr 441 römische Generäle entsandt wurden, um die Aufstände zu bekämpfen. Im Jahr 443 wurden die Bagaudae von *Aracelli* besiegt, die aus einer Region in der Nähe von Pamplona stammten. Sechs Jahre später jedoch erhoben sie sich erneut unter ihrem Anführer Basilius und griffen die Stadt Tarazona südlich des Ebro an. Bald darauf schlossen sich die Aufständischen von Aracelli den Schwaben an, die auf der Iberischen Halbinsel eingefallen waren, verwüsteten gemeinsam die Region von Zaragoza und plünderten sogar Lleida im heutigen Katalonien.

Widerstand gegen Westgoten, Franken und Araber

Mit dem Einfall der Völker der Völkerwanderungen im 5. Jh. und dem endgültigen Untergang des Römischen Reiches beginnt eine neue Epoche, die im Baskenland nur sehr spärlich überliefert ist. Die wenigen Nachrichten stammten i. d. R. von Autoren, deren Völker im Krieg mit den Basken waren.

Im Jahr 409 erreichten die Schwaben, Alanen und Westgoten die Iberische Halbinsel. Dies leitete eine Zeit der Unsicherheit und Instabilität mit zahlreichen Kriegszügen und Zerstörungen ein, bis sich die Region Ende des 6. Jh. beruhigte. Die Invasoren ließen sich nicht im Baskenland nieder, sondern wanderten in fruchtbarere Gebiete im

Süden und Westen weiter. Überliefert sind lediglich die Verwüstungen, die die Schwaben anrichteten, als sie im Jahr 449 anläßlich der Hochzeit ihres Königs von Süden über Roncesvalles nach Gallien zogen, sowie die Plünderungen der Küste Gipuzkoas durch Piraten im Jahr 456.

Nach den Stürmen der Völkerwanderungen hatten die Basken zwei Nachbarn: die Franken im Norden und die Westgoten im Süden. Der Zerfall des Römischen Reiches und die Tatsache, daß sich die neuen Völker nicht im Baskenland niederließen, förderten die Unabhängigkeit der Basken. Nachdem sie am Rande des Römischen Reiches über Jahrhunderte ihre alten Gesellschaftsformen bewahrt hatten, konnten sie nun allmählich ihre politische Unabhängigkeit den neuen Reichen gegenüber durchsetzen.

Westgoten und Franken versuchten, ihre Macht auf das Baskenland auszudehnen, was ihnen jedoch nicht gelang. Die Beziehungen der Basken zu ihren neuen Nachbarn unterschieden sich grundlegend von der Beziehung zu den Römern und waren von ständigen kriegerischen Auseinandersetzungen gekennzeichnet. Von den Bagaudae abgesehen berichten die zeitgenössischen Quellen während des Spätrömischen Reiches und in der Zeit unmittelbar vor den germanischen Invasionen nichts über Unruhe unter den baskischen Völkern; das neue Verhalten den germanischen Eindringlingen gegenüber scheint also eine direkte Reaktion auf deren aggressive Politik gewesen zu sein. Häufig wird über baskische Einfälle in Feindesland im Norden wie im Süden berichtet sowie über die fränkischen und westgotischen Versuche, das Baskenland unter Kontrolle zu bekommen. Franken und Westgoten gelang es nicht, eine dauernde Kontrolle zu erreichen, wenn auch sicherlich gewisse Gebiete zeitweilig dominiert wurden. Letzteres beweist die unregelmäßige Teilnahme der Bischöfe von Pamplona an den Konzilen von Toledo.

Vom Ende des 5. bis zum Ende des 6. Jh. berichten die Quellen kaum etwas über das Baskenland, was nur bedeuten kann, daß die Basken in jener Zeit faktisch unabhängig waren. Tatsächlich werden sie in einigen Berichten als unabhängiges Volk beschrieben, besonders als die Franken in den Jahren 472 und 541 über Roncesvalles nach Süden zogen, um gegen die Westgoten Krieg zu führen, wobei sie von den Basken angegriffen wurden.

Der westgotische König Leovigild setzte sich zum Ziel, die Gebiete der Iberischen Halbinsel zu unterwerfen, die sich nach wie vor der westgotischen Herrschaft widersetzten. Zu seinen Erfolgen zählt die Besetzung des mediterranen Baskenlandes und die Gründung der

Stadt *Victoriaco* (Vitoria) im Jahr 581, um von dort aus die Basken besser kontrollieren zu können. Die Okkupation des mediterranen Baskenlandes zwang die Basken, nach Norden auszuweichen und in Iparralde einzufallen, wo sie plünderten, raubten und zerstörten. Die wiederholten Einfälle der Basken führten zu einer allmählichen Re-Baskisierung des einst teilweise romanisierten Gebietes im Norden von Iparralde.

Leovigilds Erfolge gegen die Basken waren nicht von Dauer, und bald fielen die Basken auch wieder nach Süden ins zentrale Navarra und ins Ebrotal ein. In Zentralnavarra gewannen sie langsam wieder die Oberhand, mit Ausnahme Pamplonas, das wohl ständig unter westgotischer Herrschaft blieb. Die Einfälle ins Ebrotal konnten jedoch die dortige Realität nicht mehr verändern: Dieses Gebiet war früh und sehr intensiv romanisiert worden und blieb unter den Westgoten als Fortsetzer der römischen Traditionen ins Reich integriert.

Die Beziehung zwischen Basken und Westgoten war von dem Konflikt zwischen dem Willen der Westgoten nach Unterwerfung der Basken und dem Streben der Basken nach Unabhängigkeit geprägt. Die durch die Westgoten eroberten Gebiete wurden direkt in die bestehende administrative Struktur integriert, ohne eine besondere territoriale Einheit im Baskenland zu schaffen. Das nicht von den Westgoten unterworfene Gebiet war dagegen faktisch unabhängig, ohne daß zusammenhängende Machtstrukturen innerhalb Hegoaldes bekannt wären.

In Iparralde bzw. in der einstigen römischen Provinz *Novempopulania* konnten die Franken im Jahr 602 erfolgreich gegen die Basken vorgehen und sie zur Zahlung von Tributen zwingen. Die Basken wurden gezwungen, einen politischen Führer anzuerkennen, der formal über die sog. Grafschaft *Vasconia* herrschte; dieser Name veränderte sich im Laufe der Zeit zum französischen *Gascogne*. Die Grafschaft wurde Anfang des 7. Jh. dem Königreich Aquitanien eingegliedert, das seinerseits im Jahr 632 endgültig im Frankenreich aufging. Für die Basken änderte sich damit nicht viel, denn die Gascogne wurde von den Franken nie vollständig beherrscht: Von den Aquitanern und Franken geschaffen und auch von den Westgoten respektiert, war diese Grafschaft höchstwahrscheinlich nur ein Wunschgebilde ihrer Schöpfer.

Außer diesem politischen Moment ist die innere Situation des Baskenlandes in dieser Zeit so gut wie unbekannt, wenn man davon absieht, daß die Basken weiterhin Raubzüge in baskisches und nichtbaskisches Gebiet unternahmen. Dabei dehnten sie wahrscheinlich sogar ihren Siedlungsbereich aus, wobei unklar ist, ob es sich um eine tatsächliche Expansion handelte oder um die Re-Baskisierung der einst romanisierten baskischen Bevölkerung. In jedem Fall stellten die Basken in Iparralde einen Machtfaktor dar, den die Franken berücksichtigen mußten. Trotz der zweifelhaften administrativen Organisation der Gascogne war das Gebiet des ehemaligen *Novempopulania* eine kulturelle Einheit, die ihre Besonderheiten zumindest bis ins 11. Jh. bewahrte.

Anfang des 7. Jh. nahmen die kriegerischen Auseinandersetzungen zwischen Westgoten und Basken zu. Als die Basken im Jahr 621 das Ebrotal bedrohten, ließen die Westgoten die Festung Olite anlegen, die eine ähnliche militärische Bedeutung zur Kontrolle der Basken erhielt wie Vitoria in Alava. In den folgenden drei Jahrzehnten sollte es tatsächlich keine baskischen Einfälle mehr ins westgotisch beherrschte Gebiet geben.

Der erste Fall realer Einmischung der Basken in die Politik der Iberischen Halbinsel fand 653 statt. Recesvint hatte den westgotischen Thron bestiegen, aber seine Schwäche wurde von einem Teil des westgotischen Adels zum Aufstand genutzt, um Froya zum König auszurufen. Die Basken Hegoaldes beteiligten sich an dieser Revolte oder wurden zumindest als Verbündete benutzt; dabei führten sie erfolgreiche Raubzüge gegen westgotische Städte im Ebrotal und belagerten sogar Zaragoza. Der Angriff wurde jedoch zurückgeschlagen; Froya kam dabei ums Leben, womit der Aufstand gescheitert war. Diese Episode zeigt, daß die Basken inzwischen über eine politische Organisation verfügten, die sie befähigte, planmäßig kriegerische Aktionen in Nachbargebiete zu unternehmen.

Ende des 7. und Anfang des 8. Jh. setzten sich die Auseinandersetzungen zwischen den Basken und ihren Nachbarn fort, und als im Jahr 711 die Araber von Nordafrika kommend auf der Iberischen Halbinsel einfielen, befand sich der westgotische König Roderich gerade auf einem Feldzug gegen die Basken. Im Jahr 714 eroberten die Araber Zaragoza und setzten von dort ihre Eroberungen nach Westen hin bis Galicien fort. Die Invasoren, die an ein warmes und trockenes Klima gewöhnt waren und für den Ackerbau geeignetes Land suchten, drangen nicht in die feuchten und kühlen Regionen des Nordens vor. Mit Ausnahme des Ebrotals bot das Baskenland keinen Anreiz, weiter vorzudringen, wenn man von der strategischen Bedeutung Pamplonas absieht. Somit änderte sich die Situation des Baskenlandes nicht, als die Macht auf der Iberischen Halbinsel von den Westgoten auf die Araber überging.

Die Araber besetzten im Bereich des Baskenlandes nur den südlichen Teil Navarras und beherrschten Pamplona lediglich in den ersten Jahren nach der Invasion. Pamplona war für sie eine wichtige Station auf dem Weg nach Norden, insbesondere während des Feldzugs im Jahr 732 ins Frankenreich, der vom fränkischen Heer unter Führung des Hausmeiers Karl Martell bei Poitiers zurückgeschlagen wurde.

Die baskische Bevölkerung widersetzte sich der arabischen Dominierung ebenso wie vorher der westgotischen, und die bewaffneten Auseinandersetzungen mit den Nachbarn im Süden – jetzt Mauren – setzten sich fort. Abgesehen von kurzen Zeiten stabilerer Herrschaft war die maurische Besetzung von Zentral-Navarra eher sporadisch. Bald zogen sich die Mauren endgültig ins Ebrotal zurück und Zentral-Navarra wie auch Pamplona blieben außerhalb ihres direkten Herrschaftsbereichs.

Das einzige Gebiet des Baskenlandes, in dem sich die maurische Herrschaft dauerhaft durchsetzte, war das navarrische Ebrotal, das den islamischen Herrschern in Zaragoza unterstand. Alava war kaum von der maurischen Invasion betroffen, aber bekannt ist, daß die Bevölkerung im Jahr 767 zu Tributzahlungen gezwungen werden konnte. Der Rest des Baskenlandes blieb frei von Fremdherrschaft, die seit der Zeit der Römer immer weniger spürbar war.

Auch gegen die Franken setzten sich die Basken weiterhin zur Wehr, und ihrer Tributpflicht kamen sie nicht regelmäßig nach. Ein Symbol für den baskischen Widerstand ist die Schlacht von Roncesvalles im Jahr 778: Auf Einladung des Emirs von Barcelona, der sich gegen den Emir von Córdoba erhoben hatte, unternahm Karl der Große einen Feldzug auf die Iberische Halbinsel, eroberte Pamplona und gründete im Norden der Iberischen Halbinsel die sog. „Spanische Mark". Das maurische Zaragoza wurde jedoch vergeblich belagert, und als das fränkische Heer über Pamplona zurück nach Norden zog, wurde es bei Roncesvalles von den Basken überfallen. Dabei kam der Graf der Bretonischen Mark, Roland, ums Leben.

Zusammenfassend ist festzuhalten, daß die Basken nach dem Zerfall der römischen Herrschaft mehrere Jahrhunderte lang praktisch unabhängig waren. In dieser Epoche ist eine allmähliche Expansion der Basken zu beobachten, die dabei in ständigen Konflikt mit Franken, Westgoten und Arabern gerieten.

Im Ebrotal trat bald nach der arabischen Invasion der westgotische Graf Casio mit seiner Familie zum Islam über und nahm den Namen *Banu-Qasi* an. Durch die Konversion dieser dominierenden Familie des lokalen Adels setzte sich der Islam in den einst romanisierten Ortschaften des Ebrotals und des südlichen Navarra schnell durch. Die Familie Banu-Qasi dominierte das Gebiet der Ribera zwei Jahrhunderte lang, sie ordnete sich jedoch nur mühsam den maurischen Emiren unter. Um diese potentiellen Rebellen besser kontrollieren zu können, wurde im 9. Jh. die Stadt Tudela als Enklave des Emirats von Córdoba gegründet. Ein Jahrhundert später war Tudela das bedeutendste kulturelle Zentrum des nördlichen maurischen Gebietes. Tudela wurde erst 1119 von den Christen erobert, aber es blieb noch jahrhundertelang eine zutiefst islamisierte Stadt, in der sich die christliche, islamische und jüdische Kultur gegenseitig befruchteten. Bis ins 16. Jh. bewahrte die Stadt einen bedeutenden islamischen und jüdischen Bevölkerungsanteil.

Mehr als tausend Jahre intensiver Romanisierung und Arabisierung führten im Gebiet der Ribera von Navarra zwangsläufig zum Verlust der baskischen Identität, ganz im Gegensatz zu den unmittelbar nördlich davon liegenden Gebieten, einschließlich der Stadt Pamplona, die trotz teilweiser Romanisierung bis in die Neuzeit baskisch geprägt blieb. Die Ribera wurde zwar im 12. Jh. definitiv in das Königreich Navarra integriert, zu einer Re-Baskisierung kam es jedoch nicht mehr, und bis heute blieb sie das am wenigsten „baskische" Gebiet des Baskenlandes.

DAS BASKISCHE MITTELALTER

Herausbildung der Territorien

Die Herausbildung der baskischen Territorien steht im Rahmen der Konsolidierung der christlichen Monarchien, in deren Einflußbereich sich das Baskenland befand. Im Norden hatte sich das Fränkische Reich gefestigt; im Westen des Baskenlandes entstand das Königreich Asturien, das bald zum Asturisch-Leonesischen Reich expandierte und schließlich in das Königreich Kastilien aufging. Die Entwicklung des Baskenlandes hing von der Entwicklung dieser beiden Machtblöcke ab. In Navarra bildete sich eine Monarchie um den König von Pamplona. Gipuzkoa, Bizkaia und Alava dagegen standen zwischen Navarra und Asturien-León-Kastilien und wurden je nach politischer Konjunktur von diesem oder von jenem Reich beherrscht, bis sie Ende des 12. Jh. endgültig unter kastilischen Einfluß gerieten.

Der Kampf gegen Mauren und Franken verursachte in Navarra die Veränderungen, die zur Bildung des Königreichs Pamplona führten. Im Jahr 799 wurde in Pamplona der maurische Gouverneur Mutarrif gestürzt, der der Familie der Banu Qasi angehörte. Pamplona trat in dieser Zeit vorübergehend in den fränkischen Machtbereich ein, bis im Jahr 816 ein christliches Heer der vereinten Pamploneser und Asturier von den Mauren geschlagen wurde. Die militärische Führung fiel nun an Iñigo Arista, der mit der Familie Banu Qasi verwandt war, die in der Ribera dominierte. Die Vorherrschaft der Familie Iñigos setzte sich in Pamplona durch. Pamplona blieb christlich; zwar war es den Emiren von Córdoba tributpflichtig, andererseits aber durch die verwandtschaftlichen Beziehungen zu den mächtigen moslemischen Banu Qasi geschützt. Das Frankenreich dagegen hatte seinen Einfluß auf Pamplona verloren.

Die Stärke von Iñigo Arista, der von 816 bis 851 über Pamplona herrschte und eine solide Politik der Unabhängigkeit und spontaner Allianzen mit Mauren und Asturiern führte, setzte die erbliche Monarchie seiner Familie durch, die im Jahr 905 mit König Sancho Garcés I. definitiv wurde. Damit begann die Herrschaft der Dynastie Jimena über das Königreich Pamplona, die drei Jahrhunderte währen sollte. Bisher lag die territoriale Basis des Königreichs Pamplona in

Zentral-Navarra und den Pyrenäentälern; die neue Dynastie verfolgte mit stärkerem Nachdruck die Expansion nach Süden. Der Höhepunkt der Macht wurde in den Jahren 1000 bis 1035 unter Sancho dem Großen (*Sancho el Mayor*) erreicht, der das heutige Navarra mit Ausnahme des Ebrotals, das noch in Händen der Mauren war, Sobrarbe, Ribagorza und die Grafschaft Aragón im heutigen nördlichen Aragón, die drei westlichen baskischen Territorien, die Grafschaft Kastilien und das Königreich León dominierte. Direkt oder durch Vasallentum beherrschte er alle christlichen Gebiete auf der Iberischen Halbinsel und einige auf der Nordseite der Pyrenäen. Auch die Herzöge der Gascogne waren seine Vasallen. In der baskischen Geschichte war die Zeit Sanchos des Großen die einzige Epoche, in der alle baskischen Gebiete unter einer Herrschaft vereint waren; Sancho der Große war der „König aller Basken".

Dieser politische Block festigte sich nicht, denn Sancho der Große teilte sein Reich unter seine Söhne auf. An seinen Sohn García fiel das Königreich Pamplona, die drei westlichen baskischen Territorien und der Norden der heutigen Provinz Burgos. Westlich und östlich des Königreichs Navarra entstanden die Königreiche Kastilien und Aragón, die von Garcías Brüdern beherrscht wurden. Der Plan Sanchos des Großen, eine Union der christlichen Königreiche im Kampf gegen die Mauren zu schaffen, erwies sich bald als fatale Illusion: Im Jahr 1054 fiel König García V. von Navarra im Kampf gegen das kastilische Heer. Der Zerfallsprozeß der navarrischen Monarchie hatte begonnen, der 1076 zur Auflösung des Königreichs führte, nachdem in Peñalén im Jahr 1074 der navarrische König Sancho IV. von seinen Brüdern ermordet wurde. Der navarrische Adel wollte keinen der Brudermörder als König anerkennen. Das alte Königreich Pamplona wurde unter den jungen Königreichen Aragón und Kastilien aufgeteilt, deren Herrscher in der Erbfolge an nächster Stelle standen. Der größte Teil des heutigen Navarra fiel an Aragón, während Alava, Bizkaia und der westliche Teil Gipuzkoas an Kastilien fielen.

Als der aragonesische König Alfons I. im Jahr 1134 ohne Nachkommen starb, erlangte Navarra erneut seine Unabhängigkeit, indem García Ramírez zum König von Navarra proklamiert wurde. Zum ersten Mal taucht jetzt der Name „Königreich Navarra" auf. Sein Reich hatte in etwa die Ausmaße des heutigen Navarra, denn der König verleibte ihm die Stadt Tudela und die Gebiete südlich des Ebro ein, die mittlerweile den Mauren entrissen worden waren. Einige Jahre später gelang es dem König von Navarra, auch Gipuzkoa, Bizkaia und Alava sowie die Rioja wiedereinzugliedern, die im wesentlichen bis Ende des 12. Jh. unter navarrischer Herrschaft blieben.

Bis zum Ende des 12. Jh. bildeten sich die drei westlichen baskischen Territorien im wesentlichen so aus, wie wir sie heute kennen. Die heutigen Bezeichnungen für Alava und Bizkaia erschienen zuerst in der sog. „Chronik Alfons' III." (*Cronicon Salmanticense*) aus dem Jahr 866, in der Eroberungen Alfons' I. von Asturien aus der Mitte des 8. Jh. geschildert werden. Neben Alava und Bizkaia werden auch das Tal von Ayala im Nordwesten der heutigen Provinz Alava, das seit 1463 zu Alava gehören sollte, und Orduña im heutigen Bizkaia erwähnt. Bizkaia umfaßte damals sicher nur das sog. „Kern-Bizkaia" (*Bizkaia Nuclear*) zwischen den Flüssen Nervión und Deba bzw. zwischen den Bergen nördlich des Ibaizabal und der Küste. Interessant ist in diesem Zusammenhang, daß die Flüsse Nervión und Deba die Grenzen politischer Einheiten sind, wie sie auch schon in vorrömischer Zeit die Stammesgrenzen zwischen Autrigonen, Karistiern und Vardulern waren.

Die Grafschaft Alava entstand im 9. Jh. Es war das Grenzgebiet zwischen dem maurischen, asturischen und navarrischen Herrschaftsbereich und Durchzugsgebiet der Mauren auf ihren Feldzügen gegen Asturien. Aus diesem Grund erschien hier schon früh ein militärischer Führer mit dem Titel eines Grafen. Die politischen Bindungen in dieser Frühzeit sind unbekannt.

Die Beziehungen, die die westlichen baskischen Territorien im 10. Jh. zu Pamplona unterhielten, mögen nur vorübergehender Natur gewesen sein, denn von 932 bis 970 beispielsweise hatte Fernán González gleichzeitig den Titel des Grafen von Alava und den des Grafen von Kastilien inne. Dagegen befand sich der Graf von Alava Anfang des 11. Jh. zur Zeit von Sancho dem Großen eindeutig unter navarrischem Einfluß. In dieser Blütezeit der Monarchie von Pamplona gehörten ebenfalls Gipuzkoa, das erstmals 1025 unter seinem Herrn García Acenáriz erwähnt wurde, und Bizkaia, dessen Grafen seit 1040 durchgehend dokumentiert sind, zum navarrischen Einflußbereich.

Die Ämter der Grafen von Alava, Bizkaia und Gipuzkoa wurden offensichtlich vom König vergeben, um diese Gebiete einer militärischen Kontrolle zu unterstellen. Der Amtsinhaber und das Territorium hatten keine weitere Beziehung als den Willen des Königs, und oft wurden die Ämter vergeben, ohne irgendwelche früheren Beziehungen zu berücksichtigen.

Mit der Krise des Königreichs Pamplona fielen diese Territorien im Jahr 1076 an Kastilien, bis sie nach der Wiederherstellung des Königreichs Navarra Anfang des 12. Jh. wieder an dieses zurückgelangten und dort bis zum Ende des 12. Jh. verblieben. Die kastilischen Bemühungen, sich den relativ problemlosen Zugang zum Meer über Bizkaia zu sichern, führten zu Spannungen, die im Jahr 1179 durch einen Schiedsspruch des englischen Königs beigelegt wurden: Kern-Bizkaia fiel an Kastilien. 1199 wurde Vitoria von den Kastiliern belagert und der größte Teil Alavas erobert. Im darauffolgenden Jahr übergab der König von Navarra auch die restlichen Gebiete Alavas an Kastilien. Im gleichen Jahr 1200 fiel Gipuzkoa an Kastilien. Es ist überliefert, daß es auf freiwillige Entscheidung der Bevölkerung hin geschah, aber andere Quellen sprechen von „Erwerb" und wieder andere von „Einnahme"; sicher ist nur, daß es keine bewaffnete Auseinandersetzung gab.

Bizkaia war stärker an die Amtsinhaber gebunden als Alava und Gipuzkoa. Zumindest seit dem Jahr 1043 waren Mitglieder der Familie López de Haro Herren von Bizkaia, und zwar seit Iñigo López, der erste Herr von Bizkaia, den kastilischen König Alfons VI. bei seiner expansionistischen Politik unterstützt hatte. Ihm und seiner Familie wurde die erbliche Oberhoheit über Kern-Bizkaia verliehen. Nur zwischen 1134 und 1179, unter navarrischer Herrschaft, fiel der Titel an die Familie Ladrón de Guevara und wurde danach von den kastilischen Königen erneut der Familie López de Haro verliehen.

1195 fiel die Landschaft um Durango, das sog. *Duranguesado*, an Kastilien. Im Jahr 1212 wurde es an den Herrn von Bizkaia Diego López de Haro gegeben. Zwischen dem 11. und 14. Jh. fielen die Gebiete westlich des Nervión, *Encartaciones* genannt, an den Herrn von Bizkaia. Trotz ihrer Eingliederung in Bizkaia bewahrten sowohl das Duranguesado als auch die Encartaciones ihre traditionellen Systeme der regionalen Selbstverwaltung.

Im Gegensatz zu Alava und Gipuzkoa besaßen die Herren von Bizkaia juristische Oberhoheit. Bizkaia trug die Territorialbezeichnung *Señorío*, was bedeutet, daß es sich um eine vom König verliehene Domäne handelte, und der Herr von Bizkaia trug den Titel *Señor*. Ihm oblag die Ausübung einer Regierungsgewalt, die nicht direkt vom Willen des Königs abhing. Der Herr von Bizkaia hatte Kompetenzen, die in Alava und Gipuzkoa der König ausübte: Er hatte militärische und juristische Oberhoheit, ernannte Beamte und hatte das Recht, Steuern einzutreiben. Während es in Alava und Gipuzkoa der König war, der Städte gründete, war es in Bizkaia der Herr von Bizkaia.

Bei der Familie Haro handelte es sich um die mächtigste Adelsfamilie Kastiliens. Nach ihrem Aussterben fiel der Titel an die Familie

Lara und im Jahr 1371 an den Königssohn Juan, der 1379 die Krone Kastiliens erbte. Damit hatten das Königreich Kastilien und das *Señorío* von Bizkaia den gleichen Herrn, aber Bizkaia behielt weiterhin seine Sonderrechte.

Das Tal von Ayala im Nordwesten der heutigen Provinz Alava, das politisch zwischen Alava und Bizkaia hin- und herschwankte, schloß sich 1463 Alava an. Im Jahr 1366 schenkte der kastilische König Heinrich II. dem Statthalter von Kastilien Pedro Manrique die Stadt Treviño und das sie umgebende Land, das damit aus Alava ausgelagert wurde. Im 16. Jh. wurde dieses Gebiet mit dem von der Stadt Burgos abhängigen Gebiet vereint, und auch heute noch gehört die Grafschaft von Treviño als Enklave innerhalb Alavas zur kastilischen Provinz Burgos.

Gipuzkoa entstand aus dem Zusammenschluß verschiedener Täler, zu denen erst im 12. Jh. der Streifen westlich des Flusses Deba kam sowie im Jahr 1200 das Land zwischen Oiartzun und dem Fluß Bidasoa. Innerhalb Gipuzkoas gab es einen unabhängigen Herrschaftsbereich, das *Señorío* von Oñate, das erst 1845 völlig in die Provinz eingegliedert wurde.

Mit dem Verlust Gipuzkoas verlor das Königreich Navarra seinen Zugang zum Meer. Daraufhin wurden die Beziehungen zu Iparralde und zu seiner Hafenstadt Bayonne verbessert. Unter der Herrschaft von König Sancho VII. (1194–1234) wurden verschiedene Territorien Iparraldes an Navarra angeschlossen. Seit 1194 war Saint-Jean-Pie-de-Port Sitz eines Vogts, und 1249 wurde Nieder-Navarra definitiv in das Königreich integriert. Es wurde zum fünften Verwaltungsbezirk (*Merindad*) Navarras und erhielt den spanischen Namen *Merindad de Ultrapuertos*; als solches blieb es bis 1530 fester Bestandteil Navarras.

Labourd wurde im Jahr 1023 durch Sancho den Großen als Vizegrafschaft gegründet. Auch Soule ist etwa in dieser Zeit als Vizegrafschaft entstanden. Im 11. und 12. Jh. standen diese beiden Territorien unter dem wechselnden Einfluß des Königreichs Navarra und des Herzogtums Gascogne, das im Jahr 1056 in Personalunion mit dem Herzogtum Aquitanien zusammenfiel.

Als im Jahr 1152 die Könige von England durch die Heirat von Heinrich II. Plantagenet und Leonor von Aquitanien zu Herzögen von Aquitanien wurden, lehnte sich zunächst der lokale Adel gegen die Fremdherrschaft auf, konnte aber unterworfen werden. Unter der Herrschaft des englischen Königssohns Richard Löwenherz als Herzog von Aquitanien (1169–1199) wurden Bayonne als wichtigster Stadt Labourds im Jahr 1174 neben den Stadtrechten weitere Sonderrechte eingeräumt, z. B. in bezug auf den Walfang und Zollfreiheiten. Gleichzeitig wurde Bayonne wegen seiner besonderen wirtschaftlichen und strategischen Bedeutung aus Labourd ausgegliedert und direkt dem Herzog von Aquitanien unterstellt. Der Vizegraf von Labourd zog sich daraufhin nach Ustaritz zurück, das seitdem sein neuer Hauptort sein sollte. 1193 wurde ganz Labourd direkt der englischen Verwaltung unterstellt. Die Trennung von Labourd und Bayonne blieb jedoch bis zur Französischen Revolution bestehen und sollte in der Zukunft das Motiv für zahlreiche soziale Konflikte sein.

Im Jahr 1256 konnten die Engländer ihre Herrschaft auch auf Soule ausdehnen, das sich bisher angesichts der englischen Gefahr stärker an Navarra angelehnt hatte. Labourd und Soule blieben unter englischer Herrschaft, bis der Vizegraf von Béarn als Verbündeter der französischen Monarchie gegen Ende des Hundertjährigen Krieges 1449 Soule und 1451 Labourd eroberte.

Zusammenfassend kann festgestellt werden, daß sich die sieben baskischen Territorien im wesentlichen bis zum 13. Jh. konsolidiert und damit ihre heutige Gestalt erhalten haben. Navarra, das sich durch den Anschluß verschiedener Gebiete an das Königreich Pamplona gebildet hatte, war letztlich fast identisch mit dem ehemaligen Stammesgebiet der Vaskonier. Offensichtlich hatte die vorrömische Stammesgliederung Einfluß auf die Bildung der Territorien, denn auch Gipuzkoa entstand im Gebiet der Varduler und Bizkaia – mit Ausnahme der autrigonischen Encartaciones – im Gebiet der Karistier. Die wichtigste Ausnahme war die Entstehung Alavas als völlig neue politische Einheit. Die Stammesgrenzen lösten sich hier auf, weil Alava stärker romanisiert wurde und weil es jahrhundertelang Grenzgebiet war: Alava war Grenzgebiet im Spätrömischen Reich, in der Zeit der Westgoten und Araber – letztere beschrieben in ihren Chroniken 21 Feldzüge in alavesisches Gebiet – und schließlich auch zwischen Navarra und Asturien-León-Kastilien. Ob auch die Ausbildung der drei Territorien Iparraldes auf vorrömische Stammesgebiete zurückzuführen ist, ist nicht nachweisbar.

Die urbane Revolution

Über die mittelalterliche Wirtschaft des Baskenlandes liegen nur wenige Daten vor. Die Landwirtschaft war im mediterranen Baskenland relativ weit fortgeschritten, was dem arabischen Einfluß zu verdanken ist, der besonders im Ebrotal zur Entwicklung moderner Techniken wie des Wasserrads und der Bewässerungskultur geführt hatte. Mindestens seit dem 9. Jh. gab es schon Eisenhütten in Alava – die erste Erwähnung stammt aus dem Jahr 871 –, während sie im atlantischen Gebiet erst seit dem 13. Jh. erwähnt werden. Dort dominierten Viehzucht und Forstwirtschaft. Viehwirtschaft war im atlantischen Baskenland die Haupterwerbsquelle; Wald wurde nur gerodet, wenn er Apfelbäumen weichen mußte; Gemüseland war selten. Im 11. und 12. Jh. wurden neue Techniken des Ackerbaus eingeführt.

Zu den Unterschieden in der Wirtschaftsentwicklung trug auch bei, daß besonders Navarra am Jakobsweg lag, der den Höhepunkt der Pilgerfahrten zwischen dem 11. und dem 13. Jh. erlebte. Auf diesem Weg erreichten die Iberische Halbinsel neue kulturelle, politische und wirtschaftliche Tendenzen. Der früheste Jakobsweg folgte der alten Römerstraße über Saint-Jean-Pie-de-Port, die bei Roncesvalles die Pyrenäen überquerte und über Pamplona und Vitoria führte. Zur Zeit der Herrschaft von Sancho dem Großen erlaubte die Eroberung maurischen Landes im Süden Navarras die Verlegung des Jakobswegs über Puente la Reina und Viana nach Logroño. Außerdem wurden die Pyrenäen von vielen Pilgern über den Somportpaß bei Jaca in Aragón überquert, von wo der Jakobsweg nach Westen führte und Navarra bei Sangüesa erreichte.

Im 13. Jh. schließlich nahm eine neue Handelsstrecke an Bedeutung zu und übertraf im 14. Jh. den Jakobsweg, der gleichzeitig an Bedeutung verlor: Es handelt sich um die Wege und Häfen, die die Iberische Halbinsel mit Nordeuropa verbanden. England beispielsweise importierte schon im 13. Jh. kastilische Wolle. Die Bedeutung der Küstengebiete Bizkaia und Gipuzkoa und ihrer Häfen nahm damit erheblich zu. Seit dem Ende des 13. Jh. gibt es außerdem die ersten Nachrichten von Eisenhütten in diesen Territorien, so daß man eindeutig von einer Modernisierung der Wirtschaftsstruktur des atlantischen Baskenlandes im Spätmittelalter sprechen muß.

Die wirtschaftlichen Neuerungen hatten wie in ganz Europa seit dem 11. Jh. Städtegründungen zur Folge bzw. die Verleihung von Stadtrechten an Ortschaften, die damit direkt der königlichen Jurisdiktion unterstellt wurden. Die Erzielung landwirtschaftlicher Überschüsse hatte es einem Teil der Bevölkerung erlaubt, sich gänzlich dem Handwerk zu widmen, und der Handel hatte an Bedeutung zugenommen. Mit der Verleihung von Stadtrechten wurde ein neuer juristischer Rahmen geschaffen, der die Ansiedlung von Kaufleuten und Handwerkern begünstigte: Den Städten wurden eigene Verwaltungsstrukturen gegeben, die von keinem anderen Herrn als dem König abhingen; wöchentlich durften Märkte abgehalten werden, wirtschaftliche Privilegien wurden vergeben und eine unabhängige Rechtsprechung eingeführt.

Die ersten baskischen Städte waren Sangüesa und Estella, die im Jahr 1090 am Jakobsweg in Navarra gegründet wurden. Danach erhielten Tudela, Puente la Reina und Pamplona die Stadtrechte. Nach der Wiederherstellung der Unabhängigkeit des Königreichs Navarra im Jahr 1134 entstanden Städte im Zentrum und im Süden: Olite, Los Arcos usw. Das Gebiet der Ribera war anfangs das am stärksten urbanisierte Gebiet, und zahlreichen Orten wurden dort im 12. Jh. Stadtrechte verliehen.

Zu den wirtschaftlichen Gründen gesellten sich militärische. Die Könige von Navarra und von Kastilien gründeten Städte, um ihre Herrschaft im grenznahen Gebiet zu sichern. Der navarrische König gründete so in Alava 1165 Laguardia und 1181 Vitoria. Nach dem Verlust der westlichen baskischen Territorien wurden als Schutz gegen Kastilien von Anfang des 13. bis Anfang des 14. Jh. zahlreiche Städte in Grenznähe gegründet.

Die erste Stadt, die 1140 von Kastilien im Baskenland gegründet wurde, war Salinas de Añana in Alava, um durch die mit den Stadtrechten verbundenen Privilegien die Ausnutzung der Salinen zu erleichtern. Militärische Gründe führten seit Ende des 12. Jh. in Alava zur Gründung zahlreicher Städte durch die kastilische Krone.

Die zunehmende Bedeutung des Nord-Süd-Handels führte im 13. Jh. zu Stadtgründungen in Bizkaia und Gipuzkoa. Das Interesse am Überseehandel wurde schon 1181 vom navarrischen König mit der Gründung von San Sebastián eingeleitet, aber diese neue Phase der wirtschaftlichen Orientierung wurde bald von Kastilien dominiert. Der kastilische König oder der Herr von Bizkaia verliehen Orten an der Küste die Stadtrechte: 1209 Hondarribia, Getaria und Mutriku, 1237 Zarautz und Bermeo. Damit sollte die Tätigkeit ihrer Häfen gefördert und verstärkt in den Dienst der kastilischen Wirtschaft gestellt werden. Aus demselben Grund entstanden Städte an den Handelsstraßen im Inland, wie 1199 Balmaseda auf dem Weg von Burgos an die Küste Bizkaias und zwischen 1256 und 1268 Segura, Ordizia und Tolosa an der Straße von Vitoria nach San Sebastián sowie Mondragón und Bergara an der Straße von Vitoria zu den Häfen von Deba, Zumaia und Getaria. Bizkaia war das letzte Territorium in Hegoalde, das mit einem umfangreichen Netz von Städten versehen wurde. Ende des 13. Jh. gab es nur drei Städte in Bizkaia; erst dann wurde eine umfassende Stadtgründungspolitik betrieben: 1299 entstanden die Hafenstadt Plentzia sowie Orduña an der Südgrenze von Bizkaia und 1300 Bilbao. Zwischen 1322 und 1327 bekamen drei weitere Hafenorte ihre Stadtrechte: Portugalete, Lekeitio und Ondarroa.

Nach 1330 hatten die Stadtgründungen ein anderes Ziel. Die soziale Krise des Spätmittelalters hatte eingesetzt, und mittels der Städte, die von Mauern umschlossen waren, wurde die Bevölkerung vor der Bedrohung geschützt, die die Bandenkriege darstellten. Außer Gernika, das 1366 gegründet wurde, hatten alle anderen Stadtgründungen jener Zeit defensiven Charakter. Besonders zahlreich waren diese im Grenzgebiet zwischen Gipuzkoa und Bizkaia. Nicht in allen dieser neugegründeten Städte bildete sich ein wahres Stadtleben aus; einige blieben Bauerndörfer, andere verloren sogar an Bedeutung.

In Iparralde wurden nur wenige Städte gegründet.[3] Unter den Motiven, die zu Städtegründungen führen konnten, war bei der dünnen Besiedlung des Gebietes der Bevölkerungsdruck sicherlich kaum ausschlaggebend. Eine Ausnahme bildete Bayonne, das schon früh ein wichtiger Hafen und Handelsplatz war und die Stadtrechte bereits 1174 verliehen bekam. Ainhoa gehörte im Hochmittelalter zu Nieder-Navarra und erhielt die Stadtrechte als wichtiger Grenzort zu Labourd in der ersten Hälfte des 13. Jh. Als Ainhoa aber im Jahr 1249 an Labourd fiel, verlor es diese Rechte. Somit muß man feststellen, daß es in Labourd keine Städte gab, da ja Bayonne 1174 aus dem Territorium ausschied.

Saint-Jean-Pie-de-Port erhielt die Stadtrechte in der ersten Hälfte des 13. Jh. Nicht nur als Hauptstadt Nieder-Navarras war der Ort bedeutend, sondern auch durch seine Lage am Jakobsweg. Dies war auch der Grund für die Verleihung der Stadtrechte an Larceveau (Datum unbekannt), Garris (1293) und Saint-Palais (1396) sowie vielleicht an einige weitere Orte, deren Stadtrechte aber mit dem Niedergang des Jakobswegs seit dem 16. Jh. wieder verlorengingen. La-Bastide-Clairence als wichtiger Grenzort zu Labourd erhielt die Stadtrechte im Jahr 1312.

In Soule erhielten die beiden Hauptorte Tardets (1299) und Mauleon (1387) Stadtrechte. Ansonsten erlangten einige Grenzorte vorübergehend besondere Rechte, die ihnen später wieder entzogen wurden. Leider liegen nur unzureichende Informationen darüber vor,

---

[3] Die Gründe dafür sind bisher nicht genauer untersucht. Die besten Informationen gibt noch Eugène Goyheneche, *Le Pays Basque. Soule – Labourd – Basse-Navarre*, Pau 1979, S. 189–192.

aber sicherlich war ihre Funktion als Zollstationen an der Grenze zu Navarra und zur Region Béarn ausschlaggebend.

Die Motive für Stadtgründungen konnten also wirtschaftlicher, fiskalischer, militärischer, politischer, sozialer und demographischer Natur sein. Wahrscheinlich wuchs die Bevölkerung des Baskenlandes wie im gesamten Westeuropa zwischen dem 11. und dem 14. Jh. stark an. Die Stadtgründungen waren so oft Konsequenz dieses Wachstums und förderten damit neue wirtschaftliche Funktionen. Außerdem zog die ausländerfreundliche Politik der navarrischen Herrscher die sog. „Franken" an, um die wirtschaftlichen Aktivitäten zu beleben. Franken und Juden erhielten das Recht, in Handwerk und Handel tätig zu sein und in den Städten zu leben, während die navarrische Bevölkerung nur am Stadtrand siedeln durfte und auf Hilfstätigkeiten und Landwirtschaft beschränkt blieb. Diese Situation führte zu Protesten und Aufständen. Dem sozialen und demographischen Druck mußte schließlich nachgegeben werden: Zwischen 1180 und 1190 wurde die Niederlassung von Navarrern in den Städten frei zugelassen.

Die Städte stellten im allgemeinen bürgerliche Enklaven dar, deren Wirtschaftsformen sich von der ländlichen Umgebung unterschieden und in denen eine neue Sozialstruktur entstand, die auf handwerklichen und merkantilen Aktivitäten basierte. Da die Städte direkt der Monarchie unterstanden und somit der Herrschaft der herrschenden Eliten entzogen wurden, waren ihre Gründungen nicht frei von Spannungen. Obwohl die Stadtgründungen im wesentlichen dem aufstrebenden Handelsbürgertums zugute kommen und die Vorherrschaft der traditionellen Eliten zurückdrängen sollten, gelang es vielen Mitgliedern der letztgenannten Gruppe – angezogen von den Aussichten auf gute Geschäfte –, sich in den Städten niederzulassen und am neuen Wirtschaftskreislauf teilzuhaben.

Während sich im mediterranen Baskenland schon seit der Romanisierung die Bevölkerung in zahlreichen kleineren und größeren Ortschaften konzentriert hatte, lebte die Bevölkerung des atlantischen Gebiets weit verstreut und mit Ausnahme verschiedener Orte an der Küste umfaßten die Ortschaften bis ins Spätmittelalter kaum mehr als zehn Häuser. Diese Streusiedlungen schlossen sich im Laufe der Zeit zu größeren Verbänden zusammen, die i. d. R. bis zu den Grenzen des Tals reichten und verschiedene Bezeichnungen erhielten. Als dann die urbane Revolution einsetzte, schlossen sich viele dieser Verbände den nahegelegenen Städten an. Das deutlichste Beispiel für den Erfolg der urbanen Revolution ist Gipuzkoa, wo schließlich Ende des 14. Jh. fast das gesamte Gebiet unter dem Einfluß der Städte stand.

Die mittelalterliche Bevölkerungsentwicklung im Baskenland ist im wesentlichen mit der in Europa vergleichbar: Vom 10. bis zur Mitte des 14. Jh. nahmen die landwirtschaftlichen Erträge beständig zu, und es gab einen Bevölkerungsüberschuß, der an der Küste Beschäftigung in Fischfang und Handel fand, im Landesinnern in der Eisenindustrie und in den neugegründeten Städten im Handwerk und im Handel.

Politische Veränderungen im Spätmittelalter

Die politische Krise in Navarra

Als Sancho III. von Navarra 1234 ohne direkten Nachkommen verstarb, wählte der navarrische Adel den mit dem navarrischen Königshaus verwandten Grafen der Champagne zum neuen König Theobald I. Seitdem stand Navarra unter französischem Einfluß. Die häufige Abwesenheit der Grafen der Champagne und die starke französische Orientierung führten zu erheblicher Kritik von seiten des navarrischen Adels und des Klerus. Als Heinrich I. 1274 starb und nur seine einjährige Tochter Johanna hinterließ, bemühten sich verschiedene Gruppen des navarrischen Adels um eine Annäherung an Aragón oder Kastilien. In diesem Klima der Unsicherheit reiste die Regentin und Königinmutter Blanca im Jahr 1275 nach Paris und erreichte ein Heiratsversprechen mit dem ebenfalls minderjährigen französischen Königssohn, dem späteren Philipp IV. dem Schönen, König von Frankreich und Navarra (1285–1314).

Der Höhepunkt dieser politischen Krise war 1276 erreicht: In Pamplona gab es seit langem eine gefährliche Rivalität zwischen den Stadtvierteln der Franken und der Navarrer; letztere näherten sich in der Zeit der Thronfolgekrise den Kastiliern an, die Ende 1274 im Süden Navarras eingefallen waren. 1276 kam es zum kastilisch-französischen Krieg auf navarrischem Boden, in dessen Verlauf das Stadtviertel der Navarrer in Pamplona, die sog. *Navarrería*, geplündert und zerstört wurde. In der Folgezeit wurde Navarra auf despotische Weise von der französischen Monarchie beherrscht; Philipp IV. legte nicht einmal den bisher üblichen Eid auf die navarrischen Gesetze ab. Sein Sohn und Nachfolger Ludwig X. (1314–1316) legte den Eid in Navarra ab, aber Philipp V. (1316–1322) tat dies nur vor einer navarrischen Gesandtschaft in Paris. Als Karl IV. (1322–1328) dasselbe forderte, weigerte sich der navarrische Adel, eine Gesandtschaft nach Paris zu entsenden, und der Eid blieb aus. Das Königreich, das mit seiner Weigerung die Herrschaft des Königs als nicht rechtmäßig anerkannte, wartete einen günstigeren Moment ab, um sich von der französischen Krone zu lösen.

Im Jahr 1328 verstarb Karl IV. ohne Nachfolger. Das französische Thronfolgerecht schloß Frauen aus, so daß Philipp VI. von Valois zum neuen König ernannt wurde. In Navarra dagegen, wo man eine Trennung von der französischen Monarchie anstrebte, war die weibliche Thronfolge legitim. Nachdem man den französischen Gouverneur kurzerhand abgesetzt hatte, wurde Johanna, die Tochter von Ludwig X., zur Königin ausgerufen. Johanna war mit Philipp III. von Evreux verheiratet; das Königspaar hielt sich zumeist in seinen französischen Besitzungen auf, respektierte die Eigenheiten Navarras aber mehr als seine Vorgänger.

Philipp III. starb 1343 und Johanna 1349. Nachfolger wurde ihr Sohn Karl II. (1350–1387). In einer Zeit schwerer wirtschaftlicher und demographischer Krise setzte sich Karl II. mit Autorität und Repression durch. Seine territorialen Ambitionen führten sein Land von 1362 bis 1379 in Kriege gegen die aragonesische, französische und kastilische Monarchie, deren fatales Resultat war, daß er sämtliche französischen Besitzungen verlor, kastilische Truppen zeitweilig Navarra besetzten und die navarrische Wirtschaft am Boden lag.

Der neue König Karl III. (1387–1425) war nach eineinhalb Jahrhunderten französischer Vormundschaft der erste König, der sich ausschließlich um die Belange seines Landes kümmerte. Seine Herrschaft verlief in Frieden mit den Nachbarstaaten wie auch im Innern. Andererseits setzte sich die schwere Krise des Spätmittelalters fort, in der die landwirtschaftliche Produktion zurückging, Hungersnöte auftraten und Pestepidemien die Bevölkerung dezimierten. Bei Karls Tod war sein vierjähriger Enkel Karl Thronfolger; als solcher trug er den Titel „Prinz von Viana", als welcher er in die Geschichte eingehen sollte. Mit ihm setzte die letzte Etappe der Geschichte des unabhängigen Navarra ein, die weiter unten beschrieben wird.

Feudalismus im Baskenland

Die Ausbildung des Feudalismus im Baskenland verlief nicht einheitlich. Im mediterranen Baskenland, d. h. im größten Teil Alavas und Navarras, hatte sich seit dem Spätrömischen Reich eine Feudalgesellschaft ausgebildet, die im wesentlichen denen anderer europäischer Länder vergleichbar war. Die Angehörigen des Hochadels verfügten über umfassenden Grundbesitz und gehörten zu den einflußreichen Männern in Königsnähe. Die Kleinadligen besaßen Land und lebten von den Abgaben der Bauern, die ihrerseits frei oder unfrei sein konnten.

Im Saltus dagegen hatte es die nur oberflächliche römische Herrschaft nicht vermocht, die vorrömischen Strukturen wesentlich zu verändern. So erklärt sich die späte und unvollständige Ausbildung des Feudalismus im atlantischen Baskenland und die relative Schwäche der dortigen Feudalherren. Die am wenigsten bzw. am spätesten feudalisierten Territorien waren Labourd und Gipuzkoa, wo sich die archaische Stammesgesellschaft auf der Grundlage des Hirtenwesens noch bis ins 11. Jh. hielt. Erst dann setzte eine allmähliche Feudalisierung ein. Zwar gab es auch dort Grundherren und abhängige Bauern, die überwiegende Mehrheit der baskischen Bauern war jedoch frei. Das bewirtschaftete Land war erbliches Eigentum der Familie, das unbewirtschaftete Land befand sich im Gemeinschaftsbesitz; es diente u. a. als Weidefläche und zur Holzgewinnung. Über Probleme in bezug auf das Gemeinschaftsland entschieden die Versammlungen der freien Bauern einer geographischen Einheit, z. B. eines Tales. Wenn von den verschiedenen Königen, die während des Mittelalters nominell über die Territorien des Baskenlandes herrschten, ein Herr für ein bestimmtes Gebiet eingesetzt wurde, dann handelte es sich – mit Ausnahme Navarras und mit Einschränkungen auch Alavas – doch nur um ortsfremden Adel, der eine formelle Oberhoheit ausübte.

Aber auch im atlantischen Baskenland hatten sich lokale Eliten herausgebildet, die an der Spitze weitverzweigter agnatischer Familienverbände standen – wahrscheinlich Nachfolger der vorfeudalen Klans. Sie trugen zwar keine Adelstitel, verfügten aber über umfassenden Landbesitz und vielfältige Einnahmequellen und hatten als lokale Eliten entscheidenden politischen und sozialen Einfluß in ihrer Heimat.

Als es im Spätmittelalter in ganz Westeuropa zur Krise der Feudalgesellschaften und zur Auseinandersetzung zwischen dem traditionellen feudalen System und der neuen wirtschaftlichen und sozialen Ordnung der Städte kam, war die feudale Differenzierung im atlantischen Baskenland noch nicht abgeschlossen. Die lokalen Eliten verfügten zwar über eine soziale und wirtschaftliche Vorrangstellung, diese drückte sich aber noch nicht in einem besonderen juristischen Status aus. Deutlichstes Indiz dafür ist das weitgehende Fehlen von Adelstiteln, und klare Beweise sind im 15. und 16. Jh. die zahlreichen Proteste der Landbevölkerung gegen die Herrschaftsansprüche der

Eliten, die ihre Macht dazu ausgenutzt hatten, Abgaben von den Bauern zu erzwingen.[4] Auf dem Höhepunkt der Krise der Feudalgesellschaft wehrten sich diese gegen die Willkür der Herren und setzten sich letztlich durch, indem alle Bewohner des atlantischen Baskenlandes durch die Verleihung des sog. „Universaladels" juristisch gleichgestellt wurden.

Die Bandenkriege

Von der Mitte des 14. Jh. bis in die erste Hälfte des 15. Jh. erlebte ganz Europa eine demographische Krise, von der auch das Baskenland betroffen war. Klimakatastrophen, Mißernten und Pestepidemien betrafen besonders das mediterrane Baskenland und in geringerem Maße auch das restliche Gebiet. Navarra war zudem vom Rückgang der Pilgerzüge nach Santiago und von zahlreichen Kriegen betroffen. Am verheerendsten waren jedoch die Pestepidemien der Jahre 1348, 1362, 1386 und 1420. Die Bevölkerung der zwölf Ortschaften des Gebietes *Tierra Estella* nahm beispielsweise zwischen 1330 und 1366 um 78% ab.[5] Die wirtschaftliche und demographische Wiederbelebung Navarras setzte 1427 ein, was in etwa auch auf die anderen baskischen Territorien übertragbar ist.

Die Wirtschaftskrise führte zur Sozialkrise. Das Aufblühen der Städte und des Handels fiel mit dem Niedergang der Abgaben und damit der Einnahmen der Großgrundbesitzer zusammen. Die Krise wurde damit gleichzeitig zum Ausdruck der Auseinandersetzung zwischen zwei entgegengesetzten Wirtschaftsmodellen: dem Feudalsystem – ausgeprägt in Navarra und erst in den Anfängen im atlantischen Gebiet –, das seinen Rückhalt auf dem Land hatte, und dem neuen Modell der Städte. In der Krise der feudalen Wirtschaft, deren Schema sich in ganz Westeuropa wiederholte, übten die lokalen Eliten Druck auf Bauern, Stadtbewohner und verfeindete Familien aus, um ihre wirtschaftliche Vorrangstellung beizubehalten. Unter Anwendung von Gewalt versuchten die lokalen Eliten, den Rückgang ihrer Einnahmen auszugleichen. Der Druck der Grundherren führte zu Aufständen in der Landbevölkerung, die damit zu Verbündeten der Städte wurde.

[4] Einige Beispiele in: Alfonso Otazu, *El „igualitarismo" vasco: mito y realidad*, San Sebastián 1973, S. 30–40.
[5] Joseba Agirreazkuenaga et al., *Historia de Euskal Herria, Band I*, San Sebastián 1980, S. 169.

Die Krise des Spätmittelalters war ein Konflikt zwischen Stadt und Land. Sie stellt den Niedergang einer patriarchalischen Gesellschaft dar, die auf Landwirtschaft und Viehzucht basierte und unfähig war, mit der neuen Wirtschaftsform der Städte zu konkurrieren. Gegen Ende dieser Krisenzeit kam es in ganz Westeuropa dennoch zu einem Prozeß der Refeudalisierung, von dem die baskischen Territorien aber – mit Ausnahme des Königreichs Navarra – ausgeschlossen blieben.

In Gipuzkoa, Bizkaia und Alava fanden die Kämpfe des Spätmittelalters zwischen den Grundherren statt, die sich zwei verfeindeten Gruppen anschlossen. Der Ursprung dieser beiden Gruppen, der Oñaciner (vom Familiennamen *Oñaz* abgeleitet) und der Gamboiner (von *Gamboa*) ist nicht vollständig geklärt. Ihr Zusammenhalt basierte auf vorfeudalen Beziehungen, die ihren Ursprung wahrscheinlich in den Klans hatten. Die Familienverbände der drei westlichen Territorien vereinigten sich im Laufe der Zeit, bis sie zwei große und miteinander verfeindete Sippen bildeten, die für die spätmittelalterlichen sog. Bandenkriege verantwortlich waren.[6] Die grundlegende Institution war also die weitverzweigte Familie, deren Vorsteher auf baskisch *Ahaide Nagusiak* und auf spanisch *Parientes Mayores* hießen; diese verteidigten den familiären Besitz, der untrennbar mit dem Stammsitz verbunden war, und schützten Besitz, Leben und Ehre ihrer Angehörigen. Sie besaßen umfangreichen Grundbesitz und hatten Einnahmen unterschiedlichster Art, von den Abgaben der von ihnen abhängigen Bauern bis hin zu Erträgen aus Handel und Industrie – Mühlen und Eisenhütten – sowie als Kirchenherren Einnahmen aus dem Kirchenzehnten.

Es ist möglich, daß der Konflikt von Alava ausgegangen war, wo die im Westen ansässige Familie Mendoza zu Kastilien hin tendierte, während die Familie Guevara weiter im Osten an einer Bindung an Navarra interessiert war. Damit wurden auch unterschiedliche wirtschaftliche Modelle vertreten, denn die navarrische Wirtschaft war konservativer im Vergleich zur kastilischen, die an der Erschließung neuer Handelswege interessiert war. In Gipuzkoa ging die Rivalität zwischen den Banden der Oñaciner und Gamboiner aus dem alten Gegensatz der Familien Gamboa-Olaso und Lazkano hervor; erstge-

---

[6] Wir übernehmen hier den spanischen Begriff *guerra de bandos* = Bandenkrieg, wobei es sich um den Zusammenschluß mehrerer Familienverbände zu einer Partei handelte; die Übersetzung „bando" = „Adelspartei" schließt sich aus, weil es im atlantischen Baskenland keinen ausgeprägten Adel gab.

nannte waren Verfechter des neuen kastilischen Wirtschaftsmodells, während die Oñaciner die archaische Bauern- und Hirtengesellschaft verteidigten und das neue Modell der urbanen Gesellschaft ablehnten. In Bizkaia standen an der Spitze der Oñaciner die Familien Butrón und Mújica und an der Spitze der Gamboiner die Familien Abendaño und Salazar. Die Familienverbände dieser drei Territorien waren miteinander verwandt und hatten ihrerseits verwandtschaftliche Bindungen in Navarra und Labourd.

Die Kämpfe wurden immer gewalttätiger, und es gab sogar wahre Schlachten zwischen verfeindeten Adelsfamilien, an denen Tausende von Soldaten teilnahmen. Befestigte Türme, Mühlen und Eisenhütten wurden zerstört, Ernten verbrannt, Obstbäume gefällt, Händler überfallen und beraubt und Ortschaften geplündert. Die Unsicherheit griff immer mehr um sich. Viele Bauern flohen, um sich als Räuber durchzuschlagen; andere flohen in die ummauerten Städte. Verschiedene Ortschaften baten um den Schutz des Königs und erhielten daraufhin Stadtrechte und damit das Recht, sich zu befestigen. Die Adligen versuchten auch, sich in die Angelegenheiten der Städte und in die Handelsaktivitäten einzumischen: Die Familie Salazar beispielsweise kassierte Zoll von Schiffen, die an Portugalete vorbeifuhren, obwohl die Schiffe das Recht hatten, zollfrei von Bilbao zum Meer zu fahren.

Aber es gab eine weitergreifende Reaktion: Der kastilische König förderte die Einrichtung von *Hermandades*, Polizeitruppen zur Bekämpfung der Banden, wie dies schon mit Erfolg in Kastilien selbst geschehen war. Diese Wegepolizei bildete sich aus Bauern, Stadtbewohnern und einigen Kleinadligen, aber die Städte, die direkt dem König unterstanden, stellten natürlich die größten Kontingente. Schon Ende des 13. Jh. war Alava dem kastilischen Vorbild gefolgt, und Ende des 14. Jh. waren die drei westlichen Territorien in ihrer Gesamtheit von der Dynamik ergriffen, sich den Hermandades anzuschließen. Dies war der entscheidende Impuls zur definitiven Ausbildung der westlichen Territorien. Die Zuständigkeitsbereiche der Hermandades von Bizkaia und Gipuzkoa entsprachen im wesentlichen den Gebieten der heutigen Provinzen; die Hermandad von Alava erlebte dagegen im Spätmittelalter verschiedene Veränderungen und erreichte erst Ende des 15. Jh. ihre endgültige Ausdehnung.

Gonzalo Moro, der Statthalter des Königs in Bizkaia, organisierte seit 1390 die Hermandades und führte sie in den entscheidenden Kampf gegen die Vorherrschaft der Banden. Im Jahr 1394 in den *Juntas* (Versammlungen der Volksvertreter) von Gernika und 1397 in denen von Getaria ließ Gonzalo Moro strenge Anordnungen ausarbeiten; harte Strafen wurden verhängt, die Diebe und Räuber sowie diejenigen, die diese in Schutz nahmen, mit dem Tod bestraften. Die Unruhe ließ jedoch nicht nach, sondern erreichte einen neuen Höhepunkt, als die Banden 1448 die Stadt Mondragón in Brand steckten. Daraufhin wurde die Hermandad von Gipuzkoa neu organisiert, und von 1451 bis 1456 zerstörte diese viele Häuser der *Ahaide Nagusiak/Parientes Mayores* und verwies einige des Landes. Im Gegenzug bedrohten die Banden acht Städte. Damit provozierten sie die definitive Offensive der Hermandad von Gipuzkoa, die im Jahr 1457 persönlich vom kastilischen König Heinrich IV. angeführt wurde. Verbannungen und Zerstörungen der Häuser und Wehrtürme der Adligen beendeten die Vorherrschaft der Banden in Gipuzkoa.

Auf Bitten von Kaufleuten aus Burgos und Bizkaia schickte König Heinrich IV. im Jahr 1470 den Grafen von Haro nach Bizkaia, um dem dortigen Bandenunwesen endgültig ein Ende zu setzen. Doch er erreichte sein Ziel nicht und wurde 1471 von den Truppen von Mújica und Abendaño besiegt. Der Niedergang des Bandenwesens in Bizkaia kam erst mit den Katholischen Königen, die auf Bitten der Stadt Bilbao den Königlichen Bevollmächtigten Garci-López de Chinchilla mit der Befriedung beauftragten.

Die Konflikte des Spätmittelalters endeten mit dem zumindest teilweisen Sieg der Hermandades, wozu auch der wirtschaftliche Aufschwung beitrug sowie die Macht, die die Städte dank der Entwicklung des Handels erlangt hatten. Die Hermandades trugen letztendlich auch dazu bei, daß die Territorien sich als politische Einheiten verstanden, und im Zuge dieser Bewegung entstanden die ersten Gesetzgebungen innerhalb der definitiven territorialen Grenzen.

Im spätmittelalterlichen sozialen Konflikt setzte sich im atlantischen Baskenland zunehmend das Bewußtsein der juristischen Gleichheit aller Bewohner durch, was vom Bedürfnis der Bevölkerung zeugt, die im Feudalismus typischen hierarchischen Unterschiede zu überwinden, zumal sich diese im atlantischen Gebiet nie vollständig haben durchsetzen können. Im Laufe des Spätmittelalters wurde so den Bewohnern von Gipuzkoa und Bizkaia vom kastilischen König der sog. „Universaladel" (*hidalguía universal*) verliehen. Damit erhielten alle Bewohner dieser Territorien das Recht, Waffen zu tragen, zu jagen und zu fischen, Mühlen anzulegen und das gemeinschaftliche Land zu nutzen; all dies Rechte, die in anderen Regionen Westeuropas den Adligen vorbehalten waren. Auch Beschäftigungen am Königshof, denen sonst nur Adlige nachgingen, konnten angestrebt werden. Die *Ahaide Nagusiak/Parientes Mayores* konnten einige Privilegien bewahren, aber durch die Einführung des Universaladels endeten die juristischen Unterschiede zwischen Adligen und einstigen Nichtadligen. Der genaue Zeitpunkt der Einführung des Universaladels ist nicht bekannt, aber in Gipuzkoa ist er seit 1391 dokumentiert, und in Bizkaia seit 1526. Auch in Soule wird im Jahr 1520 der Universaladel der Bevölkerung erwähnt. In Labourd gab es keinen Universaladel, aber innerhalb der sozialen Organisation dieses Territoriums war dies auch nicht nötig, denn der landesfremde und von den Monarchen eingesetzte Adel hatte in den Volksversammlungen kein Mitspracherecht.

In den stärker feudal organisierten Gesellschaften Alavas, Navarras und Nieder-Navarras gab es keinen Universaladel, aber besonders im 15. Jh. wurde verschiedenen Ortschaften und ganzen Tälern der sog. „Kollektivadel" (*hidalguía colectiva*) verliehen. Gründe dafür waren entwedor Verdienste im Kampf gegen die Banden oder Anreize zur Wiederbesiedlung verwüsteter Gegenden. Die Volkszählung von 1787 nannte für Navarra einen Anteil von 25,2% sog. *Hidalgos* (Kleinadlige) an der Gesamtbevölkerung Navarras, wobei der Anteil im nördlichen der fünf navarrischen Verwaltungsbezirke (*merindades*) mit seiner Hauptstadt Pamplona bei 46% lag.[7] Die navarrischen Hidalgos besaßen verschiedene Privilegien, wie steuerliche und juristische Freiheiten, waren aber nicht so weitgehend wie in Gipuzkoa und Bizkaia und erlaubten beispielsweise nicht, Waffen zu tragen.

Zusammenfassend ist festzuhalten, daß die Feudalisierung im atlantischen Baskenland erst im 11. Jh. einsetzte und im 13. Jh. noch sehr unvollständig war, als die Krise der Bandenkriege einsetzte, die die Land- und Stadtbevölkerung gegen die lokalen Eliten aufbrachte. Der Sieg über die Banden brachte der Bevölkerung nicht nur die Freiheit vom Despotismus der Feudalherren, sondern bestätigte diese Freiheit sogar durch die Verleihung des Universal- oder Kollektivadels.

Der Verlust der Unabhängigkeit Navarras

In Navarra hatte die Sozialkrise des Spätmittelalters eine eigene Dynamik. Es gab Spannungen wie in anderen Ländern Westeuropas, mit Adligen, die Druck auf Städte und Bauern ausübten, aber entscheidend waren die Auseinandersetzungen zwischen den Adligen selbst.

---

[7] Milagros Álvarez Urcelay et al., *Historia de Navarra*, San Sebastián 1990, S. 343.

Politische Züge kamen dazu in Form eines dynastischen Problems, in dem das Schicksal des Königreichs auf dem Spiel stand. Der Niedergang der Königsmacht verhinderte, daß der König eine wirksame Initiative ins Leben rufen konnte, so daß die Unruhen in Navarra nicht von innen beigelegt werden konnten, sondern nur durch eine Intervention von außen.

Der Identitätsverlust der Monarchie belebte den Kampf zwischen Agramontesern und Beaumontesern, die beiden Banden, in die der Adel seit dem 13. Jh. gespalten war. Diese beiden Sippen hatten ihren Ursprung in Nieder-Navarra in den Familien Gramont und Luxe. Durch eine Politik der Zusammenschlüsse hatten sich im gesamten Königreich Navarra, wie in den drei westlichen baskischen Territorien, zwei dominierende und verfeindete Banden ausgebildet. Nach außen hin schienen dynastische Gründe im Vordergrund der Bandenkriege in Navarra zu stehen, aber auch hier ging es letztendlich um unterschiedliche wirtschaftliche und politische Konzeptionen. In der Gruppe der Agramonteser dominierte das landwirtschaftliche Modell der navarrischen Ribera, während die Beaumonteser eher das Navarra der Berge und der Hirten repräsentierten. Die Familien, die die Banden der Agramonteser und der Beaumonteser bildeten, hatten ihrerseits enge verwandtschaftliche Beziehungen mit den lokalen Eliten in Labourd und Soule, wohin sich ihre Rivalitäten übertrugen. Auch mit den Banden in den drei westlichen Territorien verbündeten sie sich, und zwar die Agramonteser mit den Gamboinern und die Beaumonteser mit den Oñacinern, wobei letztere die prokastilische Tendenz teilten.

Mitte des 14. Jh. war bereits in Nieder-Navarra eine *Hermandat* ins Leben gerufen worden, die u. a. den Adligen verbot, sich zu versammeln. In Labourd wurde 1396 eine Hermandad gegründet, die Räuber und Unruhestifter bekämpfen sollte. Labourd übernahm dabei den spanischen Begriff und nannte seine Wegepolizei *Armandat*. Auf dem Höhepunkt der Bandenkriege wurde auch im südlichen Navarra eine Hermandad gegründet.

Nach dem Tod Karls III. im Jahr 1425 folgte ihm seine Tochter Blanca auf den Thron. Diese war mit dem aragonesischen Infanten Johann II. verheiratet, der nach Blancas Tod im Jahr 1441 den navarrischen Thron usurpierte, obwohl Blancas Sohn Karl, der Prinz von Viana, rechtmäßiger Thronfolger war. Johann blieb König von Navarra und setzte seinen Sohn als Statthalter ein. Als Johann im Jahr 1447 erneut heiratete, verlor er das Recht auf den navarrischen Thron. Damit begann der Krieg zwischen Johann und Karl, wobei der erste von den Agramontesern und der zweite von den Beaumontesern unterstützt wurde.

Die Agramonteser setzten sich in diesem Bürgerkrieg durch, der Prinz von Viana wurde 1452 besiegt. Johann blieb König, nach dem Tod Karls im Jahr 1463 sogar unbestritten, bis er selbst im Jahr 1479 verstarb. Danach setzten sich Agramonteser und Beaumonteser für unterschiedliche dynastische Alternativen ein. Navarra versank in Anarchie und wurde Ziel der expansionistischen Politik von Ferdinand dem Katholischen, der das Königreich unter dem Vorwand eigener Thronansprüche im Jahr 1512 besetzte und an Kastilien anschloß. Auf diese Weise endete die Unabhängigkeit Navarras. Auch Nieder-Navarra wurde besetzt, bis sich die Invasoren 1530 über die Pyrenäen zurückzogen.

Seitdem gab es zwei Königreiche mit Namen Navarra. Nieder-Navarra blieb eine unabhängige Monarchie in Händen der Familie Albret, bis die navarrische und die französische Krone im Jahr 1589 vorübergehend und 1620 endgültig zusammenfielen. Trotzdem konnte Navarra innerhalb der französischen Monarchie seine Sonderrechte und den Rang als Königreich bis 1790, bis zur Französischen Revolution, bewahren.

Die Trennung des südlichen Navarra vom Herrschaftsgebiet der formellen Könige von Navarra verlief nicht traumatisch für die Bevölkerung. Weder der süd-navarrische Adel noch die nichtadlige Bevölkerung fühlten sich ihren Königen französischer Provenienz verpflichtet. Man versprach sich von der Abhängigkeit von Kastilien Vorteile, denn es handelte sich um eine aufblühende wirtschaftliche und politische Großmacht. Die Integration Navarras in die entstehende gesamtspanische Monarchie verlief darum ohne größere Probleme und ohne bemerkenswerten Widerstand. Schließlich respektierten die Könige die Sonderstellung Navarras, das nicht nur seine Sonderrechte, Gesetze, Institutionen und Zollgrenzen beibehalten, sondern einige Rechte sogar noch erweitern konnte.

Neben der Aktion der Hermandades in den verschiedenen baskischen Territorien trug zur Befriedung des Landes bei, daß sich die Wirtschaft seit Mitte des 15. Jh. erholte. In Hegoalde dienten die Entdeckung und Kolonisierung Amerikas den unruhigen Kleinadligen und lokalen Eliten als ein willkommenes Ventil für ihre Ambitionen. Trotzdem verschwanden die Banden nicht vollständig und setzten ihre Konflikte noch bis ins 17. Jh. fort.

Nach der Eroberung Navarras durch Kastilien waren die baskischen Territorien klar in einen spanischen und einen französischen Einflußbereich getrennt und entfremdeten sich zusehends im Bestreben der beiden zentralen Monarchien, allmählich ihre Macht auch effektiv auf alle von ihnen formell beherrschten Gebiete auszudehnen. Der spanisch-französische Gegensatz, der sich von 1521 bis 1559 in sechs Kriegen manifestierte, belastete auch das Baskenland. Allerdings kam es nur selten zu bewaffneten Konflikten an der Grenze zwischen beiden Staaten.

Die Trennung des Baskenlandes in drei unterschiedliche Bereiche – das alte Königreich Navarra, die drei Territorien Iparraldes und die drei westlichen Territorien in Hegoalde – ist seit Beginn des 16. Jh. eine Tatsache. Aber mit dem Ende der baskischen Einheit entwickelte sich der bis heute fortbestehende Mythos der baskischen Besonderheit, der sich besonders auf die in Europa einzigartige Sprache gründete, aber auch auf das Gewohnheitsrecht und die baskischen Institutionen, die das Gebiet zwischen Adour und Ebro von den umliegenden Gebieten unterschieden. Im Jahr 1638 erschien die erste Gesamtdarstellung der Geschichte des Baskenlandes von Arnaud de Oihenarte aus Soule: *Notitia utriusque Vasconiae, tum Ibericae, tum Aquitanicae*.

Die protestantische Reformation konnte sich im Baskenland nicht durchsetzen, erschütterte aber während des 16. Jh. Nieder-Navarra und Soule. Seit 1536 organisierte der Bischof von Oloron, zu dessen Diözese Soule gehörte, die protestantische Propaganda. Einen starken Impuls erhielt der Protestantismus seit dem Jahr 1559 mit der Konversion der Könige von Navarra Johanna von Albret und Anton von Bourbon. Mit den Königen gingen in Soule und Nieder-Navarra auch hohe Funktionäre, Adlige und einflußreiche Bürger zum neuen Glauben über. Dagegen lehnten sich katholische Kreise auf, und 1576 kam es zum blutigen Konflikt, der bis zum Ende des Jahrhunderts gelegentlich wieder aufleben sollte. Letztlich setzten sich die Katholiken durch. Eine Folge dieses Konflikts war, daß es dem spanischen König Philipp II. unter dem Vorwand der protestantischen Propaganda gelang, die päpstliche Zustimmung zu erhalten, Hondarribia in Gipuzkoa und verschiedene Grenzgebiete in Navarra aus der Diözese Bayonne zu lösen und in die Diözese Pamplona zu überführen. Seitdem entsprach die politische Pyrenäengrenze auch der Kirchengrenze.

DAS ZEITALTER DES FORALWESENS

Die Fueros als Grundlage der Stabilität

Das Zeitalter des Foralwesens entspricht zeitlich der Epoche des *Ancien Régime*. Der Begriff *Fuero*[8] ist spanischen Ursprungs und findet sich außerhalb der modernen spanischen Staatsgrenzen nur in Nieder-Navarra. Als Fueros wurden die von den Königen verliehenen Stadtrechtsprivilegien sowie die Sonderrechte der Territorien auf der Iberischen Halbinsel bezeichnet. Bei den baskischen Fueros handelt es sich um das schon im Mittelalter bestehende Gewohnheitsrecht, das zu einem bestimmten Zeitpunkt schriftlich fixiert wurde, und zwar in Gebieten, die sich zu jener Zeit einer weitgehenden Autonomie oder gar Unabhängigkeit erfreuten. Als diese Territorien in den kastilischen bzw. spanischen und in den französischen Staat integriert wurden, bildete das Gewohnheitsrecht die Grundlage des Gleichgewichts, das diesen Territorien ihre Freiheit und Autonomie innerhalb der Verpflichtungen dem Staat gegenüber garantierte. Da der Inhalt des spanischen Begriffs *Fueros* den Bezeichnungen für das Gewohnheitsrecht in den Territorien Iparraldes entspricht, zumal er als *Fors* auch nach Nieder-Navarra übertragen wurde, ist eine allgemeine Verwendung dieses Begriffs gerechtfertigt.

Die Fueros waren Gewohnheitsrecht, das durch königliche Anerkennung zum Gesetz wurde, entsprechend der mittelalterlichen Auffassung von Königsgewalt: Die politische Ordnung beruhte auf dem Kompromiß zwischen dem Monarchen und seinem Reich, auf einem „Pakt", durch den dieser sich verpflichtete, die Fueros, d. h. die Gewohnheiten und Privilegien zu respektieren. Gewohnheitsrecht gab es auch in anderen Gebieten Europas, wie auf der Iberischen Halbinsel, aber während es dort allmählich neutralisiert wurde und sich die absolute Monarchie durchsetzte, bestimmten die baskischen Fueros noch jahrhundertelang die rechtliche und politische Ordnung im Baskenland. Im ausgehenden Mittelalter und in der beginnenden Neuzeit wurden sie darum ausdrücklich als *Fueros* bzw. als Gewohnheitsrecht niedergeschrieben.

---

[8] Der spanische Begriff *fuero* leitet sich vom lateinischen *forum* ab.

Entscheidend für die Bewahrung des baskischen Gewohnheitsrechts war die späte und unvollständige Feudalisierung des atlantischen und pyrenäischen Gebietes. Der weiteren Ausbildung der Feudalgesellschaft wurde sogar entgegengewirkt, als im Spätmittelalter gemeinsam das Volk, die Städte und das Königtum gegen die rivalisierenden Banden Adliger und lokaler Eliten vorgingen. Schließlich führte die Tatsache, daß ortsfremde Könige die einzigen Herren über die baskischen Territorien – mit Ausnahme Navarras – waren, dazu, daß sich dank der räumlichen Entfernungen zu den Zentren der Macht die Fueros und ihre Institutionen relativ frei entwickeln konnten.

Die foralen Systeme der sieben Territorien waren nicht einheitlich, hatten aber gemeinsame Grundzüge. Sie entstammten dem im Mittelalter wahrscheinlich im gesamten Pyrenäenraum gültigen Gewohnheitsrecht und waren damit tief im sozialen System verwurzelt. Somit waren die Fueros keine unveränderlichen Dogmen, sondern boten reichlich Raum für Interpretationen und Modifikationen. Nicht immer wurden alle wichtigen Aspekte schriftlich erfaßt, sondern oft wurde auf die Institutionen verwiesen, die sich in ihren Entscheidungen nach der Tradition und den Gewohnheiten richteten.

In diesem Sinne bilden die Fueros des Königreichs Navarra eine Ausnahme, denn die „Fueros" genannten Gesetzestexte waren viel restriktiver und dogmatischer als die Fueros der anderen baskischen Territorien. Die Gründe dafür liegen in der frühen Bildung Navarras als Königreich, an der feudalen Struktur Süd-Navarras und dem Einfluß der französischen feudalen Traditionen. All dies führte zur Ausbildung einer ständischen Gesellschaft mit Adel und Klerus als privilegierten Ständen.

Trotz aller Unterschiede setzte sich im Zeitalter des Foralwesens die Auffassung durch, daß die Fueros – mit Ausnahme Navarras – in ihren Grundzügen übereinstimmten. Die Besonderheit der Fueros liegt nicht in ihrem Ursprung als Gewohnheitsrecht und in ihren Prinzipien als „Pakt" mit dem Königtum, sondern in der Tatsache, daß sie neben der absoluten Monarchie fortbestehen konnten, obwohl beide Theorien gegensätzlich waren. Das Foralsystem lehnte jedoch nicht den Absolutismus ab, sondern legte lediglich fest, in welcher Form der König seine Macht ausüben durfte. Darum ist es auch kein Widerspruch, daß ein Teil der Fueros aus königlichen Erlassen und Verordnungen bestand.

Eine der Säulen der foralen Systeme waren die regionalen Selbstverwaltungsorgane, die ihren Ursprung in den mittelalterlichen Volksversammlungen kleinerer regionaler Einheiten hatten. Im Zeitalter des Foralwesens traten in den sieben baskischen Territorien in regelmäßigen Abständen, i. d. R. einmal jährlich, Parlamente der Volksvertreter zusammen, die über die Belange des jeweiligen Territoriums entschieden. Die Volksvertreter wurden von den Gemeinden entsandt. Sie berieten und beschlossen u. a. über Probleme zwischen den Institutionen, über Richtlinien für die Verwaltung des Territoriums und über die Anlage von Straßen und sie legten die Steuern und Abgaben an den König fest. Sie setzten auch die Autoritäten des Territoriums für die sitzungsfreie Zeit ein. In besonderen Fällen wurden außerordentliche Sitzungen einberufen.

Die Versammlungen der Volksvertreter hatten je nach Territorium verschiedene Bezeichnungen und unterschiedliche Organisationen: Der *Biltzar* von Labourd trat einmal jährlich an verschiedenen Orten und seit 1660 in Ustaritz zusammen. Soule besaß zwei Parlamente: Die Volksversammlung *Silbiet* versammelte sich einmal pro Jahr im Wald von Libarren; dort wurde u. a. der Generalvorsteher gewählt, der für die Regierung von Soule in der Zeit zwischen den Sitzungen verantwortlich war und der gleichzeitig Vorsitzender der Generalstände von Soule war, in deren Versammlungen Vertreter der drei Stände zusammenkamen.

Nieder-Navarra war ein Zusammenschluß von mehr als einem Dutzend kleinerer Territorien, deren Einheit in der gemeinsamen Bindung an das Königreich Navarra bestand. In jedem dieser Territorien gab es *Cour* genannte Versammlungen, die dem *Biltzar* in Labourd und dem *Silbiet* in Soule ähnelten. Nach der Besetzung Navarras durch Kastilien wurde eine Versammlung der Generalstände in Nieder-Navarra eingerichtet, in denen Adel, Klerus und dritter Stand vertreten waren.

Die foralen Institutionen von Gipuzkoa, Bizkaia und Alava waren in ihrer Essenz gleich. Die Volksversammlungen hießen *Juntas*, wobei zwischen den in regelmäßigen Abständen stattfindenden *Juntas Generales* und den zu besonderen Anlässen einberufenen *Juntas Extraordinarias* unterschieden werden muß. In Alava versammelten sich die Juntas Generales zweimal pro Jahr, einmal in Vitoria und einmal in Arriaga. In Bizkaia gab es im Mittelalter getrennte Juntas der drei einst unabhängigen Territorien: Kern-Bizkaia, Duranguesado und Encartaciones; seit dem 15. Jh. versammelten sich dann die Vertreter der drei Territorien alle zwei Jahre in Gernika. Die Volksversammlungen von Bizkaia waren eindeutig von der Landbevölkerung dominiert: Im 18. Jh. beispielsweise stellte Bilbao etwa 10% der Bevölkerung, hatte aber nur eine Stimme unter 101 Volksvertretern. Die Juntas von Gipuzkoa versammelten sich einmal im Jahr in einem von 18 Orten, die nach einem Ende des 15. Jh. festgelegten System jährlich rotierten. Im Gegensatz zu Bizkaia hatte in Gipuzkoa ein Volksvertreter so viele Stimmen, wie die von ihm vertretene Ortschaft Familien zählte; diese Stimmen wurden *fuegos* (dt. Feuer) genannt.

Navarra hatte als altes Königreich ein *Cortes* genanntes Ständeparlament mit einem „militärischen Arm", einem „kirchlichen Arm" und einem „Arm des Volkes". Dieses Parlament wurde jedoch nur vom König einberufen, wenn es wirtschaftliche Engpässe gab. Die Entscheidungen der navarrischen Cortes bedurften der Zustimmung des Königs, während die Volksversammlungen der anderen Territorien unabhängig vom König Beschlüsse fassen konnten.

Die Volksversammlungen setzten die lokalen Regierungsorgane ein, die während der sitzungsfreien Zeit die Verwaltung der Territorien übernahmen und die Einhaltung der Beschlüsse des Parlaments überwachten. In Navarra, Alava, Bizkaia und Gipuzkoa trugen sie den Namen *Diputación*. Sie hatten ihren Sitz in den wichtigsten Städten der jeweiligen Territorien, d. h. in Pamplona, Vitoria und Bilbao; nur in Gipuzkoa rotierte der Sitz der Diputación alle drei Monate zwischen vier Hauptorten: San Sebastián, Tolosa, Azpeitia und Azkoitia.

Theoretisch war die baskische Bevölkerung vor dem Gesetz gleich, aber es bildete sich, besonders in Hegoalde, eine Klassengesellschaft aus, in der zur Teilnahme an den Volksversammlungen ein Minimum an Grundbesitz sowie die Kenntnis der spanischen Sprache vorausgesetzt wurde; damit blieb die Ausübung der Ämter im wesentlichen den lokalen Eliten vorbehalten. Das politische System festigte so die Vorherrschaft der ländlichen grundbesitzenden Eliten, der sog. *Jauntxos*, die die Nachfolger der lokalen Eliten waren, die im Mittelalter das Land verwüstet hatten. Sie dominierten die Politik, obwohl auch das städtische Handelsbürgertum in geringerem Maße an der Ausübung der Macht beteiligt war.

Die Stellvertreter des Königs stellten die höchste juristische Instanz eines Territoriums dar und übten entscheidenden Einfluß im politischen Leben aus. Sie hießen in Labourd *Baile*, in Gipuzkoa und Bizkaia *Corregidor*, in Nieder-Navarra war es der Vogt von Saint-Jean-Pie-de-Port und in Soule der Vogt von Mauleon; in Alava gab es keine vergleichbare Autorität, sondern der Präsident der Diputación, der *Diputado General*, nahm die Vertretung des Königs wahr, allerdings ohne die Vollmachten eines echten königlichen Repräsentanten. Im

Die Fueros als Grundlage der Stabilität 55

Königreich Navarra wurde die Regierung nach dem Anschluß an Kastilien direkt durch den Vizekönig (*Virrey*) und den Königlichen Rat (*Consejo Real*) ausgeübt. Die Beteiligung der königlichen Vertreter am öffentlichen und administrativen Leben der baskischen Territorien war ein zentraler Bestandteil des foralen Systems und nicht etwa eine Einmischung in innere Angelegenheiten. Eine ihrer wichtigsten Kompetenzen war die Rechtsprechung, die im Namen des Königs ausgeübt wurde. Wo forales Recht galt, mußte es der königliche Vertreter respektieren. Die königlichen Stellvertreter waren gleichzeitig Vorsitzende der Volksversammlungen, deren Beschlüsse von ihnen gebilligt werden mußten. Außerdem kontrollierten sie die Haushalte der Städte, und jede Steuererhöhung mußte von ihnen genehmigt werden.

Das Foralsystem war die juristische Grundlage einer beschränkten Selbstregierung. Die foralen Institutionen waren in der Verwaltung unabhängig, wenn sie auch immer der königlichen Bestätigung bedurften. Sie nahmen sogar an der Gesetzgebung teil: in Navarra durch die Möglichkeit der Cortes, Gesetzesvorlagen zu verabschieden, und in den drei westlichen Territorien durch den *pase foral*, eine Art Vetorecht, das garantieren sollte, daß die königlichen Anordnungen nicht den Fueros widersprachen. Wenn die baskischen Institutionen der Meinung waren, daß eine königliche Anordnung antiforal war, konnte man diese zur erneuten Prüfung an den König zurückgehen lassen. Eine ähnliche Institution gab es in Navarra mit dem Recht der *sobrecarta*. Es erschwerte die Übertretung des Fueros, schränkte andererseits aber nicht die Macht des Königs ein, denn dieses Recht wurde vom Königlichen Rat ausgeübt, der ja eine vom König eingesetzte Institution war.

Beim Foralwesen muß man deutlich öffentliches und privates Recht trennen. Das öffentliche Foralrecht, das auf dem mittelalterlichen Gewohnheitsrecht basierte, fand seine volle Anwendung, weil es – mit Ausnahme Navarras – keine mächtigen Territorialfürsten gab. Im Königreich Navarra gab es diese zwar, aber auch das dortige Recht hatte sich auf der Basis des baskischen Gewohnheitsrechts entwickelt. Das öffentliche forale Recht regelte die Verwaltung der baskischen Territorien in ihrer Gesamtheit, einschließlich der Städte.

Das forale Privatrecht fand dagegen nur teilweise, wenn auch sehr weitgehende Anwendung. In Iparralde galt es fast unumschränkt; nur die wenigen Städte waren davon ausgenommen. In Navarra gab es eine zivile Gesetzgebung, die der kastilischen ähnelte, aber auch das Gewohnheitsrecht wurde respektiert: Vom 13. bis 19. Jh. legten alle

Könige den Eid darauf ab, daß das Gewohnheitsrecht Vorrang vor den Gesetzestexten haben sollte. In Alava, mit Ausnahme des Tales von Ayala, galt kastilisches Privatrecht, wie auch in den Städten Gipuzkoas und Bizkaias. Während aber in Bizkaia nur ein geringer Teil des Territoriums zu den Städten gehörte, hatte die Dynamik der Hermandades in Gipuzkoa dazu geführt, daß seit dem Ende des 14. Jh. fast das gesamte Gebiet unter dem Einfluß der Städte stand. Trotzdem war das private Gewohnheitsrecht zutiefst verwurzelt und dort, wo kastilisches Recht galt, wurde es i. d. R. unter Anwendung aller Ausnahmeregelungen so angewendet, daß es dem Gewohnheitsrecht bzw. dem foralen Privatrecht nahekam. Dies betraf sowohl das gesamte Gebiet Gipuzkoas wie auch den größten Teil Alavas mit Ausnahme der Alavesischen Rioja. Im übrigen bemühten sich auch die foralen Institutionen um die Bewahrung des baskischen Gewohnheitsrechts.

Das forale Recht, das in ländlichen Gebieten galt, zielte auf die Bewahrung des Bauernhofs als wirtschaftlicher Grundlage der Gesellschaft. Der einzelne Bauer konnte nicht frei über seinen Besitz verfügen, weil dieser nicht aus den Händen der Familie gegeben werden durfte. So wollte man Veräußerung und Erbteilung verhindern und den Fortbestand ausreichender landwirtschaftlicher Erzeugung sichern. Die wichtigsten Eigenschaften dieses zivilen Rechts, die aber von Territorium zu Territorium variieren konnten, waren: Familiengebundenheit, die verhinderte, daß ererbter Grundbesitz veräußert werden konnte, Gütergemeinschaft zwischen beiden Ehegatten, durch die Besitztümer zusammengeführt wurden, sowie gemeinsames Testament der Ehegatten und Testamentsfreiheit, damit der geeignetste Nachfahre erben konnte, während alle anderen von der Erbschaft ausgeschlossen wurden. Regelmäßig wurde aber das Nachfolgerecht des oder der Erstgeborenen praktiziert, wobei Söhne und Töchter gleichberechtigt waren. Auch in den ländlichen Gebieten, in denen nach kastilischem Recht die Erbteilung hätte praktiziert werden müssen, gelang es den Bauern zumeist, den Hof ungeteilt zu vererben.

Das private baskische Recht hat sich bis heute nur in Bizkaia erhalten. Dabei muß zwischen Stadt und Land unterschieden werden: In den Städten gilt das spanische Recht, auf dem Land das baskische Gewohnheitsrecht, wo man zwischen der Anwendung des baskischen oder des spanischen Rechts wählen kann.

Da ins Bauernhaus auch andere Familienmitglieder aufgenommen werden mußten, reichte die landwirtschaftliche Produktion oft nicht aus, um eine vielköpfige Hausgemeinschaft zu ernähren. Somit war die Viehzucht eine wirtschaftliche Notwendigkeit, die im Falle von Schafen und Rindern extensiv betrieben wurde. Dafür war es notwendig, daß das nicht bewirtschaftete Land allen Interessenten offenstand und von allen gemeinsam verwaltet wurde. Die Verwaltung des Gemeinschaftslandes war das wichtigste Anliegen der Gemeindeversammlungen, die normalerweise am Sonntag nach der Messe stattfanden.

Das Foralwesen hatte seine Berechtigung nicht nur aufgrund der politischen Sonderstellung des Baskenlandes, sondern auch wegen der besonderen Situation seiner Wirtschaft: Im atlantischen Gebiet war die Landwirtschaft defizitär, so daß es notwendig war, Lebensmittel einzuführen. Die foralen Systeme schützten darum auch den sekundären und tertiären Sektor, die im baskischen Wirtschaftsmodell grundlegend waren. Die Versorgung sollte gewährleistet werden durch die freie Einfuhr von Konsumgütern, das Verbot ihrer Wiederausfuhr und die Forderung, daß Schiffe mit Lebensmitteln, die baskische Häfen anliefen, einen Teil ihrer Fracht abladen mußten. Um die Eisenhütten zu schützen, die eine entscheidende Rolle in der baskischen Wirtschaft spielten, wurde zeitweise die Ausfuhr von Eisenerz und Holzkohle verboten. Innerhalb dieser Einschränkungen erlaubten die Fueros die vollkommene wirtschaftliche Freiheit; Beschränkungen für den Handel wurden beseitigt und die Bildung von Monopolen verhindert.

Verschiedene Anordnungen begründeten die Steuerunabhängigkeit. Zu Beginn der Neuzeit überlebten noch steuerliche Prinzipien aus dem Mittelalter. Der König hatte zwei Typen von Einnahmen: gewöhnliche und außergewöhnliche. Erstere waren fast irrelevant geworden und wurden nur noch auf einige Rechte auf Eisenhütten in Bizkaia sowie in Form einer Verkaufssteuer in Alava und einer Exportsteuer in Navarra angewendet. Die meisten Einkünfte der königlichen Wirtschaft geschahen also in Form von außergewöhnlichen, sog. „freiwilligen" Abgaben, die vom König beantragt wurden. Die Zahlung dieser Abgaben, die in Hegoalde den Namen *donativo* hatten, und die Eigenfinanzierung der örtlichen Verwaltungsorgane ließen in allen baskischen Territorien individuelle Steuersysteme entstehen, die von den jeweiligen Institutionen entwickelt wurden.

Die wirtschaftliche Freiheit und die Steuerfreiheit machten das Baskenland zu einer Art Freihandelszone mit geringem Abgabendruck, was sich positiv auf die Wirtschaft auswirkte. Dazu trugen auch die Zollgrenzen bei: Die wichtigsten Zollgrenzen befanden sich nicht etwa an der Küste, sondern im Süden am Ebro und im Norden am

Adour, was einen regen und im wesentlichen abgabenfreien Handel zwischen den baskischen Territorien ermöglichte. Innerhalb der drei westlichen Territorien gab es keinerlei Zollgrenzen. Auf Waren, die die baskischen Häfen erreichten, mußte erst an der Grenze zu Kastilien Zoll gezahlt werden. Das Königreich Navarra verfügte über Zollgrenzen zu allen umliegenden Territorien, aber in stärkerem Maße an der Grenze zu Kastilien und Aragón als an den Grenzen zu den anderen baskischen Territorien. Die drei Territorien Iparraldes hatten alle eigene Zollbestimmungen, die entscheidenden Zollgrenzen befanden sich aber im Norden.

Im Kriegsfall hoben die baskischen Volksversammlungen Milizen aus, die jedoch nur für die Zeit des Konflikts bestanden und nicht verpflichtet waren, ihr Territorium zu verlassen. Diese Befreiung vom spanischen und französischen Militärdienst war eines der wichtigsten Elemente der Fueros. Die baskischen Milizen waren aus den spätmittelalterlichen Hermandades hervorgegangen. Auch das baskische Strafrecht ist hervorzuheben: Die Folter war verboten, genauso wie die Inhaftierung ohne richterliches Mandat.

Die Fueros betonten auch die Freiheit der Einwohner des atlantischen Baskenlandes; es gab keine Leibeigenen, weil sich der Feudalismus erst spät und unvollständig entwickelt hatte. Alle Basken hatten das Recht, sich frei zu versammeln. Besonders aussagekräftig ist der Fall Labourds, wo an der Volksversammlung Biltzar weder Adlige noch Priester teilnehmen durften, was auf eine abwehrende Haltung gegenüber den Herrschaftsansprüchen der privilegierten Stände schließen läßt.

Da Navarra frühzeitig eine Monarchie entwickelte, wurden hier auch die ersten Fueros schriftlich festgehalten. Die Spannungen zwischen Theobald I. und dem Adel führten dazu, die Verpflichtungen zwischen König und Untergebenen festzulegen. Im Jahr 1238 wurden die Fueros verfaßt. Dem sog. „Alten Fuero" (*Fuero Antiguo*) wurden im 13. Jh. verschiedene Bestimmungen hinzugefügt. Das Ergebnis war ein juristisches Werk, das große Anerkennung genoß. Im Jahr 1330 wurde es von den Cortes erneut reformiert. Dieser sog. *Fuero General* lebte über Jahrhunderte fort, sogar noch nach der Besetzung durch Kastilien. Natürlich wurden die Fueros ständig durch neue Anordnungen und Gesetze ergänzt, die die Cortes ausarbeiteten und die der König bestätigte.

In Gipuzkoa herrschte Gewohnheitsrecht. Im Jahr 1375 ließ König Heinrich II. von Kastilien einen Gesetzestext ausarbeiten, der die Grundlage der Hermandad von Gipuzkoa zur Bekämpfung der

Banden sein sollte. 1397 wurde ein neuer Text ausgearbeitet, danach wurde das Gesetzeswerk immer vollständiger, bis es endlich im Jahr 1690 seine endgültige Fassung bekam (*Nueva recopilación de los fueros de Guipúzcoa*).

Das Gebiet der Encartaciones war das erste innerhalb Bizkaias, das sein Gewohnheitsrecht schriftlich niederlegte, und zwar im Jahr 1394 (*Fuero Viejo*). Dabei handelte es sich jedoch mehr um Anordnungen zur Bekämpfung der Banden in der Krise des Spätmittelalters. Der erste echte Gesetzestext der Encartaciones wurde 1503 niedergeschrieben. Älter ist der sog. *Fuero de Durango*; es ist jedoch nicht überliefert, wann er geschrieben wurde, sicher ist er aber älter als die Niederschrift der Fueros von Bizkaia und bildet einen interessanten Vorläufer hierfür. Für Kern-Bizkaia wurde 1452 der später so genannte „Alte Fuero" (*Fuero Viejo*) niedergeschrieben. Einige Jahrzehnte später wurde der Gesetzestext bereits als veraltet angesehen, so daß 1526 der „Neue Fuero" (*Fuero Nuevo*) geschrieben wurde, der drei Jahrhunderte in Kraft bleiben sollte und für ganz Bizkaia galt. Dieser Text gibt am besten von allen Gesetzestexten der baskischen Territorien die Eigenschaften des baskischen Rechts wieder, wie das Recht des *pase foral*, die Steuerfreiheiten, den Universaladel, das Verbot der Folter, strafrechtliche Garantien usw.

Seit der in der *Cofradía de Arriaga* zusammengeschlossene alavesische Landadel und Klerus im Jahr 1332 das kastilische Recht übernahm, stand das Territorium vollständig unter kastilischer Oberhoheit. Trotzdem konnte sich bald eine eigene Verfassung ausbilden, als seit 1417 die „Anordnungen der Hermandad" (*Ordenanzas de Hermandad*) schriftlich abgefaßt wurden. Diese wurden 1458 und 1463 verbessert; in letzterer wurden auch die foralen Institutionen beschrieben.

Das Gewohnheitsrecht von Labourd wurde 1514 niedergeschrieben: *Les Coustumes générales gardées et observées au Pays et bailliage de Labourd et ressort d'ecelluy*.

In Soule wurde das Gewohnheitsrecht nach dem Ende der englischen Herrschaft im Jahr 1520 schriftlich verfaßt: *Les costumes generales du Pays et Vicomté de Sole*. Dieser Text gibt den gegenwärtigen juristischen Zustand wieder, entspricht aber dem aus dem Mittelalter stammenden Gewohnheitsrecht. Er ist weder auf französisch noch auf baskisch geschrieben, sondern der Tradition zufolge in der Sprache des Béarn, das immer großen Einfluß auf Soule hatte.

1611 wurden die neuen Fueros von Nieder-Navarra aufgesetzt (*Les Fors et costumas deu royaume de Navarra de ça-ports*), um den alten

Fuero General von Navarra zu ersetzen. Der Gesetzestext begann mit den Verpflichtungen der drei Stände gegenüber dem König, die so weitgehend waren, daß sich die navarrischen Institutionen zuerst weigerten, ihn anzunehmen. Auf königlichen Druck wurde der Text erst 1622 angenommen und 1633 in Druck gegeben.

Die Wirtschaft im 15. und 16. Jahrhundert

Nach dem ersten Viertel des 15. Jh. setzte im gesamten Baskenland – wie auch in ganz Europa – eine wirtschaftliche und demographische Erholung ein, die sich im 16. Jh. fortsetzte. Die Bevölkerungszahl stieg, die landwirtschaftliche Produktion wurde ausgeweitet, der Fischfang, die Metallindustrie und der Schiffbau erlebten einen neuen Aufschwung; im Zuge der Zunahme des Binnen- und internationalen Handels wurden die Verkehrswege verbessert und die Märkte belebt. Die wichtigsten Zentren des Handelsbürgertums waren Bilbao und Bayonne, aber auch Vitoria, San Sebastián, Pamplona und Estella. Gleichzeitig wurden die sozialen Konflikte zugunsten der großen Mehrheit der Bevölkerung beigelegt, indem die Macht des Adels und der lokalen Eliten eingeschränkt wurde. Im 15. Jh. wurden die wirtschaftlichen und sozialen Grundlagen für den Frühkapitalismus geschaffen, der die baskische Wirtschaft jahrhundertelang bestimmen sollte.

Die Wirtschaft des atlantischen Baskenlandes war während des gesamten Mittelalters eng mit dem Wald und der Ausnutzung des Holzes als wichtigstem Rohstoff verbunden. Die Ausbeutung dieser Vorkommen erforderte eine Reglementierung, um ein Gleichgewicht zwischen Waldbestand und Rodung zu gewährleisten. Diese Regulierung ging von den Bewohnern selbst aus. Der Boden befand sich in gemeinschaftlichem Besitz (Allmende). Dies begünstigte auch die Hirtenwirtschaft, die weite und offene Weidegebiete benötigte. Das Gemeinschaftsland erstreckte sich über die gesamte Geographie des Baskenlandes, besonders aber im atlantischen Bereich, wo sich der private Grundbesitz im wesentlichen erst im Hochmittelalter ausgebildet, aber noch lange nicht durchgesetzt hatte. Im mediterranen Baskenland dagegen war der private Grundbesitz schon seit der Romanisierung bekannt, und im 15. und 16. Jh. ist sogar eine weitere Konzentration des Grundbesitzes zu beobachten.

Trotz des Aufschwungs anderer wirtschaftlicher Aktivitäten blieb die Landwirtschaft die Hauptbeschäftigung der Basken; im 16. Jh.

lebten noch 90% der Bevölkerung direkt von den Erträgen des Landes. Das mediterrane Baskenland hatte schon in römischer Zeit den Getreideanbau kennengelernt. Die politische Unsicherheit des frühen Mittelalters hatte aber zu einem teilweisen Verlassen der Täler geführt, so daß der Ackerbau erst seit dem 13. Jh. neu aufblühte. Eine Ausnahme bildete das Ebrotal, das besonders dank der arabischen Herrschaft eine frühe landwirtschaftliche Blüte erlebte. Im 15. und 16. Jh. erzeugte das mediterrane Baskenland Überschüsse an Getreide, Wein und Olivenöl. Das atlantische Baskenland war dagegen im Getreideanbau defizitär und auf Importe angewiesen. Überschüsse wurden lediglich bei Äpfeln erzielt, besonders in Iparralde. Als die Landbevölkerung im 15. und 16. Jh. wuchs, begann man, bisheriges Gemeinschaftsland zu besiedeln und neue Bauernhöfe anzulegen. So setzte sich im atlantischen Baskenland im 16. Jh. die heutige Siedlungsweise durch, die von Streusiedlungen und den großen baskischen Bauernhäusern (*baserri*) geprägt ist. Diese Veränderung in der Siedlungsweise führte zum Wechsel in der landwirtschaftlichen Rotation und zum Aufschwung des Ackerbaus in einer Region, in der traditionell Forst- und Viehwirtschaft dominierten.

Der Fischfang war die Haupterwerbsquelle der Küstenbevölkerung. Vom 8. bis 10. Jh. scheint die Küste allerdings aus Angst vor der intensiven Piratenaktivität entvölkert gewesen zu sein. Seit dem 11. Jh. setzte dann eine Wiederbesiedlung ein, die mit einer schwunghaften Entwicklung des Schiffbaus und der Schiffahrt verbunden war. Diese Kenntnisse hatten die Normannen vermittelt, die in den Jahrhunderten zuvor die Küste unsicher gemacht hatten. Bis zum 15. Jh. wurde Küstenfischerei praktiziert, wobei besonders der Walfang große Bedeutung hatte. Als es gegen Ende des Mittelalters immer weniger Wale in Küstennähe gab, entwickelte sich die Hochseefischerei, die baskische Schiffe in den Nordatlantik führte. Fischer aus Bizkaia und Gipuzkoa fuhren im 16. Jh. bis nach Grönland, Neufundland und Labrador, wo die baskische Präsenz sogar Spuren in der Toponymie hinterlassen hat; Fischer aus Labourd fuhren bis nach Spitzbergen. Im 16. Jh. erlangte auch der Kabeljaufang eine beträchtliche Bedeutung.

Das Baskenland bot ideale Voraussetzungen für die Entwicklung industrieller Aktivitäten: Waldreichtum, große Rohstoffvorkommen, insbesondere Eisen, zahlreiche Flüsse, die als Energiequelle genutzt werden konnten, und eine privilegierte geographische Lage. Das Holz der Wälder war der Rohstoff für die Gewinnung von Holzkohle, die ihrerseits zur Eisengewinnung nötig war. Dies führte zu einer zunehmenden Rodung der Wälder, was natürlich Konflikte mit dem Teil der Bevölkerung hervorrief, der den Wald anderweitig nutzte. Als Konsequenz dieser Konflikte entstand vielerorts eine spezifische Gesetzgebung für die Eisenhütten.

Die Eisengewinnung war schon seit den Zeiten der Römer bekannt, die in den Minen des Baskenlandes Eisenerz abgebaut hatten. Ende des 13. Jh. fand eine technische Revolution statt, als man sich die Wasserenergie zunutze machte, um riesige Blasebälge und Hämmer zu bewegen und Eisen in größeren Mengen zu gewinnen. Seitdem wurden darum die meisten Eisenhütten in den Tälern angelegt.

Zumeist versorgten sich die Eisenhütten mit Eisenerz, das in der Nähe abgebaut wurde. Das herausragende Gebiet für den Erzabbau war Somorrostro in Bizkaia, dessen Eisen in ganz Europa geschätzt war und das in fast alle baskischen Häfen von Plentzia bis Bayonne verschifft wurde. Die Eisenhütten von Bayonne und Umgebung bezogen ihr Erz aber auch aus den Minen im Gebiet von Bera-Lesaka. Die Minen des Baskenlandes lagen offen, so daß ihr Abbau kaum technischen Aufwand erforderte. Sie befanden sich im Gemeinschaftsbesitz; das Eisenerz wurde von den Bewohnern der Umgebung abgebaut und an die Händler weiterverkauft.

Der Aufschwung in der eisenschaffenden Industrie des Baskenlandes war so beträchtlich, daß seit dem 15. Jh. die wichtigsten europäischen Märkte mit baskischem Eisen beliefert wurden. Im 16. Jh. war das Baskenland der wichtigste Eisenlieferant Westeuropas. Vom 15. zum 16. Jh. verdreifachte sich die Eisenproduktion; in Bizkaia gab es in der zweiten Hälfte des 16. Jh. 183 Eisenhütten, in Gipuzkoa etwa 180, in Navarra 32 und in Alava etwa 20; für Iparralde ist die Zahl der Eisenhütten leider nicht bekannt.

Trotz des Aufschwungs in der Landwirtschaft führte die Bevölkerungszunahme im 15. und 16. Jh. zu einem beträchtlichen Überschuß an Arbeitskräften, der landwirtschaftliche Aktivitäten durch andere Beschäftigungen zu ergänzen suchte, wobei es sich insbesondere um Hilfstätigkeiten bei der Eisengewinnung und dem Transport handelte. Wahrscheinlich widmete sich nur eine Minderheit vollkommen der Arbeit in den Eisenhütten.

In der Eisenindustrie wurden Werkzeuge für Landwirtschaft und Fischfang hergestellt. Seit dem 15. Jh. ging aus der Aktivität der Eisenhütten die Waffenindustrie hervor, deren Zentren im Tal des Deba sowie in Tolosa, Bilbao und Bayonne waren und überregionale Bedeutung erlangten.

Der Holz- und Eisenreichtum des Baskenlandes waren die Grund-

Die Wirtschaft im 15. und 16. Jahrhundert

lage für den Schiffbau, der seit dem 14. Jh. einen Aufschwung erlebte, als die Basken begannen, auf der Suche nach neuen Fischfanggründen die Ozeane zu befahren. Außerdem nahm im 15. Jh. der Seehandel stark zu, weil er billiger und schneller war als der Warentransport über Land. Größere Warenmengen wurden transportiert, was den Bau größerer Schiffe erforderlich machte. Bei der Entwicklung neuer Schiffstypen machten sich die Basken nordische und mediterrane Schiffbautraditionen zunutze. Die Kunden der baskischen Werften waren sowohl baskische als auch ausländische Transporteure. In Hegoalde wurde im Jahr 1501 von den Katholischen Königen der Verkauf von Schiffen ins Ausland verboten; dennoch war das 16. Jh. die Blütezeit der baskischen Werften dank des steigenden Bedarfs an Schiffen für den transatlantischen Verkehr und wegen der allgemeinen Zunahme des Handels. Im letzten Viertel des 16. Jh. jedoch erlebte der Schiffbau in Bizkaia und Gipuzkoa eine Rezession wegen der Unterbrechung des Handels mit Flandern.

Unter den mittelalterlichen Häfen des Baskenlandes war Bayonne am bedeutendsten. Die Schiffahrt von Bayonne aus geht ins 9. Jh. zurück, als die Stadt zeitweilig von den Normannen besetzt war, die die Basken die Kunst der Navigation lehrten. Unter englischer Herrschaft vom Ende des 12. bis Mitte des 15. Jh. erlebte Bayonne eine Blütezeit als Stützpunkt der englischen Handels- und Kriegsflotte in der Gascogne. Gegen Ende des 14. Jh. jedoch versandete die Flußmündung des Adour bei Bayonne – der Fluß suchte sich mehr als 50 km nördlich einen neuen Ausgang zur See –, was den Hafen unbenutzbar machte und in die Bedeutungslosigkeit zurückfallen ließ, bis es 1578 gelang, die Ausfahrt wieder zu öffnen. In der Zwischenzeit wuchs in Labourd die Bedeutung des Hafens von Saint-Jean-de-Luz, während sich das Königreich Navarra als Ersatz für Bayonne wieder San Sebastián als bevorzugtem Hafen zuwandte.

Die wichtigsten Häfen in Hegoalde waren San Sebastián, Getaria und Deba in Gipuzkoa und Bermeo und Bilbao in Bizkaia. Die wichtigsten Waren, die in den baskischen Häfen verschifft wurden, waren Eisen und Wolle, aber auch Früchte, Wein und andere Produkte wurden exportiert. Die bedeutendsten Zielorte waren Flandern, England und Frankreich. Die Schiffe kehrten auch beladen wieder zurück, und zwar mit Weizen aus Frankreich und Andalusien zur Versorgung des atlantischen Baskenlandes oder mit Tüchern und Stoffen aus England, Frankreich und Flandern. Bilbao war im 16. Jh. nach Santander in Kantabrien der zweitwichtigste Hafen für den kastilischen Wollhandel.

Im 15. Jh. gerieten die Transporteure von Bizkaia und Gipuzkoa mit den kastilischen Wollhändlern mit Sitz in Burgos in Konflikt, weil beide Teile die Kontrolle der Erlöse aus dem Wollhandel für sich beanspruchten. Um sich dem Einfluß des Handelskonsulats in Burgos zu entziehen, wurde im Jahr 1511 das „Konsulat und Handelshaus von Bilbao" gegründet, das bis ins 19. Jh. der Mittelpunkt des Handels von Bilbao bleiben sollte. Diese Institution verteidigte die Privilegien von Bilbao, organisierte die Arbeiten im Hafen und war als Handelsgericht tätig. Eine ähnliche Institution wurde auch in San Sebastián gegründet.

Die baskischen Städte in den westlichen Territorien wurden vom kastilischen Handel begünstigt. Trotzdem gab es im gesamten Baskenland keine großen Städte – am größten war Anfang des 16. Jh. Bilbao mit 5700 Einwohnern – und damit auch nur begrenzte Marktkapazitäten, was die Neigung der Händler zur Übernahme von Transportaufgaben erklärt.

Die baskischen Gesetzestexte wiesen immer wieder auf den freien Handel von Konsumgütern hin, der mit der landwirtschaftlichen Armut des Landes begründet wurde. Die wichtigsten Zollgrenzen befanden sich im Süden am Ebro an der Grenze zu Kastilien sowie im Norden am Adour an der französischen Grenze. Innerhalb dieses Gebiets war der Handel weitgehend frei, obwohl Iparralde und Hegoalde zu verschiedenen Staaten gehörten, und nur zu Navarra existierte eine weniger bedeutende Zollgrenze.

Bayonne stand bis zum Ende des 18. Jh. in engen Handelsbeziehungen zu Hegoalde. Der Handel fand sowohl über das Meer als auch auf dem Land statt, denn die Strecke über Irun und Bayonne war eine der wichtigsten internationalen Handelsstraßen der Epoche. Der Seehandel war durch Verträge geschützt, die fünf Jahrhunderte lang, von 1294 bis 1795, zwischen Bizkaia, Gipuzkoa und Labourd abgeschlossen wurden. Auf diese Weise konnten in Notzeiten Bizkaia und Gipuzkoa mit Getreide aus Bayonne beliefert werden; in anderen Fällen erhielt Bayonne kastilisches Getreide über die Häfen Hegoaldes.

Somit bildete das Baskenland trotz der Zugehörigkeit zu verschiedenen Staaten und trotz der Barriere der Pyrenäen einen Binnenmarkt, der mit wenigen Unterbrechungen aufgrund von Kriegen oder politischen Konflikten bis Ende des 18. Jh. fortbestand. Wie sehr der baskische Binnenmarkt selbst dann noch funktionierte, zeigen Zahlen, die die legalen Einfuhren nach Navarra in der Zeit von 1775 bis 1779 untersuchen: 62,3% der Waren kamen aus den anderen Territorien Hegoaldes, 37,2% aus Iparralde und nur 0,5% aus dem Rest des spanischen Staates.⁹

Die Struktur der Produktion im atlantischen Baskenland muß als atypisch und gleichzeitig modern bezeichnet werden. Die Landwirtschaft war arm an Wein und Getreide und nicht in der Lage, die Bevölkerung zu versorgen. Im Gegensatz dazu waren Industrie und Handel bemerkenswert weit entwickelt, was das Defizit in der Landwirtschaft ausgleichen konnte. So besaß die Wirtschaft des Baskenlandes mit der Schwäche des primären und der Stärke des sekundären und tertiären Sektors moderne Züge.

Auch die Gesellschaft zeigte im atlantischen Baskenland moderne Züge, weil sie nach der Überwindung der spätmittelalterlichen Krise nicht klar in Adel, Klerus und dritten Stand ohne Privilegien getrennt war. Die baskische Gesellschaft wies nicht die typische Hierarchie der Epoche auf, sondern strukturisierte sich intern nach dem Besitz. Andererseits hatten Land- und Stadtbevölkerung ihre internen Kriterien der sozialen Differenzierung. Im ersten Fall erlaubte die Konzentration von Landbesitz die Vorherrschaft der Jauntxos, der ländlichen Eliten. In den Städten war die dominierende Gruppe die Klasse der reichen Kaufleute.

Die Krise des 17. Jahrhunderts

Vom 16. bis 18. Jh. war das Foralsystem im Baskenland in voller Blüte und damit die Garantie einer ausgewogenen wirtschaftlichen und sozialen Entwicklung. Andererseits waren die baskischen Territorien inzwischen immer stärker in die französische und spanische Monarchie integriert und wurden von der Krise des 17. Jh. erfaßt, die im spanischen Staat bis zum Jahrhundertende anhielt, während im französischen Staat seit Mitte des 17. Jh. eine wirtschaftliche Besserung einsetzte. Das Baskenland war von dieser Krise nur begrenzt betroffen, denn die entscheidenden wirtschaftlichen Veränderungen

⁹ Aufstellung vom 14. Januar 1781, in: Rodrigo Rodríguez Garraza, *Tensiones de Navarra con la administración central (1778–1808)*, Pamplona 1974, S. 177. Die Befürworter der Einbeziehung Navarras in den spanischen Markt kritisierten diese Zahlen als ungenügend, weil sie nur Pamplona berücksichtigten und zudem fehlerhaft seien; ibid., S. 179. Trotz der politischen Auseinandersetzungen, die den Diskussionen um diese Zahlen zugrunde liegen, ist offensichtlich, daß der navarrische Handel stärker an die anderen baskischen Territorien gebunden war als an den Rest des spanischen Staatsgebietes; ibid., S. 185.

jener Zeit begünstigten eine rasche Erholung. Das mediterrane Gebiet, in dem der Getreideanbau dominierte, erlebte eine schwere Depression, die der in Kastilien vergleichbar war; andererseits konnte diese durch einen ungeheuren Aufschwung des Weinanbaus gemildert werden.

Besondere Charakteristiken hatte die Krise im atlantischen Gebiet, wo eine wirtschaftliche Umstrukturierung stattfand: Seit Ende des 16. Jh. ging die ausländische Nachfrage nach Produkten aus den Eisenhütten und nach den Dienstleistungen im Handel zurück; andererseits erlebte die Landwirtschaft dank der Einführung des Maisanbaus bedeutende Fortschritte, so daß der Rückgang der Wirtschaft aufgehalten werden konnte. Während die Krise im mediterranen Baskenland zum Sinken der Bevölkerungszahlen führte, stagnierten diese im atlantischen Gebiet.

Seit der zweiten Hälfte des 16. Jh. gingen die Ausfuhren baskischen Eisens zurück, was vor allem an der neuaufgetretenen Konkurrenz neuer eisenschaffender Industrien in Schweden und um Lüttich lag. Besonders das schwedische Eisen stellte eine große Konkurrenz dar, weil die technische Entwicklung dort weiter fortgeschritten – man benutzte die ersten Hochöfen – und die Eisenherstellung rentabler und qualitativ hochwertiger als im Baskenland war. Schwedisches und Lütticher Eisen übernahmen Marktanteile, die vorher die Basken besaßen, nicht nur in Drittländern, sondern auch auf der Iberischen Halbinsel und in Spanisch-Amerika. Der Verlust der Marktanteile setzte um 1560 ein. Seit 1580 nahm sogar die Zahl der Eisenhütten ab. Von 1561 bis 1612 war es nicht mehr möglich, Eisenhütten zu verpachten, weil niemand das Risiko eingehen wollte, eine im Niedergang befindliche Industrie zu übernehmen. Im Laufe des 17. Jh. ging die Eisenproduktion in Gipuzkoa und Bizkaia um 25 bis 50% zurück. Um seine Eisenhütten zu schützen, beschränkte Bizkaia die Möglichkeiten der Ausfuhr von Eisen und Eisenerz, was sich besonders negativ auf Gipuzkoa auswirkte, wo die Eisenhütten auf das Eisenerz aus Somorrostro angewiesen waren. Erst gegen Ende des 17. Jh. konnten sich die beiden Territorien einigen und ihre Kräfte vereinigen, um den spanischen und kolonialen Markt zurückzuerobern.

Zu den Problemen der Eisenhütten trugen die Veränderungen im Handel bei. Die Kriege führten gelegentlich zum vollkommenen Zusammenbruch der Handelskreisläufe und zum Stillstand des Seeverkehrs. Diese Schrumpfung des Handels verschlimmerte sich noch mit dem Auftauchen von Korsaren in Küstennähe, die bis Mitte des 17. Jh.

Die Krise des 17. Jahrhunderts

die Schiffahrt bedrohten. Bereits 1564 gab es portugiesische Piraten an der baskischen Küste. 1575 wurde der Handel mit England stillgelegt. In seinem Kampf mit Holland schränkte der spanische König Philipp II. allmählich den Handel mit den Niederlanden ein und verbot ihn schließlich vollkommen im Jahr 1598. Die Niederlage der spanischen Flotte vor der englischen Küste zerstörte außerdem zahlreiche baskische Schiffe.

Das Wachsen der englischen und holländischen Seemacht und die Schwäche der spanischen und französischen Flotten beschränkte bald die Möglichkeiten der baskischen Fischer, die allmählich ihre Fangrechte verloren: Bizkainer und Gipuzkoaner verloren ihre Rechte in Neufundland und Grönland, die Fischer Labourds konnten nicht mehr in Spitzbergen und vor der norwegischen Küste fischen. So sahen sich viele baskische Fischer gezwungen, vor den eigenen Küsten zu fischen; sie mußten ihre Techniken ändern und entwickelten besonders den Fang der Sardinen.

Der Schiffbau in Gipuzkoa und Bizkaia ging im 17. Jh. zurück, was am Verlust ausländischer Märkte, am Verlust der Fischfanggründe und am zunehmenden technischen Rückstand gegenüber England lag. Andererseits erlebte Bayonne Ende des 17. Jh. seine Blütezeit in Handel und Schiffbau, als die Stadt unter Colbert, dem Minister Ludwigs XIV., zum Sitz der königlichen Marinewerft gemacht wurde. Auch Saint-Jean-de-Luz erlebte als wichtigster Fischerhafen in Labourd eine Zeit des Wohlstands.

Im Zuge des Rückgangs der Ausfuhren an Gütern und Dienstleistungen veränderte sich die Struktur der baskischen Produktion. Ein Teil der Bevölkerung gab die Aktivitäten in Industrie, Handel oder Fischfang auf und ging zur Landwirtschaft über. Die Zunahme der ländlichen Bevölkerung führte zur Erweiterung der landwirtschaftlichen Nutzfläche und zur Einführung bedeutender Reformen, die die Produktivität auf dem Land erhöhten.

Anfang des 17. Jh. wurden neue, bisher brachliegende Flächen landwirtschaftlich genutzt, aber die entscheidende Veränderung in der baskischen Landwirtschaft war, daß sich der Maisanbau durchsetzte und sich damit die landwirtschaftliche Produktion entscheidend erhöhte. Der Mais war im Baskenland, dessen geographische und klimatische Bedingungen hervorragend für seinen Anbau geeignet sind, seit dem 16. Jh. bekannt, setzte sich aber erst im 17. Jh. durch. Zuerst wurde er massenhaft an der Küste Labourds angebaut, von wo er Anfang des 17. Jh. sogar noch nach Gipuzkoa und Bizkaia exportiert wurde, aber nach einer Akklimatisierungsphase drang der Mais allmählich ins gesamte atlantische Gebiet vor. Zwischen 1640 und 1680 erreichte und übertraf seine Produktion die der anderen Feldfrüchte.

Die Maisrevolution, die Pflanzen wie Hirse, Hafer und Flachs ablöste, veränderte die landwirtschaftliche Nutzung entscheidend und führte sogar zum Anbau in bisher nicht landwirtschaftlich genutzten Gebieten; Mais wurde in Tälern angebaut, die bisher nur als Weiden dienten, weil sie für den Getreideanbau zu feucht waren. Dank des Maisanbaus verdoppelte sich die landwirtschaftliche Produktion im Laufe des 17. Jh. Produktiver als die bisher angebauten Getreidesorten, erlaubte der Mais die Eliminierung von Brache, weil er den Fruchtwechsel mit Weizen und Rüben erlaubte.

Die Getreideanbaugebiete des mediterranen Baskenlandes, die aufgrund ihrer klimatischen Bedingungen keinen Anteil an der Maisrevolution haben konnten, erlebten im 17. Jh. eine Krise. Zu einer großen Unsicherheit über das Ergebnis der Getreideernten kam der Rückgang der Nachfrage aus den Küstengebieten, die sich jetzt in größerem Maße selbst versorgen konnten, sowie ein höherer Steuerdruck. In Alava sank die landwirtschaftliche Produktion im 17. Jh. um etwa 35%, mehr noch als die Bevölkerung, die um 25% abnahm. Im Gegensatz zu den Getreideanbaugebieten in den zentralen Regionen von Navarra und Alava überstanden die alavesische Rioja und die Ribera von Navarra das 17. Jh. mit einem positiven Ergebnis. Es ist möglich, daß sich die alavesische Weinproduktion in diesem Jahrhundert vervierfachte, was an einer gestiegenen Nachfrage aus Bizkaia lag. In Navarra war die Krise im Gesamtkontext kaum spürbar, denn die landschaftliche und klimatische Vielfalt des alten Königreichs garantierte die Versorgung der Bevölkerung, die darum auch in den Krisenjahren nicht zurückging, sondern nur stagnierte.

Die traditionelle Weidewirtschaft wurde natürlich weiter betrieben. Trotz der Konsolidierung der französisch-spanischen Staatsgrenze und trotz der wiederholten kriegerischen Auseinandersetzungen wurde weiterhin die Transhumanz zwischen den Pyrenäentälern beiderseits der Wasserscheide praktiziert, und Pakte zwischen den angrenzenden Tälern wurden geschlossen. Im Umfeld des Dreißigjährigen Krieges kam es zwischen 1635 und 1659 erneut zu einem spanisch-französischen Krieg und die Grenze wurde geschlossen. Die Transhumanz beeinträchtigte das jedoch kaum, und die Einschränkungen für den Handel wurden durch regen Schmuggel ausgeglichen. Der Pyrenäenfrieden, der 1659 auf der Fasaneninsel im baskischen Grenzfluß Bidasoa geschlossen wurde, brachte einen lange währenden Frieden und führte zur Normalisierung der Beziehungen zwischen Hegoalde und Iparralde.

Für die Stadt Bilbao brachte das 17. Jh. entscheidende Veränderungen. Als Folge des Nachlassens des Handelsverkehrs nahm die Konkurrenz zu und die großen Handelsgesellschaften entstanden. Der Stadt Burgos gelang es nicht, sich den neuen Bedingungen anzupassen, und die großen europäischen Handelshäuser setzten sich auf den Handelswegen durch. Die Kontrolle der Handelswege über das Baskenland ging so von Burgos in ausländische Hände über. Gleichzeitig verlagerte sich das Zentrum der Vertragsabschlüsse von Burgos nach Bilbao. Zwischen 1600 und 1635 begannen die europäischen Händler von Bilbao aus zu agieren, und bedeutende Handelskolonien ließen sich in der Stadt nieder, besonders Engländer und Holländer.

Die neuen Handelsstrategien hatten günstige Auswirkungen für Bilbao, das sich zum ersten Hafen der spanischen Nordküste entwickelte. Mitte des 17. Jh. wurden 70% der kastilischen Wolle, die über das Meer exportiert wurde, in Bilbao verschifft. Die Stadt hatte an der spanischen Nordküste das absolute Monopol. Bilbao übernahm damit den größten Teil des Handelskreislaufs der kastilischen Wolle und konnte die Krise vermeiden, von der die restlichen Häfen Hegoaldes ergriffen waren.

Während des 17. Jh. suchten die Bilbainer zudem die Kontrolle der Handelswege auszuüben, was zu Auseinandersetzungen mit den ausländischen Kolonien in der Stadt führte. Diese neue Handlungsweise wurde erstmals 1661 spürbar, als die Stadt Bilbao den Engländern verbot, ein Konsulat zur Kontrolle ihres Handels zu gründen. Seitdem wurde die Tätigkeit der Ausländer systematisch erschwert, was zu häufigen Protesten von Engländern und Holländern führte.

Konflikte mit den Zentralgewalten

Die Krise des 17. Jh. drückte sich in ganz Europa u. a. durch Volksaufstände gegen die Monarchien aus, die ihre finanziellen Schwierigkeiten durch höhere Steuereinnahmen auszugleichen suchten. Im Baskenland sind diese Aufstände unter dem Namen *Matxinadas* bekannt; der Name stammt vom Heiligen Martin, dem Schutzherrn der Metallarbeiter, die *matxines* genannt wurden. Dieser Name wurde später auf die Landbevölkerung im allgemeinen bezogen, denn ein großer Teil der Bauern war auf Hilfsarbeiten im Umfeld der Metallherstellung angewiesen. Dieses zusätzliche Abhängigkeitsverhältnis erhöhte die Aufstandsneigung in Krisenzeiten.

Trotz der Steuerautonomie der baskischen Territorien nahm die

Steuerlast beständig zu. Schlimmer noch war die Tatsache, daß die Könige als Herren über die baskischen Territorien und dank des Fehlens anderer Feudalherren in die Versuchung gerieten, das Gemeinschaftsland zu verkaufen, das laut foraler Gesetzgebung den Einwohnern des Landes gemeinsam gehörte. Besonders in Iparralde kam es im 17. und 18. Jh. zu zahlreichen Aufständen gegen Maßnahmen der Zentralgewalt, die bisweilen blutig niedergeschlagen wurden. Allmählich setzte der französische Staat durch, daß königliche Funktionäre entscheidende Ämter in den baskischen Territorien besetzten.

Der erste ernsthafte Konflikt war die „Salzrebellion" zwischen 1631 und 1634 in Bizkaia. Der Aufstand wurde durch eine königliche Anweisung vom Januar 1631 ausgelöst, die das staatliche Salzmonopol vorschrieb und den Preis des Salzes um 44% anhob. Das war antiforal, d. h. eine staatliche Einmischung in die Kompetenzen Bizkaias. Seit Anfang des 17. Jh. hatte Bizkaia mehrfach unter der Auferlegung zusätzlicher Steuern und sonstiger Abgaben gelitten. Die Einführung des Salzmonopols brachte das Faß zum Überlaufen. Als der Aufstand ausbrach, war die Verteidigung der Fueros nur noch zweitrangig. Sogar die Frage des Salzes trat hinter den Protesten zurück, die sich allgemein gegen den zu hohen Steuerdruck richteten. So war diese Rebellion vor allem ein Volksaufstand gegen die Steuererhöhungen von seiten des Königs, aber auch gegen die Jauntxos, die Landeliten, die die Volksversammlungen dominierten und gute Beziehungen zu Madrid unterhielten. Tatsächlich waren die Jauntxos kaum vom steigenden Abgabendruck betroffen, da es ihnen gelang, diesen auf den Handel und das einfache Volk zu lenken. Die Salzrebellion stellte die Vorherrschaft der sozialen Gruppe in Frage, die in Bizkaia die Macht ausübte.

Der Aufstand begann im September 1631, als die Juntas Generales von Gernika abgebrochen wurden und sich in Bilbao 1500 Personen versammelten und zum Widerstand aufriefen. Schon dieser Protest hatte Erfolg, das Salzmonopol wurde zurückgezogen. Ein Jahr später wurde es jedoch erneut eingeführt. Sofort kam es zum Aufstand, der im Oktober 1632 mit dem Tod eines königlichen Anwalts seinen Höhepunkt erreichte. Der Protest weitete sich zu einem ausgesprochenen Sozialkonflikt aus; in Bilbao protestierten Seeleute, Bauern und Handwerker. Auf das Salz bezogen sich diese Proteste allerdings nicht mehr, was zeigt, daß der Aufstand weit tiefere Ursachen hatte und das Salzmonopol nur der Auslöser war. Der letzte Ausbruch der Revolte fand im Februar 1633 statt, als sich anläßlich der Juntas in Gernika etwa 2000 bewaffnete Seeleute und Bauern einfanden, um die Verab-

Konflikte mit den Zentralgewalten   71

schiedung von 24 Dekreten zu erzwingen. Sie widersetzten sich den neuen Handelssteuern, den hohen Abgaben, die die Seeleute zu zahlen hatten, und einer neuen Steuer, mit der die Bekämpfung von Straßenräubern finanziert werden sollte. Nur ein Dekret bezog sich indirekt auf das Salz.

Der Konflikt endete im Jahr 1634; die sechs Hauptverantwortlichen wurden festgenommen, verurteilt und hingerichtet. Die weiteren Anführer des Aufstands flohen. Danach, Ende 1634, hob die Krone das Salzmonopol auf und verzieh den Aufständischen. Die Repression ging von Bilbao aus, und es kann vermutet werden, daß die Händler, die den Aufstand zuerst unterstützt hatten, sich schließlich davon distanzierten, als er sich zu einem allgemeinen Volksaufstand auszuweiten drohte. Die Salzrebellion war der erste schwere soziale Konflikt in der Neuzeit im Baskenland. Die sozialen Veränderungen in Bizkaia wurden dabei ebenso deutlich wie das anachronistische Festhalten an den Jauntxos als dominierender Gruppe.

Der nächste schwere Konflikt war der Krieg der *Sabel Gorri* und *Sabel Xuri* in Labourd („Rotbäuche" und „Weißbäuche", nach der Farbe der Leibbinden der beiden verfeindeten Parteien). Der Kampf wurde ausgelöst, als der französische König Ludwig XIV. einen *Baile* (königlichen Stellvertreter) einsetzte, dem nach der Tradition dieser Titel nicht zustand, womit diese Maßnahme antiforal war. Zwischen den Parteien der beiden Prätendenten kam es zu einem wahren Bürgerkrieg, der 1659 mit der Niederlage der Vertreter der Tradition endete. Die Einwohner Labourds mußten hohe Entschädigungen zahlen, und Ludwig XIV. nutzte die Gelegenheit, um im Jahr 1660 die Kompetenzen der Selbstverwaltungsorgane Labourds zugunsten der königlichen Funktionäre einzuschränken.

1661 brach in Soule der Aufstand von „Matalas" aus. Ausgelöst wurde er durch den Aufstieg eines reichen Händlers aus Béarn, Arnauld de Peyrer, der verschiedene Adelstitel und umfangreiche Ländereien aufkaufte, und schließlich auch die Burg von Mauleon und die dazugehörigen königlichen Ländereien, die eigentlich Gemeinschaftsland der Einwohner von Soule waren. Als diese dagegen protestierten, kaufte der König die Ländereien zurück, allerdings mußte die Bevölkerung bezahlen und wurde mit Waffengewalt dazu gezwungen. Daraufhin stellte sich der Pfarrer von Moncayole, Bernard de Goyheneche, genannt „Matalas", an die Spitze des Aufstands. Er stellte ein Heer von 6000 bis 7000 Mann zusammen, eroberte die Burg von Mauleon und bildete eine Volksregierung. Die Reaktion der Staatsgewalt ließ nicht auf sich warten. Ein kleines, aber gut bewaffnetes und berittenes Heer verwüstete Soule und tötete 400 Menschen. Matalas wurde festgenommen und am 8. November 1661 hingerichtet. Soule war nicht nur Schauplatz des blutigsten Aufstands gegen die Zentralgewalt bzw. ihre Vertreter, sondern auch das erste baskische Territorium, das seine Selbstbestimmungsrechte, die in den Fueros festgelegt waren, verlor. Im Jahr 1730 wurden die Zuständigkeiten der Volksversammlung *Silbiet* fast vollständig auf Adlige und königliche Funktionäre übertragen.

Die Einmischung der Zentralgewalten in den durch die Fueros geschützten baskischen Territorien wurde immer stärker. Zunächst jedoch führte der Spanische Erbfolgekrieg von 1700 bis 1714 zwischen Habsburgern und Bourbonen zu einer Konsolidierung der Fueros, denn die Territorien Hegoaldes verteidigten den bourbonischen Thronprätendenten Philipp von Anjou, der sich letztlich siegreich durchsetzte. Übrigens berührte der Krieg kaum baskisches Gebiet. Nur im Jahr 1710 besetzten die Habsburger kurzfristig den Süden Navarras. Das entschiedene Eintreten der Basken für die Bourbonen erlaubte ihnen nach Kriegsende, ihre Fueros zu bewahren, während Aragón, Katalonien und Valencia ihre Selbstbestimmungsrechte und eigenen Institutionen verloren, weil sie auf seiten der Habsburger gestanden hatten.

Im Zeichen des Absolutismus und im Bestreben, in der spanischen Monarchie einen administrativen Zentralismus durchzusetzen, begannen die neuen Herrscher jedoch bald, die Unantastbarkeit der Fueros in Frage zu stellen: Wenn es sich bei den Fueros um durch den König verliehene Privilegien handelte, dann hätte der König auch das Recht, diese zu verändern oder gar zurückzuziehen. Diese Haltung Madrids drückte sich insbesondere in dem verstärkten Bemühen aus, die Zollgrenzen vom Landesinnern, d. h. von den Grenzen der baskischen Territorien mit Aragón und Kastilien an die Küste zu verlegen. Die spanische Krone versprach sich von der Verlegung der Zollgrenzen höhere Einnahmen und eine Unterbindung des blühenden Schmuggels zwischen dem Baskenland und Kastilien bzw. Aragón, der inzwischen zu einem entscheidenden Wirtschaftsfaktor geworden war.

Die baskische Landbevölkerung dagegen verteidigte die alten, in den Fueros festgelegten Zollgrenzen, einerseits weil es die billigere Einfuhr von Konsumgütern aus dem Ausland erlaubte, andererseits aber auch, weil es sich um ein Privileg handelte, dessen Bewahrung als ein Schutz vor dem Verlust anderer Sonderrechte verstanden wurde. Die Landwirte und Händler im mediterranen Gebiet wünschten eine

Integration des Baskenlandes in den spanischen Binnenmarkt; die Einwohner des atlantischen Baskenlandes dagegen, und unter ihnen besonders das aufstrebende Handelsbürgertum, besonders in Bilbao, gründeten ihren Wohlstand gerade auf die alten Zollgrenzen.

Schon seit Beginn des Jahrhunderts hatten in Bizkaia die wirtschaftlichen und sozialen Spannungen zugenommen. Im Gegensatz zum Aufschwung des Bürgertums litt die Landwirtschaft unter einer Krise. Bisweilen waren die Ernten von Trockenheit bedroht, so in den Jahren 1700 und 1718, und die Bevölkerung Hungersnöten nahe. Außerdem waren die ländlichen Eliten besorgt, weil ihre Einnahmen zurückgingen, während die des städtischen Bürgertums zunahmen und ihre wichtigsten Vertreter zu Konkurrenten der Jauntxos aufstiegen.

Am 19. März 1718 schließlich wurden die Zollgrenzen an die Küste verlegt. Getreide, Wein, Öl und Gemüse blieben zwar davon ausgeschlossen, trotzdem war dies ein schwerwiegender Verstoß gegen die Fueros, der eine schwere soziale Krise zur Folge haben sollte. Die Maßnahme bedrohte besonders den Handel, der über Bilbao das Territorium von Bizkaia versorgte. Auch der Schmuggel wurde mit der Verlegung der Zollgrenzen unmöglich gemacht. Bilbao wurde jedoch zum Akzeptieren gezwungen, indem es mit dem Verlust des Monopols der Wollausfuhr bedroht wurde. Die Maßnahme schadete auch den Bauern und Handwerkern, weil sich die Preise erhöhten.

Es ist möglich, daß die spanische Monarchie von gewissen Kreisen der ländlichen Eliten unterstützt wurde, die darin eine Möglichkeit sahen, den Aufstieg des bürgerlichen Bilbao zu bremsen. Die Juntas in Gernika, die von den Jauntxos kontrolliert waren, widersetzten sich zwar dem Dekret, aber man vermutete, daß die von ihnen nach Madrid geschickten Gesandten bestochen waren; während des Aufstands wurden sie darum als „Verräter" bezeichnet. Im August brach der Aufstand aus. Ein Zöllner wurde getötet, und in Bermeo und Algorta brannten die Schiffe, die als Zollstationen dienten. Auf verschiedenen Versammlungen wurde die Oligarchie beschuldigt, „Bilbao verlieren zu wollen". Es wurde behauptet, daß man auf diesem Wege bald von Kastilien bzw. von der spanischen Monarchie abhängig würde.

Am 4. und 5. September wurde Bilbao von Bauern der Orte Deusto, Abando und Begoña besetzt; die Jauntxos wurden als die eigentlich Schuldigen angesehen, einige ihrer Häuser geplündert und sogar niedergebrannt und drei bedeutende Persönlichkeiten getötet, unter ihnen der Abgeordnete Arana, der beschuldigt wurde, der Hauptverantwortliche bei der Einrichtung der Zollgrenzen gewesen zu sein. Auch in Gernika, Portugalete und Bermeo war die Lage gespannt. Im November trafen königliche Truppen in Bizkaia ein, ohne auf Widerstand zu stoßen. Die Repression war hart; 16 Personen wurden hingerichtet.

In der sog. „Matxinada von 1718" war der Gegensatz zwischen den Landeliten und den Händlern ausschlaggebend. Alles weist darauf hin, daß die Verlegung der Zollgrenzen, wenn nicht provoziert, so doch von den Jauntxos benutzt wurde, um den Händlern zu schaden. In der Tat richteten sich die Bauern gegen die Jauntxos und nicht gegen die vom König ernannten Autoritäten. Wahrscheinlich gab es eine Art Absprache zwischen Bauern und Händlern, denn sie verteidigten gemeinsame Interessen. Einige Händler nahmen sogar aktiv am Aufstand teil.

Einige Jahre später – im Dezember 1722 in Navarra und Anfang 1723 in den drei westlichen Territorien – wurden die Zollgrenzen wieder von der Küste ins Landesinnere verlegt. Im Moment gab die Regierung in Madrid dem baskischen Widerstand nach, aber die Auseinandersetzung um die Verlegung der Zollgrenzen sollte noch mehr als ein Jahrhundert währen. Eine Amnestie für die Aufständischen wurde 1726 erlassen.

Die Angriffe der bourbonischen Könige auf die Fueros sollten sich in der Folgezeit wiederholen und unter dem spanischen König Karl III. (1759–1788) an Stärke zunehmen. Die Könige versuchten wiederholt, die Zollgrenzen zu verlegen, was aber während des 18. Jh. immer wieder mit Erfolg von den baskischen Institutionen als antiforal zurückgewiesen werden konnte. In Labourd dagegen wurde im Jahr 1784 durch königliche Anordnung die Zollfreiheit für Bayonne und das Gebiet zwischen dem Fluß Nive, Pyrenäen und Meer eingerichtet, das auch die Orte Saint-Jean-de-Luz und Hendaye umfaßte. Eine Folge davon war aber die Anlage von Zollstationen am Nive und die Eingliederung des nordöstlichen Labourd ins französische Zollgebiet. Dies führte zu wiederholten und sogar blutigen Protesten der Bevölkerung; die Maßnahme wurde jedoch nicht mehr rückgängig gemacht.

Die zentralistischen Bestrebungen der bourbonischen Monarchien im französischen und spanischen Staat riefen im Baskenland beiderseits der Pyrenäen die Reaktion der intellektuellen Verteidigung der Fueros hervor. Politisch am weitesten gingen Mitte des 18. Jh. die „Apologeten" der baskischen Sprache, unter denen der Jesuit Manuel de Larramendi aus Andoain (Gipuzkoa) herausragt: Er schlug die Unabhängigkeit des Baskenlandes vor. Mit Larramendi begann die bis heute fortdauernde Epoche theoretischer Modelle mit dem Ziel der politischen Vereinigung aller baskischen Territorien.

Der Aufstieg des Handelsbürgertums

Das 18. Jh. brachte wirtschaftlichen und demographischen Aufschwung. Die Bevölkerung wuchs, der Handel florierte, die landwirtschaftliche Produktion stieg an und die Eisenhütten erholten sich. Das Handelsbürgertum wurde zur einflußreichsten sozialen Gruppe in der Wirtschaftsentwicklung des Baskenlandes. Der spanisch-französische Frieden, der fast das gesamte Jahrhundert über herrschte, förderte den Aufschwung der Wirtschaft und erleichterte die Beziehungen zwischen den baskischen Territorien. Der Frieden wurde nur kurzzeitig gestört: Im Jahr 1717 kam es zum Krieg um die einstigen spanischen Besitzungen in Italien, und im Dezember 1718 fiel ein französisches Heer in Navarra und Gipuzkoa ein und besetzte San Sebastián und Hondarribia, die erst nach dem Friedensschluß im Jahr 1720 zurückgegeben wurden. Ansonsten herrschte Frieden bis 1793.

An der Küste von Labourd war Saint-Jean-de-Luz im 17. Jh. der blühendste Hafen gewesen, aber im Jahr 1714 mußte der französische Staat Neufundland an England abgeben, womit der ertragreiche Kabeljaufang ein Ende hatte. Saint-Jean-de-Luz geriet in eine tiefe Krise, die Einwohnerzahl verringerte sich von 13 000 im Jahr 1732 auf 4000 im Jahr 1783. Viele Fischer fanden jedoch eine neue Betätigung als Korsaren. Nach einer Epoche der wirtschaftlichen Schwäche erreichte Bayonne im 18. Jh. seine wirtschaftliche Blüte, einerseits dank der Korsaren, vor allem aber wegen des Handels mit Spanien und mit der Karibik. Im Jahr 1726 wurde die Handelskammer von Bayonne gegründet.

Einen wahren Boom erlebte Bilbao. Die Grundlage dafür war die Reform der städtischen Verordnungen im Jahr 1699 und die Tatsache, daß die Bourbonen den baskischen Häfen wohlgesonnen waren. Die städtischen Verordnungen verboten, daß sich Ausländer am Handel beteiligten. Da es sich bei ihnen hauptsächlich um Engländer und Holländer handelte, waren diese als Kriegsgegner im Spanischen Erbfolgekrieg automatisch disqualifiziert. Dem Bürgertum Bilbaos gelang es sogar geschickt, mit den feindlichen Ländern Handel zu treiben und andererseits zu verhindern, daß die französischen Verbündeten am Handel in Bilbao teilnahmen, weil sich die Bilbainer weigerten, ihre neuen Verordnungen zugunsten der Franzosen zu ändern. Der Handel wurde nun von Einheimischen kontrolliert, die erstmals auch die Kontrolle des umfangreichen Wollhandels ausübten. Bilbao konnte während des Krieges sein Monopol im nordspanischen Wollhandel festigen. Im Jahr 1714 beispielsweise verließen den Hafen von

Bilbao 49% der Wolle, die der spanische Staat auf dem Seeweg exportierte, und zwar das gesamte Aufkommen der spanischen Nordküste. Seit 1715 verließen den Hafen von Bilbao i. d. R. mehr als tausend Tonnen Wolle pro Jahr.

Der Handel wurde vielfältiger; Bilbao erreichten koloniale Produkte wie Zucker, Tabak und Kakao, die durch Schmuggel nach Kastilien weitertransportiert wurden. Der Schmuggel wurde zu einer selbstverständlichen Einnahmequelle des Bürgertums von Bizkaia. San Sebastián und Vitoria hatten sich schon 1661 beim König über die oberflächlichen Kontrollen an den bizkainischen Zollstellen von Orduña und Balmaseda beschwert, aber der Schmuggel blieb während des gesamten 18. Jh. ein bedeutender Wirtschaftsfaktor.

Gegenüber dem Aufschwung Bilbaos erlebte der Handel in Gipuzkoa schwere Zeiten. Man hatte den Handel mit der kastilischen Wolle gänzlich an Bizkaia verloren, und auch der Handel mit Aragón und Navarra war im Niedergang, weil er sich nach Bayonne verlagerte. Die Gründung des Konsulats von San Sebastián im Jahr 1682 sollte die wirtschaftliche Erholung bringen, aber sie kam nicht vor 1728, als die „Königliche Handelsgesellschaft Gipuzkoa-Caracas" (*Real Compañía Guipuzcoana de Caracas*) gegründet wurde, die der beste Ausdruck des Handelskapitalismus in Gipuzkoa war. Eine Gruppe bedeutender Persönlichkeiten – Händler aus San Sebastián und fortschrittliche Jauntxos, die im Handel tätig waren – förderten diese Gesellschaft. Auf der Grundlage kolonialer Güter aus Venezuela wurden neue Handelswege gesucht. Zwei Rechte wurden der Gesellschaft zugestanden: der Handel mit Kakao und die Möglichkeit, Korsaren zu verfolgen: Was beschlagnahmt wurde, gehörte der Gesellschaft.

Diese Handelsgesellschaft war eine Neuigkeit, denn bisher hatten Cádiz und Sevilla das Monopol des Amerikahandels inne. Außerdem war das System einer Handelsgesellschaft, an der sich die Teilhaber durch Kauf von Aktien mit unterschiedlich hohen Anteilen beteiligen konnten, eine Neuigkeit im spanischen Staat. Die Gesellschaft konnte jährlich zwei Schiffe nach Venezuela entsenden, die von Gipuzkoa abfuhren. Auf dem Rückweg mußten die Schiffe zunächst in Cádiz anlegen, um Zoll zu zahlen, und fuhren dann weiter nach Gipuzkoa, um hier die wichtigsten Güter zu entladen, die laut Gründungsakte auf die Territorien Hegoaldes sowie Aragón, La Rioja und Altkastilien verteilt wurden.

Anfangs war die Gesellschaft sehr rentabel: Zwischen 1728 und 1740 erzielte sie jährliche Gewinne in Höhe von 160% des investierten

Kapitals. Bald besaß die Gesellschaft zwanzig Schiffe, die im Handel tätig waren, und noch einmal so viele Schiffe, die Korsaren und Schmuggler verfolgten. Auf ihren Schiffen waren bis zu 2000 Männer beschäftigt. Gegen 1740 änderte sich jedoch diese günstige Lage: Der Stadtrat von Caracas wehrte sich gegen die günstigen Bedingungen, zu denen die gipuzkoanische Handelsgesellschaft den Kakao erwarb, englische Korsaren machten den Atlantik zunehmend unsicher, und der Wettbewerb mit anderen europäischen Gesellschaften ließ die Preise sinken. 1751 wurde der Sitz der Gesellschaft nach Madrid verlegt, aber sie erholte sich nicht mehr und verschwand 1778 endgültig.

Trotz ihrer kurzen Blütezeit wurde mit der *Real Compañía Guipuzcoana de Caracas* der wirtschaftliche Aufschwung Gipuzkoas eingeleitet. Außerdem entwickelte sich in dieser Zeit der Hafen von Pasaia zum wichtigsten Hafen Gipuzkoas, der er bis heute bleiben sollte. Schließlich wurde die Waffenherstellung im Debatal begünstigt, deren Produkte in andere spanische Häfen und nach Venezuela verschifft wurden.

Im 18. Jh. blühte der Schiffbau in den Werften der baskischen Küste. Dank der Aktivitäten der Real Compañía de Caracas wurde Pasaia ein Zentrum des Schiffbaus. Auch Zorroza bei Bilbao blühte auf, weil dort die spanische Marinewerft ihren Sitz hatte, bevor sie Mitte des 18. Jh. nach El Ferrol in Galicien und nach Cartagena verlegt wurde. In den Werften von Bayonne setzte sich der Boom des 17. Jh. fort; von 1703 bis 1790 wurden alleine in Bayonne 724 Schiffe gebaut. Auch Saint-Jean-de-Luz war im Schiffbau sehr aktiv.

Die aufstrebende Wirtschaft des Baskenlandes begünstigte auch die Aktivität der Eisenhütten, deren Zahl besonders in Bizkaia zunahm: von 127 im Jahr 1687 stieg ihre Zahl auf 162 im Jahr 1766. Auch in Iparralde erlebten die Eisenhütten einen Aufschwung, in Gipuzkoa nahm ihre Zahl dagegen ab, und in Navarra und Alava blieb sie etwa gleich. Der Aufschwung der Eisenhütten war aber nicht von technischen Verbesserungen begleitet, weshalb sie weiterhin anfällig für strukturelle Probleme des Sektors waren. Mit königlicher Verordnung von 1702 wurde die Einfuhr von ausländischem Eisen in die spanischen Kolonien verboten, was die Ausfuhr von Eisenerz aus den Minen von Somorrostro erheblich steigen ließ. Bemerkenswert ist in diesem Zusammenhang auch der Kupferbergbau von Baigorri in Nieder-Navarra, wo Mitte des 18. Jh. fast 400 Personen beschäftigt waren.

Während die Küstenterritorien im 18. Jh. umwälzende wirtschaftliche Veränderungen erlebten, blieb die Wirtschaftsstruktur in den Inlandsterritorien Alava, Navarra, Nieder-Navarra und Soule im wesentlichen gleich, denn sie lebten hauptsächlich von der Landwirtschaft sowie von der Ausfuhr landwirtschaftlicher Erzeugnisse.

Auch die baskische Landwirtschaft erlebte besonders in der ersten Hälfte des 18. Jh. eine dynamische Entwicklung. Im atlantischen Bereich erreichte die Maisrevolution ihren Höhepunkt, in den Weinanbaugebieten des Südens setzte sich die positive Tendenz des vorigen Jahrhunderts fort, und auch in den krisenanfälligeren Getreideanbaugebieten Alavas und Navarras stiegen die Erträge während des 18. Jh. um durchschnittlich 40%. Allgemein wurde die Anbaufläche erheblich erhöht und die landwirtschaftliche Nutzung intensiviert.

Mit einer beginnenden Spezialisierung der landwirtschaftlichen Produktion und der Entwicklung der Geldwirtschaft nahm die Tendenz zur Selbstversorgung ab und die Bauern wurden zunehmend vom Handel abhängig. So waren die Bauern häufig gezwungen, bei Händlern oder Großbauern Kredite aufzunehmen; fiel die Ernte aber dann nicht so aus, wie die Bauern es erwartet hatten, oder gab es gar eine der zyklischen Krisen in der Landwirtschaft, und waren sie dann nicht in der Lage, den Kredit zurückzuzahlen, konnten sie das Recht auf den Hof an den Kreditgeber verlieren. Auf diese Weise wurden zahlreiche grundbesitzende Bauern zu Pächtern ihres ehemaligen Hofes, und die Zahl der unabhängigen Bauern verringerte sich.

Mit dem Handel und der Geldwirtschaft entstand auch die Spekulation. Immer weniger wurden die Festpreise für Weizen beachtet, 1765 wurden sie endgültig abgeschafft. Um in Krisenzeiten die Versorgung der Bevölkerung zu gewährleisten, kauften die Rathäuser das teure Getreide auf und gaben es zu günstigeren Preisen an die Bevölkerung weiter. Aus diesem und anderen Gründen verschuldeten sich die Rathäuser zunehmend und gerieten immer öfter in den Zwang, Gemeindeland zu verkaufen. Der erste Fall von freiwilligem Verkauf von Gemeindeland ist aus dem Jahr 1764 bekannt. Da dieses Land aber allen Einwohnern als Weiden oder zum Sammeln von Holz und anderen Produkten des Waldes zur Verfügung stand, verringerten sich dadurch wiederum die Erwerbsquellen der Landbevölkerung. Auch die Weideflächen wurden durch den Übergang von Gemeinschaftsland in Privatbesitz reduziert, was die Zahl des Weideviehs verminderte. All diese Konsequenzen, die im 19. Jh. zur Proletarisierung der Landbevölkerung führen sollten, deuteten sich im letzten Drittel des 18. Jh. an.

Eine der zyklischen Versorgungskrisen fand in den 60er Jahren des 18. Jh. statt. Seit 1760 war die landwirtschaftliche Produktion empfindlich gesunken und im Jahr 1765 ruinierte eine Trockenheit die

Getreideernte. Daraufhin wurde 1765 in Hegoalde der Festpreis für Weizen abgeschafft. Ein Jahr später, 1766, kam es zum Aufstand, zu einer neuen *Matxinada*, die sich aber diesmal nicht gegen eine Maßnahme der Zentralgewalt richtete, sondern gegen die Spekulation mit Weizen durch die im Baskenland lebenden Händler. Diese neue Matxinada gehorchte dem Modell der in den vorindustriellen Gesellschaften Europas üblichen Volksaufständen bei Versorgungskrisen in der Landwirtschaft.[10]

In ganz Gipuzkoa war Anfang 1766 Unruhe in der Bevölkerung spürbar. In San Sebastián senkte das Rathaus daraufhin die Preise, womit dem drohenden Aufstand vorgebeugt wurde. Dasselbe geschah jedoch nicht im Landesinnern. Als am 14. April in Azkoitia Spekulanten versuchten, den Weizen in Gegenden zu bringen, wo sie höhere Preise erzielen konnten, wurden diese vom Volk aufgehalten und gezwungen, den Weizen in Azkoitia zu lassen und die Preise zu senken. Der Aufstand verbreitete sich schnell über einen großen Teil Gipuzkoas und angrenzende Gebiete in Bizkaia. In erster Linie verlangten die Aufständischen billigeres Brot, aber ihre Proteste betrafen auch andere Aspekte des Landlebens. Die Autoritäten Gipuzkoas reagierten sofort: Sie schickten billiges Getreide in die Dörfer und organisierten gleichzeitig eine Miliz zur Niederschlagung des Aufstands. Am 24. April waren die Soldaten in Azpeitia und Azkoitia, etwa 60 Personen wurden verhaftet und zahlreiche harte Strafen verhängt, aber keine Todesstrafe. Die Getreidepreise wurden wieder gebunden, aber bald wurden sie erneut freigegeben.

Die aufklärerischen Ideen, die Europa veränderten, hatten es schwer, sich in der baskischen Gesellschaft durchzusetzen, die größtenteils an einer starren Beibehaltung des traditionellen und teilweise anachronistischen Foralsystems interessiert war. Hegoalde gehörte außerdem zum spanischen Staat, in dem trotz der reformistischen Ansätze der neuen Königsdynastie und ihrer Minister die religiöse Tradition und der Entwicklungsrückstand der sozialen Gruppen eine weitere Verbreitung der neuen Ideen verhinderten. Nur in den Küstengebieten gab es Interesse an reformerischen Ideen. So wurde 1733 in Labourd das Seminar von Larressore gegründet, von dem ein großer kultureller Einfluß ausging. Seefahrtsschulen wurden 1740 in Bilbao und 1765 in San Sebastián gegründet. Wie wenig die Möglichkeiten

---

[10] Im März 1766 fand zudem in Madrid der sog. „Aufstand gegen Esquilache" (*motín de Esquilache*) statt, dem ähnliche Motive zugrunde lagen. Trotzdem ist die Matxinada in Gipuzkoa unabhängig davon zu betrachten.

einer guten Ausbildung für den wirtschaftlichen und sozialen Fortschritt genutzt wurden, zeigt sich am Beispiel der Universität von Oñati, die seit Mitte des 16. Jh. im Herzen Hegoaldes existierte und die ausgerechnet im 18. Jh. in eine Krise geriet.

Ein bedeutender Moment der Aufklärung im Baskenland war die Gründung der „Königlichen Gesellschaft der Freunde des Baskenlandes" (*Real Sociedad Bascongada de Amigos del País*) im Jahr 1765. Diese Gruppe um ihren geistigen Vater Graf Peñaflorida vereinigte die aufgeklärtesten Köpfe der baskischen Gesellschaft und hatte ihren Kern in den *Caballeritos de Azkoitia*, einer Gruppe der kaufmännischen Oberschicht und progressiver Landeliten, die mit konkreten Reformen die Gesellschaft verbessern wollten. Über die Erziehung und Forschung sollte die Gesellschaft gesunden; Landwirtschaft, Industrie, Handel, Künste und Wissenschaften sollten gefördert und die neuesten Erkenntnisse aus Europa im Baskenland eingeführt werden. Dabei sollten die Traditionen des Baskenlandes, die sich auf Foralismus und Katholizismus gründeten, sowie die Vorherrschaft der landwirtschaftlichen über die kommerziellen Interessen beibehalten werden. Die Divise der *Bascongada* war „*Irurac Bat*" („Drei in einem"), was die gemeinsame Aktion der Territorien Alava, Bizkaia und Gipuzkoa bedeutete. Auf Initiative der *Bascongada* wurden Schulen gegründet und im Jahr 1776 die erste Höhere Schule des Baskenlandes für technische Studien, das Königliche Seminar von Bergara.

Bei der *Bascongada* handelte es sich um die erste Institution dieser Art im spanischen Staat. In der Folgezeit wurden zahlreiche Institutionen nach ihrem Vorbild gegründet, so auch 1773 im Süden Navarras die „Wirtschaftliche Freundschaftsgesellschaft von Tudela" (*Sociedad Económica Tudelana de Amigos del País*), die sich insbesondere bei der Verbesserung der Infrastruktur hervortat.

Die kohärente und fortschrittliche Konzeption der *Real Sociedad Bascongada de Amigos del País* und die reformerische und wissenschaftliche Begeisterung ihrer Mitglieder scheiterten schon in den Ansätzen daran, daß sie nicht in der Lage waren, ihre Theorien in die Praxis umzusetzen, u. a. wegen ihrer völligen Unkenntnis moderner Unternehmensführung. Nach dem Tod des Grafen Peñaflorida im Jahr 1785 fiel die *Bascongada* in die Bedeutungslosigkeit zurück, zumal in jener Zeit die politischen Schwierigkeiten für das Baskenland zunahmen und es in eine Wirtschaftskrise geriet, die sich im letzten Drittel des 18. Jh. ankündigte.

Das Entwicklungsmodell des 18. Jh. hatte seinen Höhepunkt überschritten. Landwirtschaft, Handel und Industrie – sowohl Eisenhütten als auch Schiffbau – erlebten eine schwere strukturelle Krise, die in Hegoalde durch politische Faktoren noch verstärkt wurde: Als die spanische Monarchie im Jahr 1765 den lukrativen Handel mit den amerikanischen Kolonien für neun spanische Häfen freigab und diese Zahl 1778 auf dreizehn erweiterte, blieben die baskischen Häfen davon ausgeschlossen, weil die foralen Institutionen nicht bereit waren, die Zollgrenzen an die Küste zu verlegen. Tatsächlich zogen die Basken die Vorteile zollfreier Einfuhren, des lukrativen Schmuggels und besonders der wirtschaftlichen Autonomie vor. Ein Jahr später wurde der Druck auf das Baskenland noch verstärkt, als eine königliche Anweisung aus Madrid bestimmte, daß baskische Waren im spanischen Gebiet wie ausländische Waren zu behandeln seien und daß auf spanische Waren, die über das Meer die baskischen Häfen erreichten, Zölle zu bezahlen seien. 1789 schließlich wurde ein regelrechter Zollgürtel um die baskischen Territorien angelegt, die die Vorteile der Zollfreiheiten endgültig neutralisierten und das Baskenland wirtschaftlich zu ersticken drohten. Immerhin konnte 1792 auf Drängen der baskischen Händler trotzdem die Öffnung des Amerikahandels auch für die baskischen Häfen erreicht werden.

Ende des 18. Jh. erlebte die baskische Schwerindustrie eine schwere Krise. Die Gründe dafür waren der zunehmende Mangel an Holz für die Herstellung von Holzkohle, die steigenden Kosten der Produktion aus diesem und anderen Gründen und der technische Rückstand anderen Ländern gegenüber. Im Jahr 1775 wurde die Einfuhr schwedischen Eisens in den spanischen Staat und in seine Kolonien verboten, was zunächst positive Folgen hatte. Anfang des 19. Jh. gingen dann aber auch die amerikanischen Märkte verloren, was die Krise noch verschärfte.

DAS ENDE DES FORALSYSTEMS

Die Französische Revolution und ihre Folgen

Für die Gesamtheit der französischen Bevölkerung bedeutete der Sieg der Französischen Revolution die Abschaffung von feudalen Privilegien und willkürlichen Steuern. Unter den Basken, denen der Feudalismus weitgehend unbekannt war und die mit ihren Volksversammlungen demokratischere Verfassungen hatten als andere Länder der Epoche, konnte die Revolution nicht die Begeisterung entfachen wie im größten Teil des französischen Staates. So war das Verhalten der Basken eher von passivem Widerstand gegenüber der revolutionären Gesetzgebung, den religionsfeindlichen Maßnahmen und den Truppenaushebungen gekennzeichnet.

Die Einberufung der Generalstände für Mai 1789 durch Ludwig XVI. berücksichtigte nach ersten Protesten die drei Territorien Iparraldes als unabhängige Wahlbezirke. Die Entsendung von Abgeordneten der drei Stände stieß in Labourd auf Befremden, weil traditionell weder Adel noch Klerus politisches Mitspracherecht besaßen; letztlich wurden aber die geforderten Abgeordneten gewählt, unter denen die Brüder Dominique-Joseph und Dominique Garat als Vertreter des dritten Standes herausragten. In Soule wurde die Wahl zwar spät, aber ohne größere Probleme durchgeführt. Nieder-Navarra dagegen weigerte sich, Abgeordnete in eine gesamtfranzösische Ständeversammlung zu entsenden, weil Navarra ein selbständiges Königreich sei. Dagegen wurde die Anerkennung Navarras als Königreich gefordert, das nur durch die Person des gemeinsamen Königs mit dem französischen Staat verbunden sei. Schließlich wurde aber eine Gesandtschaft Nieder-Navarras nach Paris geschickt, die die Bitten ihres Volkes vortragen, aber nicht an der Versammlung der Generalstände teilnehmen sollte.

In der Nacht des 4. auf den 5. August beschlossen die Abgeordneten in der aus den Generalständen entstandenen Nationalversammlung nicht nur die Aufhebung des Feudalsystems und der Privilegien von Adel und Klerus, sondern auch die Beseitigung aller regionalen Verfassungen, wie der der baskischen Territorien, und zwar sowohl des öffentlichen als auch des privaten Rechts. Das liberale Konzept der

Nation als Gesamtheit aller Individuen eines Staates ließ keinen Raum mehr für die Beibehaltung regionaler Privilegien. Angesteckt von der revolutionären Begeisterung stimmten auch die Abgeordneten Labourds dafür, während zwei der vier Abgeordneten Soules die Versammlung unter Protest verließen. Die Gesandten Nieder-Navarras nahmen nicht an den Versammlungen teil, drohten aber danach mit der Abspaltung Navarras vom französischen Staat, wenn die navarrische Verfassung nicht beachtet werde.

Mitte September 1789 versammelten sich die Generalstände Nieder-Navarras und beschlossen die Ablehnung aller Beschlüsse der französischen Nationalversammlung sowie des Anschlusses an den französischen Staat. Am 22. September wurden die Sitzungen vorübergehend suspendiert – und nie wieder aufgenommen. Am 18. November 1789 trat die Volksversammlung – *Biltzar* – von Labourd zum letzten Mal zusammen und forderte die Bewahrung ihrer Verfassung und, wenn dies nicht möglich sei, zumindest die Bildung einer neuen geographischen Einheit zusammen mit Nieder-Navarra und Soule.

Die französische Nationalversammlung schenkte den baskischen Bitten kein Gehör und schaffte die regionalen Verfassungen und sogar den Titel des Königs von Navarra ab. Anfang 1790 wurde der französische Staat in 83 einheitlich strukturierte *Départements* gegliedert, von denen eines die baskischen Territorien und die Region des Béarn umfaßte. Die baskischen Abgeordneten in Paris protestierten dagegen, weil die Basken, die sich in Traditionen und Sprache von den Bearnesern erheblich unterschieden, in einem gemeinsam Departement immer zahlenmäßig unterlegen seien. Aber auch diese Proteste blieben ungehört, und seitdem stellte Iparralde den südlichen Teil des Departements der Unteren Pyrenäen (*Basse-Pyrénées*) dar, das seit 1969 den Namen Atlantische Pyrenäen (*Pyrénées Atlantiques*) trägt. Immerhin blieben die drei baskischen Territorien als drei der sechs neuen Verwaltungsbezirke erhalten.

Die jahrhundertealten baskischen Institutionen und ihr privates und öffentliches Recht verschwanden. Die revolutionäre Gesetzgebung löste die baskische Testamentsfreiheit, nach der das Familienerbe an nur einen Erben weitergegeben werden konnte, durch das Prinzip der gleichberechtigten Erbteilung ab. Im Baskenland, das arm war und aus kleinen landwirtschaftlichen Betrieben bestand, hätte dies die Bauern gezwungen, ihre Höfe zu teilen und schließlich zu verkaufen, weil sie unwirtschaftlich wurden. Aber unter napoleonischer Herrschaft wurde im Jahr 1804 das neue Bürgerliche Gesetzbuch verabschiedet, das die Unteilbarkeit landwirtschaftlicher Betriebe festschrieb.

Immerhin blieb im Interesse der Masse der Kleinbauern das Gemeinschaftsland erhalten, das jetzt aus dem Eigentum des französischen Königs direkt an die Gemeinden gegeben wurde. Der traditionelle Gemeinschaftsbesitz an Wäldern blieb dagegen jahrzehntelang umstritten; Mitte des 19. Jh. schließlich wurde der Landbevölkerung der fünfte Teil des Waldes zur gemeinschaftlichen Nutzung übertragen. Die seit der baskischen Vorgeschichte praktizierte Transhumanz, die auch nach der Konsolidierung der französisch-spanischen Grenze weiterhin praktiziert wurde und auf Abkommen zwischen Gemeinden oder Tälern beiderseits der Grenze beruhte, blieb auch von der Revolution unberührt und existiert noch heute.

Eine Entwicklung, die drohte, den Erfolg der Revolution zu beeinträchtigen, war die Neuorganisation des Kirchenwesens im Jahr 1790, nach der u. a. die Geistlichen in den Status von wählbaren Staatsbeamten überführt wurden. Im streng katholischen Baskenland wurden die neuen Pfarrer im Jahr 1791 recht unfreundlich aufgenommen und viele papsttreue Pfarrer versahen heimlich weiter ihren Dienst. Als diese im August 1792 durch ein Gesetz mit der Verbannung bedroht wurden, wanderten viele auf die Iberische Halbinsel aus (aus dem Departement der Unteren Pyrenäen waren es 471 Pfarrer). Seitdem gingen viele Einwohner grenznaher Orte in Iparralde nach Hegoalde, um zu heiraten oder ihre Kinder taufen zu lassen. Die Kirchenreform schuf auch neue Bistümer entsprechend den Departementsgrenzen: In den Unteren Pyrenäen wurde Oloron Bischofssitz; der ehemalige Bischof von Bayonne emigrierte 1791 ins südliche Navarra.

Die offene Unzufriedenheit des Großteils der baskischen Bevölkerung gegenüber den Errungenschaften der Revolution, die Mißachtung der revolutionären Gesetze, die Unterstützung der oppositionellen Pfarrer und der intensive Kontakt zwischen den Basken beiderseits der Pyrenäen ließ sie bei den Machthabern in Paris in Ungnade fallen. Nach den anfänglichen Mißerfolgen der französischen Republik im Krieg gegen die spanische Monarchie im Jahr 1793 wurden die Basken sogar der Spionage beschuldigt, und die Feinde der Revolution wurden stärker verfolgt. In Bayonne und Saint-Jean-de-Luz wurden Guillotinen errichtet und etwa 60 Menschen hingerichtet.

Der revolutionäre französische Staat war von Feinden umgeben und darum gezwungen, massenhaft Truppen auszuheben. Als im Februar 1794 47 Rekruten aus dem Ort Itxassou in Labourd desertierten, diente dies als Vorwand, alle Einwohner der grenznahen Orte

Sare, Ainhoa, Itxassou, Espelette, Sourade und Ascain des Verrats zu bezichtigen und im März 1794 zur Deportation in mindestens 100 km von der Grenze entferntes Gebiet zu verurteilen. In menschenunwürdigen Verhältnissen wurden mehr als 4000 Menschen in der nördlich des Baskenlandes liegenden Region Les Landes interniert. Hunderte von ihnen überlebten die Deportation nicht, die Ende September 1794 aufgehoben wurde. Diejenigen, die zurückkehrten, waren wirtschaftlich ruiniert, weil man ihre Häuser geplündert hatte und ihr Land konfisziert worden war. Die Basken konnten sich auch in Zukunft nicht an den Militärdienst gewöhnen; noch Anfang des 19. Jh. desertierten etwa 80% der Rekruten.

Mit der Französischen Revolution endete in Iparralde schlagartig die jahrhundertelange baskische Selbstverwaltung aufgrund ihres Gewohnheitsrechts (Fueros), und die regionale Identität der drei Territorien wurde sogar auf die Stufe von Verwaltungsbezirken innerhalb eines mehrheitlich kulturell andersartigen Departements limitiert. Der französische Zentralstaat hatte sich durchgesetzt. Nach der Französischen Revolution und dem Imperium kam die Restauration, aber die baskischen Fueros wurden nie wieder hergestellt.

Nachdem Ludwig XVI. am 21. Januar 1793 hingerichtet worden war, kam es zum Krieg zwischen der französischen Republik und der spanischen Monarchie. Zum ersten Mal in einem Krieg zwischen diesen beiden Staaten sollte das Baskenland neben Katalonien Hauptschauplatz des Kriegsgeschehens sein. Während die Republik die beschriebenen Schwierigkeiten bei der Zwangsrekrutierung junger Basken hatte, wurden in Hegoalde große Truppenkontingente von etwa 20 000 Soldaten in Navarra und 5000 in Gipuzkoa aufgestellt. Dennoch war die Kriegsbegeisterung in Gipuzkoa eher gering; man hielt sich streng an die Fueros und war nicht bereit, das Gebiet Gipuzkoas zu verlassen.

Im März 1793 griff das zahlenmäßig weit überlegene spanische Heer an und besetzte vorübergehend die Gegend um Sare. Bald stabilisierte sich die Front jedoch weitgehend an der Staatsgrenze. Auch das Frühjahr 1794 begann mit einem Vorstoß der spanischen Truppen, doch Ende Juli griff das französische Heer unwiderstehlich zuerst Navarra und dann Gipuzkoa an. Nach der Kapitulation Hondarribias wurde San Sebastián am 4. August von den Stadtoberen widerstandslos an die Angreifer übergeben. Der offizielle Grund war die unhaltbare Stellung der Stadt, aber es ist eine Tatsache, daß das liberale Bürgertum von San Sebastián die Ereignisse um die Französische Revolution mit Interesse und Wohlwollen betrachtet hatte.

Die Regierung von Gipuzkoa (Diputación), die sich nach Getaria zurückgezogen hatte, nahm sofort Verhandlungen mit den französischen Autoritäten auf, bot Neutralität und Freundschaft an und forderte dafür u. a. die Unantastbarkeit der katholischen Religion und der Fueros sowie vor allem, „daß die Provinz unabhängig sei, wie bis zum Jahr 1200". Die französischen Invasoren, die inzwischen etwa die Hälfte Gipuzkoas besetzt hatten, gingen jedoch nicht auf diese Vorschläge ein und behandelten Gipuzkoa wie besetztes feindliches Land.

Die nicht von den Invasoren besetzte Hälfte Gipuzkoas hatte inzwischen den Widerstand organisiert und die Fronten blieben etwa ein Jahr lang unverändert. Erst im Juli 1795 kam es zu einer neuen Offensive des französischen Heeres, im Handstreich wurden Gipuzkoa, Bizkaia und Alava einschließlich ihrer Hauptstädte Bilbao und Vitoria besetzt. Auch auf Pamplona rückten französische Truppen vor, aber der Frieden von Basel setzte dem Krieg am 22. Juli 1795 ein Ende. Bald wurde das besetzte Gebiet vollständig geräumt.

Die Episode der vergeblichen Trennung Gipuzkoas vom spanischen Staat machte die tiefgreifende Spaltung der baskischen Gesellschaft offensichtlich. Auf der einen Seite stand die traditionelle Landbevölkerung mit den lokalen grundbesitzenden Eliten – Jauntxos – an der Spitze, und auf der anderen Seite stand die liberale Stadtbevölkerung von San Sebastián, Irun und Bilbao, repräsentiert durch das Handelsbürgertum. Beiden Gruppen gemeinsam war jedoch das Interesse an der Bewahrung der Fueros, wenn auch unterschiedliche Schwerpunkte gesetzt wurden.

Obwohl der größte Teil des Baskenlandes die Bemühungen des Bürgertums von San Sebastián nicht unterstützt hatte, war eine direkte politische Folge dieser Ereignisse, daß sich die spanische Monarchie verstärkt bemühte, die baskischen Institutionen zu schwächen. Die spanische Wirtschaft war nach dem Krieg gegen die französische Republik geschwächt; die Steuerautonomie der baskischen Territorien konnte vom spanischen Staat immer weniger akzeptiert werden. Der Angriff auf die Fueros setzte 1796 ein, als eine Regierungskommission die Ursprünge der Fueros mit dem Ziel untersuchte, sie als widerrufbare königliche Privilegien darzustellen. Die gegen die Fueros gerichtete Politik Madrids zeitigte in Navarra erste Erfolge, als es dem Zentralstaat gelang, zwischen 1802 und 1807 alle Wünsche in bezug auf Steuern und Truppenaushebungen durchzusetzen. Immerhin erreichte Navarra im Gegenzug, daß es endlich nach Jahrhunderten den ersehnten Zugang zum Meer erhielt, indem das Mündungsgebiet des Bidasoa mit den

Orten Hondarribia, Irun und Lezo von Gipuzkoa an Navarra fiel. 1810 wurde diese Maßnahme rückgängig gemacht; zunächst aber strafte der spanische Staat mit diesem Gebietsverlust Gipuzkoa für seine Schwäche im Kampf gegen das revolutionäre Frankreich. Außerdem wurde San Sebastián die Kontrolle über den Hafen von Pasaia entzogen.

Der Widerspruch zwischen Stadt und Land sowie das spanische Bemühen um eine Schwächung der Fueros wurden besonders in Bizkaia deutlich. Der Krieg gegen die französische Republik hatte eine Schuldenlast zur Folge, die durch höhere Abgaben ausgeglichen werden mußte. Zunächst begünstigte das Steuersystem die Bilbainer Stadtbevölkerung, aber den Jauntxos, die die Mehrheit in den Juntas hatten, gelang es 1797, die neuen Abgaben hauptsächlich auf Bilbao umzulenken, wo Sondersteuern auf Handel und Konsum erhoben wurden. Als Bizkaia im Jahr 1800 eine Sonderabgabe an den König bewilligte und diese finanzierte, indem die genannten Sondersteuern einfach beibehalten wurden, nahmen die Proteste aus Bilbao zu. Führer der Jauntxos in ihrer Auseinandersetzung mit Bilbao war Simón Bernardo de Zamácola aus Dima, der gute Beziehungen zu Manuel Godoy unterhielt, dem allmächtigen Minister Karls IV. Der Höhepunkt der Spannungen wurde erreicht, als Zamácola das Projekt der Anlage eines neuen Hafens im Flußmündungsgebiet des Nervión förderte. Dieser Hafen hätte außerhalb von Bilbao gelegen und das Ende der wirtschaftlichen Macht und des Wohlstands der Stadt bedeutet. Der Hafen hätte den Namen „Puerto de la Paz" erhalten, zu Ehren von Godoy, der den Adelstitel *Príncipe de la Paz* trug. Godoy genehmigte das Projekt Ende 1801.

Die königliche Genehmigung beinhaltete jedoch eine Erhöhung der Sicherheitskräfte in Bizkaia, und obwohl dies nicht wirklich antiforal war, wurde es im Zuge einer geschickten, von Bilbao ausgehenden Propaganda so dargestellt. Das Gerücht griff um sich, daß die Jauntxos mit Zamácola an der Spitze die Aufhebung der in den Fueros festgelegten Befreiung vom Militärdienst planten, und im August 1804 kam es zum Aufstand. Die Bevölkerung der Vororte von Bilbao zog in die Stadt und nahm die dort lebenden Autoritäten sogar vorübergehend fest. In dieser angespannten Lage nahmen die Juntas die Projekte des Hafens und die Erhöhung der Sicherheitskräfte zurück. Die politische Karriere von Zamácola war beendet.

Die sog. *Zamacolada* war der letzte Volksaufstand des Ancien Régime im Baskenland. Gleichzeitig eröffnete die Zamacolada den Konflikt zwischen Stadt und Land, der das 19. Jh. beherrschen und in den beiden Karlistenkriegen gipfeln sollte.

Die Jahrhundertwende war im Baskenland von einer schweren Wirtschaftskrise gekennzeichnet. Die boomende Landwirtschaft des 18. Jh. hatte in den 80er Jahren ihre Wachstumsgrenzen erreicht. Die Urbarmachung von Weideland und die Rodung von Wäldern hatten das Gleichgewicht innerhalb der Landwirtschaft zerstört. Trotz einer beständigen Ausweitung der landwirtschaftlichen Nutzfläche und Anlage neuer Bauernhöfe sank die Produktion in dreißig Jahren um 15 bis 20%. Diese Ausweitung der landwirtschaftlichen Nutzfläche ging auf Kosten des Gemeindelandes, das in zunehmendem Maße verkauft wurde, um finanzielle Schwierigkeiten der Gemeinden auszugleichen.

Die Rodung der Wälder ließ außerdem die Preise für Holzkohle steigen und erschwerte die Stellung der baskischen Eisenhütten im Wettbewerb mit den ohnehin rentableren britischen Hochöfen. Die schwierige Lage auf den europäischen Märkten und das Einfuhrverbot für ausländisches Eisen in spanisches Gebiet führten zu einer Umorientierung der Verkäufe baskischen Eisens: Im Jahr 1800 wurden 71% des baskischen Eisens in spanische Häfen verschifft, während noch zwanzig Jahre zuvor 62% in andere europäische Länder gingen. Der begrenzte spanische Markt konnte jedoch die Verluste im Ausland nicht auffangen. Um 1800 setzte schließlich auch eine Handelskrise ein, als die großen traditionellen Wirtschaftskreisläufe zusammenbrachen, besonders der Wollhandel, weil die industrielle Revolution die Produktion von Baumwolle begünstigte.

Der Volkskrieg gegen Napoleon

Die Französische Revolution endete 1804 mit der Machtübernahme durch Napoleon Bonaparte. Politisch war der französische Staat damit vom liberalen Modell abgerückt, in der sozialen Ordnung blieben jedoch die sozialen Errungenschaften erhalten. Damit repräsentierte der französische Staat weiterhin den Liberalismus, im Gegensatz zum Absolutismus des Ancien Régime, dessen Endkampf in der spanischen Monarchie einsetzen sollte. Während der englisch-französischen Auseinandersetzungen erlaubte die spanische Monarchie den freien Durchzug französischer Truppen zur Eroberung Portugals, des letzten englischen Verbündeten auf dem europäischen Festland. Dieser Durchzug mußte über das Baskenland erfolgen – seit Oktober 1807 durchquerten es fast 100 000 französische Soldaten.

In Wahrheit jedoch wollte Napoleon die Krise der spanischen Königsfamilie ausnutzen, um den spanischen Staat zu besetzen und in einen französischen Satelliten umzuwandeln. Noch bevor am 19. März 1808 König Karl IV. zugunsten seines Sohnes Ferdinand VII. als spanischer König abdankte, wurden im Februar Pamplona und am 5. März San Sebastián von den vermeintlichen Verbündeten besetzt. Bald dominierten die französischen Truppen alle wichtigen Städte des Baskenlandes und hatten auf diese Weise ihren Brückenkopf zur Beherrschung der Iberischen Halbinsel unter Kontrolle. Besonders Vitoria, das strategisch wichtig auf dem Weg nach Madrid liegt, wurde zu einer regelrechten französischen Garnison umgewandelt.

Ende März erreichte das französische Heer unter General Murat Madrid. Dieser konnte sowohl den abgesetzten König Karl IV. als auch Ferdinand VII. überzeugen, zu einem Treffen mit Napoleon nach Bayonne zu reisen. Als beide Ende April dort eintrafen, wurden sie in getrennten Verhandlungen von Napoleon zum Thronverzicht gezwungen. Zum neuen spanischen König wurde Napoleons Bruder Joseph Bonaparte ernannt. Daraufhin begann am 2. Mai 1808 in Madrid der Volksaufstand gegen die französischen Besatzer, der sich schnell auf das gesamte spanische Gebiet ausbreitete. Dieser Volksaufstand wurde von den letzten Vertretern des freien spanischen Staates, die sich bald auf die uneinnehmbare Halbinsel von Cádiz zurückziehen sollten, militärisch organisiert; so entstand auf der Iberischen Halbinsel die erste echte Guerrilla-Bewegung in der Geschichte der militärischen Konflikte. Dieser Widerstand machte die Unterwerfung des spanischen Staates durch das französische Heer unmöglich und untergrub auf diese Weise auch Napoleons kontinentaleuropäische Position.

Der Volkskrieg gegen Napoleon war ein gesamtspanisches Unternehmen, das andere Interessengegensätze vorübergehend überdeckte, wie die zwischen den Vertretern des baskischen Foralismus und des spanischen Zentralismus, oder den zwischen liberalen Reformern und den Verteidigern des Ancien Régime. Gemeinsamer Gegner waren die französischen Invasoren bzw. ihre Parteigänger im spanischen Staat, die sog. *Afrancesados* („Französlinge"). In der spanischen und internationalen Geschichtsschreibung wird der Krieg von 1808 bis 1813 als „Spanischer Unabhängigkeitskrieg" bezeichnet; die baskische Historiographie zieht jedoch den Begriff *Francesada* vor.

Die spanische Königsfamilie blieb bis zum Kriegsende unter Arrest. In Bayonne berief Napoleon eine Versammlung von Vertretern aller spanischen Territorien ein, die am 7. Juli 1808 die von Napoleon ausgearbeitete Verfassung annahmen. Die sog. „Verfassung von Bayonne" sah ein zentralistisches politisches System vor, in dem die Cortes als einflußlose ständische Vertretung fungierten. Die baskischen Gesandten verteidigten die Beibehaltung der Fueros und waren nicht bereit, Joseph Bonaparte als König anzuerkennen, wenn dieser nicht vorher den traditionellen Eid auf die Fueros ablegte. Schließlich wurde beschlossen, daß die Fueros in den ersten Sitzungen der spanischen Cortes untersucht werden sollten. Von einigen Prinzipien waren die neuen Machthaber aber nicht bereit abzurücken, und dazu gehörte die Aufhebung der Binnenzölle und die steuerliche Gleichstellung aller Territorien.

Die „Verfassung von Bayonne" trat nie in Kraft, denn Spanien war de facto besetzt. Die baskischen Institutionen konnten zunächst weiterbestehen, und in Navarra wurde sogar weiterhin ein Vizekönig eingesetzt. Anfang 1810 entzog Napoleon seinem Bruder Joseph jedoch die Herrschaft über alle Gebiete nördlich des Ebro und unterstellte sie direkt seiner Oberhoheit. Die vier Militärbezirke Katalonien, Aragón, Navarra und *Vizcaya* wurden gebildet; letzterer umfaßte Bizkaia, Gipuzkoa und Alava. Der Gouverneur hatte seinen Sitz in San Sebastián. Mit diesem Anschluß an den französischen Staat wurden das Vizekönigreich Navarra und theoretisch auch die baskischen Institutionen (Juntas und Diputaciones) aufgelöst. In der Praxis jedoch wurde den Diputaciones weiterhin die Regierung überlassen, weil sie im allgemeinen Klima des Volksaufstands eine Art legitimierendes Bindeglied zwischen der Bevölkerung und den französischen Besatzern waren. Die Aufgabe der Diputaciones war es u. a., hohe Abgaben einzutreiben, die nur die Gemeinden aufbringen konnten. Diese waren ihrerseits immer häufiger gezwungen, Gemeindeland zu verkaufen, um den Forderungen nachzukommen.

Die territoriale Neuordnung in Militärbezirke machte ein anderes Projekt zunichte, mit dessen Erstellung Napoleon im Jahr 1808 Dominique-Joseph Garat beauftragt hatte. Es ging um die Schaffung eines baskischen Pufferstaats zwischen Frankreich und Spanien. Garat stammte aus Ustaritz in Labourd und war zur Zeit der Französischen Revolution Abgeordneter für Labourd in der Nationalversammlung gewesen. Er hatte im revolutionären Frankreich verschiedene Ministerämter bekleidet und war Senator unter Napoleon. Als Spezialist in politischen Problemen von ethnischen Minderheiten (nicht nur der Basken) sollte er einen politischen, wirtschaftlichen und sozialen Plan für das gesamte Baskenland (Hegoalde und Iparralde) erstellen. Erst 1811 konnte Garat seinen Plan vorlegen. Die sieben baskischen Territorien sollten einen eigenen, von Frankreich abhängigen Staat bilden.

Garat begründete sein Projekt mit der nationalen, sprachlichen, rechtlichen, institutionellen und soziologischen Einheit der sieben baskischen Territorien. Sein Vorschlag kam jedoch zu spät und wurde von Napoleon nicht mehr in Betracht gezogen.

Unter der französischen Besatzung wurde die Säkularisation des Kirchenbesitzes in großem Umfang praktiziert. Dabei handelte es sich um eine Maßnahme, die in den Jahren 1805/6 unter dem spanischen König Karl IV. zum ersten Mal beantragt wurde, um die Staatsschulden zu tilgen. Nach der päpstlichen Zustimmung zum teilweisen Verkauf kirchlichen Liegenschaftsbesitzes wurde dieser in den Jahren 1807 und 1808 realisiert; für das Baskenland liegen dafür aber leider keine umfassenden Daten vor. Unter Napoleon wurden im Jahr 1808 zunächst die frommen Stiftungen verkauft und die Klöster um ein Drittel reduziert; ein Jahr später wurden sämtliche Mönchsorden aufgelöst sowie weitere kirchenfeindliche Maßnahmen durchgeführt. Natürlich konnten diese Anweisungen während der kurzen und instabilen französischen Herrschaft nur unvollständig durchgesetzt werden.

Das Projekt eines zentralen Einheitsstaats war weder ein französisches Privileg noch eines ihrer spanischen Verbündeten, der Afrancesados; auch das liberale spanische Exil-Parlament (Cortes), das seit 1811 in Cádiz tagte und dessen erklärtes Ziel die Vertreibung der französischen Besatzer war, verabschiedete am 19. März 1812 eine liberale Verfassung, die zur Magna Charta des spanischen Liberalismus und zum Symbol der Freiheit während des 19. Jh. wurde. Die „Verfassung von Cádiz" lehnte regionale Sonderrechte wie die der baskischen Fueros ab. Zwar wurden in der Einleitung der Verfassung die Fueros als mit der Verfassung vereinbar erklärt, aber dies geschah ganz offensichtlich aus politischem Opportunismus in einer Zeit, in der alle Kräfte auf die Bekämpfung der französischen Invasoren konzentriert werden mußten. Das aus dem revolutionären Frankreich übernommene liberale Konzept der „Nation" machte alle Individuen des spanischen Staates vor dem Gesetz gleich und schloß damit regionale Privilegien aus. Mit der „Verfassung von Cádiz" begann der Kampf zwischen dem liberalen Konstitutionalismus und der foralen Tradition, der den größten Teil des 19. Jh. in Hegoalde beherrschen sollte. Die baskischen Abgeordneten in Cádiz protestierten kaum gegen den Angriff auf die Fueros. In Gipuzkoa und Alava wurden geheime Versammlungen abgehalten, die beschlossen, den Eid auf die Verfassung abzulegen. In Bilbao, das im Oktober 1812 kurzfristig von der französischen Herrschaft befreit war, wurde die Verfassung nur unter starken

Vorbehalten angenommen, aber kein Eid abgelegt, weil man zuerst wissen wollte, ob die spanische Verfassung mit den Fueros von Bizkaia tatsächlich vereinbar war.

Im Jahr 1808 existierte zunächst noch ein schlagkräftiges spanisches Heer, das die Invasoren im Juli bis ins Baskenland zurückdrängen konnte. Dort befand sich die französische Operationsbasis, wo sich das französische Heer neu organisierte. Während es den spanischen Truppen gelang, in Bizkaia und Navarra einzudringen, begann Mitte September der Aufmarsch der *Grande Armée*, die innerhalb eines Monats die im Baskenland befindlichen französischen Truppen von etwa 50 000 auf über 250 000 vervielfachte. (Im gesamten spanischen Staatsgebiet befanden sich 320 000 französische Soldaten.) Im November wurden die spanischen Heere aus dem Baskenland vertrieben und sollten erst am Ende des Krieges Mitte 1813 wieder baskischen Boden betreten. Fast fünf Jahre lang sollte es im Baskenland keine großen Schlachten geben. Dennoch gab es keinen Frieden für die Invasoren, und sie beherrschten im wesentlichen nur die Städte sowie die lebenswichtige Straße nach Madrid. Die wahren Herrscher über das Baskenland waren die Guerrilleros, die fast uneingeschränkten Rückhalt in der Bevölkerung genossen.

Nach der Niederlage des spanischen Heeres gegen die *Grande Armée* gab es keine Hoffnung mehr auf einen Sieg des regulären Heeres, was den Zulauf zur Guerrilla durch versprengte Soldaten und Deserteure nur verstärkte. Die Gründe, sich einer Guerrillatruppe anzuschließen, konnten Patriotismus, Religiösität oder persönliche Rache sein. Auch die Hoffnung auf eine gute Kriegsbeute zog viele an, und zahlreiche Räuber- und Schmugglerbanden wurden zu Guerrilla-Truppen, wobei sich ihr Verhalten kaum änderte. Entscheidend war die religiöse Propaganda gegen die „atheistischen Invasoren"; viele Geistliche, besonders Mönche, deren Zukunft bedroht schien, nahmen selbst am bewaffneten Aufstand teil, und die Klöster wurden zu logistischen Zentren und Waffenlagern. Die ersten Guerrillatruppen handelten noch ohne Koordination, aber bald organisierte die Exilregierung in Cádiz den Widerstand, und aus kleinen und unkontrollierten Guerrillagruppen wurden militärisch organisierte Verbände und im Laufe der Zeit sogar ganze Heere. Die drei westlichen Territorien des Baskenlandes waren ein Zentrum der Guerrilla-Aktivitäten, die andererseits aber kaum größere Verbände aufbauen konnten, weil es sich um das am stärksten von den französischen Truppen kontrollierte Gebiet handelte. In Navarra dagegen gelang es dem ehemaligen Bauern Francisco Espoz y Mina aus Idocín bei Pamplona, ein wahres Guerrilla-Heer aufzubauen, das gegen Ende des Krieges aus 8000 Soldaten bestand. Espoz y Mina war zur Zeit der französischen Besetzung der eigentliche Herrscher über Navarra und wurde sogar von den Franzosen „petit roi de Navarre" genannt.

Die Guerrilla-Aktivität im gesamten spanischen Staatsgebiet zwang das französische Heer, seit Ende 1808 ständig mehr als 300 000 Soldaten auf der Iberischen Halbinsel zu haben, von denen etwa 80% durch den Volkskrieg gebunden waren, um Wege und Ortschaften zu bewachen oder die Guerrilleros zu verfolgen. Als die Truppen seit Ende 1811 wegen des Rußlandfeldzugs auf etwa 200 000 verringert werden mußten, konnten die vereinigten englisch-portugiesisch-spanischen Truppen unter dem Befehl Wellingtons langsam vorrücken. Das französische Heer war trotz zahlenmäßiger Überlegenheit nicht in der Lage, Widerstand zu leisten, weil der größte Teil seiner Soldaten mit den Guerrilleros beschäftigt war. Mitte Juni 1813 waren die französischen Invasoren in den Norden der Iberischen Halbinsel zurückgedrängt, und am 21. Juni kam es zur entscheidenden Schlacht von Vitoria, die für das französische Heer mit einem Debakel endete. Es zog sich über den Bidasoa nach Iparralde zurück und nur die befestigten Städte San Sebastián und Pamplona blieben noch in französischer Hand. Als das französische Heer erneut vorrückte, um diesen beiden Städten zu Hilfe zu kommen, wurde es am 31. August von dem wiedererstarkten spanischen Heer bei Irun besiegt. Am gleichen Tag fiel San Sebastián. Die siegreichen englischen und portugiesischen Soldaten fielen in die Stadt ein, plünderten sie und legten Feuer, so daß San Sebastián vollkommen zerstört wurde. Pamplona schließlich wurde am 31. Oktober von den französischen Soldaten aufgegeben. Die *Francesada* war beendet.

Das Kriegsgeschehen verlagerte sich jetzt jedoch nach Iparralde, wo Wellingtons Heer den zurückweichenden französischen Truppen nachsetzte. Ende Februar 1814 war Iparralde frei von französischen Truppen, mit Ausnahme von Bayonne, das den Widerstand erst am 27. April aufgab, nachdem die alliierten Truppen in Paris eingezogen waren.

Nachdem die Französische Revolution Labourds Eigenschaft als durch die Fueros geschützte Freihandelszone ohnehin aufgehoben hatte, bedeuteten die Napoleonischen Kriege den Ruin für Bayonne und Saint-Jean-de-Luz, denn der Konflikt mit England versperrte den Händlern und Fischern aus Labourd den Zugang zum Ozean, der von englischen Schiffen beherrscht wurde. Bayonne forderte immer wieder vergeblich die Wiedereinrichtung der Zollfreiheit, um die Funktion als Hafen Navarras zurückzugewinnen.

Nach dem Sturz Napoleons nahm die Bevölkerung Iparraldes die monarchische Restauration in Frankreich im allgemeinen mit Genugtuung zur Kenntnis, weil sie dem Land Ruhe und Frieden brachte, obwohl die Fueros nicht wiederhergestellt wurden. Darüber hinaus interessierten sich nur wenige Basken für die französische Politik und die Regierungsform. Nachdem sie es über Jahrhunderte gewöhnt waren, auf der Basis ihres Gewohnheitsrechts ihre Geschicke selbst zu bestimmen, war der großen Mehrheit der Basken seit der Französischen Revolution jegliches politische Mitspracherecht entzogen worden. Aufgrund des Zensuswahlrechts gab es beispielsweise im Jahr 1829 im gesamten Gebiet von Iparralde nur 158 Personen mit aktivem und nur vierzehn mit passivem Wahlrecht. Wenn man berücksichtigt, daß vor der Französischen Revolution jeder Familienvorstand bei den sonntäglichen Gemeindeversammlungen volles Mitspracherecht hatte und auch als Gemeindevertreter in die Volksversammlungen entsandt werden konnte, dann ist die totale Gleichgültigkeit der Basken der französischen Politik gegenüber nur zu verstehen.

Das südliche Baskenland im Konflikt zwischen Liberalismus und Absolutismus

Im März 1814 kehrte Ferdinand VII. als legitimer König nach Madrid zurück. Am 4. Mai erließ er ein Dekret, das das gesamte gesetzgebende Werk der Cortes von Cádiz für ungültig erklärte. Die Verfassung von 1812 wurde annulliert und der Absolutismus wiederhergestellt. Die baskischen Fueros wurden bestätigt und damit die baskischen Institutionen wiedereingesetzt. Der Verkauf von Gemeindeland wurde verboten und teilweise sogar wieder rückgängig gemacht. Auch die religiösen Orden wurden wiederhergestellt und bereits verkaufter Besitz zurückgegeben.

Die Landbevölkerung war als Sieger aus dem Krieg hervorgegangen, und zwar sowohl die Bauern als auch die Eliten. Verlierer waren die Verteidiger des französischen Liberalismus, die *Afrancesados*; aus Angst vor Repressalien verließen den spanischen Staat nach dem Krieg etwa 12 000 Familien und gingen ins französische Exil. In der spanischen Monarchie – und somit auch im Baskenland – radikalisierte sich das politische Klima, das zunächst von den siegreichen Absolutisten bestimmt wurde. Aber auch die antifranzösischen Liberalen, die das Gesetzeswerk von Cádiz unterstützt hatten, waren nicht geschlagen und warteten auf ihre Stunde. Die Landbevölkerung und das Militär hatten in den fünf Jahren des Krieges ohne die Führung durch einen König einen enormen Legitimitätszuwachs erlebt, der sich in einer ständigen Bereitschaft zum militärischen Aufstand ausdrücken sollte, zumal das Volk unter Waffen stand.

Der Staat des restaurierten Absolutismus tendierte jetzt stärker zur Zentralisierung und zur Mißachtung der Fueros. Schon im November 1815 empfahl eine Kommission zur Bekämpfung des Schmuggels die Verlegung der Zollgrenzen an die Küste. 1817 erklärte Ferdinand VII., daß die Wiederherstellung der Fueros unter dem Grundsatz geschehen sei, daß diese nicht dem Interesse der Monarchie schadeten. Damit war die Gültigkeit des Foralsystems selbst erneut in Frage gestellt. Im Jahr 1818 schließlich wurden die Fueros verletzt, als im Baskenland Truppen ausgehoben wurden. Dennoch gab es keine Proteste, was damit erklärt werden kann, daß die große Mehrheit der baskischen Bevölkerung den absolutistischen Staat Ferdinands VII. immer noch als Beschützer der Fueros verstand.

Trotz der unausbleiblichen Angriffe des spanischen Zentralstaats auf die Fueros waren die Zeiten günstig für eine Stärkung der alten baskischen Rechte: In den Jahren 1817/1818 tagten die Cortes von Navarra, und im Zuge der absolutistischen Restauration gelang es ihnen, sämtliche Maßnahmen, die Godoy gegen die Fueros erlassen hatte, rückgängig zu machen; das Ziel war die vollständige Wiederherstellung des foralen Systems. Die Regierung in Madrid war zwar an der Verlegung der Zollgrenze vom Ebro an die Pyrenäen interessiert, doch auch das konnten die Cortes abwenden.

Nach dem Spanischen Unabhängigkeitskrieg mischte sich das Militär verstärkt in die Politik ein, weil die Befreiung des spanischen Staates von den französischen Invasoren das Verdienst sowohl der regulären als auch der Guerrilla-Truppen war, während der spanische König tatenlos im französischen Exil weilte bzw. unter Arrest stand. Das Militär wurde zum beherrschenden Faktor des staatlichen Lebens im spanischen Staat. Seit 1814 setzten Militärrevolten ein, sog. *Pronunciamientos*, die in einer wahren „Ära der Pronunciamientos" bis 1874 in quasiformalisierter Weise die Ablösung von Regierungen forderten.

Eines dieser Pronunciamientos, angeführt vom Oberst Rafael Riego in der spanischen Provinz Cádiz, hatte am 1. Januar 1820 Erfolg: Ferdinand VII. wurde gezwungen, den Eid auf die Verfassung von 1812 abzulegen, was ihn zum konstitutionellen Monarchen machte. Damit begannen die „Drei konstitutionellen Jahre" (*Trienio Constitucional*), in denen allmählich die baskischen Fueros außer

Kraft gesetzt wurden. Die Stadtbevölkerung, und zwar sowohl Bürgertum als auch Arbeiter, waren die Träger dieser liberalen Revolution, während sich die Landbevölkerung abwartend verhielt.

Die spanische Regierung setzte mit großer Energie ein umfassendes Reformwerk in Bewegung: Unter anderem wurde der Kirchenzehnte um die Hälfte reduziert, was der Landbevölkerung zunächst große Hoffnungen auf eine Verbesserung ihrer wirtschaftlichen Lage machte. Die Einführung neuer Abgaben und ihre Verschärfung im zweiten Wirtschaftsjahr machte diese Hoffnungen aber wieder zunichte. Es kam sogar noch schlimmer, denn während der Zehnte vorher in Naturalien bezahlt wurde, mußten die neuen Abgaben in Geld entrichtet werden, worüber die Bauern i. d. R. nicht verfügten. Die dadurch freiwerdende landwirtschaftliche Produktion aber überschwemmte die Märkte und ließ die Preise sinken.

Am 8. November 1820 wurden die Allmendeflächen wieder zum Verkauf freigegeben, was von den Gemeinden in großem Umfang genutzt wurde, um ihre Schulden zu bezahlen. Auch die Anfang des 19. Jh. begonnene Säkularisation des Kirchenbesitzes wurde wiederaufgenommen. Die Bauern trachteten nach einer Ausdehnung ihres Grundbesitzes, aber die große Mehrheit war nicht in der Lage, das zum Kauf angebotene Land zu bezahlen, so daß davon letztlich besonders die Großgrundbesitzer und das reiche Stadtbürgertum profitierten.

Am 15. November wurden die alten durch die Fueros geschützten Zollgrenzen an die Küste verlegt. Diese Maßnahme wurde vom baskischen Bürgertum begrüßt, das sich inzwischen – im Gegensatz zu früheren Zeiten – Vorteile von einer völligen Einbeziehung in den spanischen Binnenmarkt versprach. In der Landbevölkerung trug diese Maßnahme jedoch zur zunehmenden Unzufriedenheit bei, denn die Preise für Konsumgüter erhöhten sich.

Im Oktober 1820 wurden die männlichen religiösen Orden aufgelöst, was zu sofortiger antiliberaler Propaganda der Kirche führte. Den Geistlichen gelang es, Teile der armen Landbevölkerung für sich zu gewinnen, und noch im selben Monat Oktober kam es zum ersten Auftauchen bewaffneter Gruppen, die die Rückkehr zum Absolutismus forderten. Geistliche standen an der Spitze der meisten Aufstände, die immer mehr an Heftigkeit zunehmen sollten. Die Schließung von Klöstern wurde von der Regierung mit ungewohnter Schnelligkeit durchgeführt, und während des Trienio Constitucional wurde mehr als die Hälfte der spanischen Klöster aufgelöst. Die Kirche wendete sich geschlossen gegen die liberale Regierung. Ihr Widerstand und ihre Agitation hatten anfangs nur geringen Erfolg in der Landbevölkerung, die sich von den Maßnahmen der Regierung zunächst eine Besserung ihrer wirtschaftlichen Lage erhoffte. Erst als sich die Bauern im Frühjahr 1821 enttäuscht von der Regierung abwandten, wurde der Aufstand gegen die konstitutionelle Regierung zu einer Massenbewegung. Nun wurde die Religion als ein Faktor kollektiver Identifikation erlebt.

Im Frühjahr und Sommer 1822 hatten sich militärisch strukturierte Guerrilla-Verbände gebildet, die häufig von einstigen Guerrilleros des Volkskriegs gegen Napoleon angeführt wurden. Obwohl es sich bei diesem Aufstand der Verteidiger des Absolutismus, wie schon beim Volkskrieg gegen Napoleon, um ein gesamtspanisches Unternehmen handelte, wurde diesmal im Baskenland auch zur Verteidigung der Fueros aufgerufen. In jedem der vier Territorien Hegoaldes bildete sich jeweils ein Guerrilla-Heer, deren kriegerische Aktionen seit August 1822 von einer *Junta General* koordiniert wurden. Im selben Monat erklärte die Regierung das Baskenland zum Kriegsgebiet.

Neben dem städtischen Bürgertum war der Rückhalt der Liberalen das Militär, das sich während des vergangenen Jahrzehnts zu einem Hort des Liberalismus entwickelt hatte. So konnte die liberale Regierung dem Aufstand breiter Kreise der Landbevölkerung standhalten. Auf geheime Bitten Ferdinands VII. jedoch beschloß die Heilige Allianz auf dem Kongreß von Verona im November 1822, für die Wiederherstellung des spanischen Absolutismus militärisch zu intervenieren. So kam es am 7. April 1823 zur Invasion eines französischen Heeres unter dem Befehl des Herzogs von Angoulême. Unterstützt von Guerrilla-Verbänden fiel dieses Heer in Hegoalde ein, beherrschte bis Ende April das gesamte Baskenland und eroberte bis September das gesamte spanische Staatsgebiet. San Sebastián aber, wo sich eine wichtige Garnison befand, hielt einer sechsmonatigen Belagerung stand und ergab sich erst am 3. Oktober.

Bereits am 1. Oktober hatte Ferdinand VII. sämtliche Akte der konstitutionellen Regierung annulliert und damit seine zweite absolutistische Restauration eingeleitet, die von 1823 bis 1833 dauerte und als „Ominöse Dekade" (*Ominosa Década*) bezeichnet wird. Erneut wurden die baskischen Fueros und ihre Institutionen wiederhergestellt; die Zollgrenzen kehrten von den Pyrenäen zurück ins Landesinnere; der enteignete Kirchenbesitz wurde zurückerstattet. Mit repressiven Mitteln wurde die königliche Diktatur durchgesetzt, Liberale wurden verfolgt und Heer und Verwaltung von liberalen Elementen

„gesäubert". Weil der König kein Vertrauen mehr in sein Heer hatte, wurde es auf ein Minimum reduziert und statt dessen die paramilitärischen Einheiten der „Freiwilligen Absolutisten" (*Voluntarios Realistas*) geschaffen.

In der Ominösen Dekade wurden die Fueros vielfach verletzt. Seit 1823 waren die Diputaciones gezwungen, feste Polizeitruppen aufzustellen und diese natürlich auch zu finanzieren. Seit 1824 zog das spanische Militär baskische Rekruten ein, obwohl dies eine grobe Verletzung der Fueros war. Die Bildung von Einheiten der Voluntarios Realistas konnte auch nicht verhindert, sondern höchstens verzögert werden. Schließlich wurden seit 1824 die sog. „freiwilligen" Abgaben (*donativos*) praktisch institutionalisiert, indem die baskischen Territorien gezwungen wurden, jährlich eine feststehende Summe an den Staat abzugeben.

Während der Ominösen Dekade konspirierten Liberale im In- und Ausland, insbesondere von London und Gibraltar aus, und versuchten mittels militärischer Invasionen und Pronunciamientos den Sturz Ferdinands VII. zu erzwingen. Alle Versuche in den Jahren 1823 bis 1833 scheiterten jedoch. Nach der liberalen französischen Revolution Ende Juli 1830 wurde Bayonne sogleich zum neuen Zentrum der liberalen Verschwörungen gegen den spanischen Absolutismus. Im Baskenland konzentrierten sich liberale Offiziere und hoben Truppen aus. Als Ferdinand VII. jedoch Anfang Oktober die neue französische Regierung anerkannte und diese im Gegenzug drohte, den Exil-Spaniern die Unterstützung zu entziehen, kam es Mitte Oktober zur überstürzten Invasion von etwa 350 Soldaten unter dem Oberbefehl des Navarrers Francisco Espoz y Mina. Nach ersten Erfolgen in der Gegend von Bera in Navarra wendete sich bald das Kriegsglück. Mitte November war das Unternehmen endgültig gescheitert. Im französischen Staat hatte sich inzwischen die politische Konjunktur geändert; die Invasionstruppen wurden entwaffnet und aus dem Baskenland entfernt. Den liberalen Verschwören hatte es besonders an Rückhalt in der Bevölkerung gefehlt. Im Baskenland trafen sie auf tiefes Mißtrauen, da der Konstitutionalismus vorher die Basken letztlich nur ihrer Fueros beraubt hatte.

Ferdinand VII. war wirtschaftlich auf die Unterstützung moderatliberaler Kreise angewiesen, was zu der paradoxen Situation führte, daß sich Ferdinand nicht nur mit der Opposition der Liberalen, sondern auch mit dem Widerstand der extremen Absolutisten auseinandersetzen mußte. 1827 kam es in verschiedenen Teilen des spanischen Staates, so auch in Gipuzkoa, zu Revolten, die bereits die extremen reaktionär-absolutistischen Ziele der späteren karlistischen Bewegung anstrebten. An diesen Revolten nahmen viele Voluntarios Realistas teil. Als Folge davon wurden diese radikalen paramilitärischen Verbände langsam entmachtet und gleichzeitig wieder mehr Vertrauen ins reguläre Heer gesetzt. Trotzdem war die Zahl der Voluntarios Realistas in den Jahren 1832/33 noch immer beträchtlich, und sie hatten einen entscheidenden Anteil an den karlistischen Aufständen des Jahres 1833.

Die Ominöse Dekade wird heute als eine Zeit des Vor-Karlismus bezeichnet, weil die Grundlagen für den späteren Konflikt geschaffen wurden. Die radikalen Absolutisten sehnten die Thronfolge von Ferdinands Bruder Karl (Carlos María Isidro) herbei, der eine bessere Garantie für die Beibehaltung der sozioökonomischen Strukturen des Ancien régime bot. Seit 1830 begann sich eine karlistische Partei herauszubilden, zu der Voluntarios Realistas, ehemalige absolutistische Guerrilleros, Geistliche und aus dem Heer entlassene absolutistische Soldaten und Offiziere gehörten. Was noch fehlte, war die umfassende Unterstützung der Bevölkerung, die sich erst nach dem Tod Ferdinands VII. am 29. September 1833 bilden sollte.

Die Epoche des Endkampfes zwischen Absolutismus und Liberalismus wurde von einer entscheidenden sozial- und wirtschaftspolitischen Entwicklung begleitet, und zwar von den sog. Desamortisationen, d.h. der Aufhebung kirchlicher und adliger Grundherrschaft sowie der Enteignung und dem anschließenden Verkauf kirchlicher und kommunaler Ländereien der „Toten Hand". Diese Entwicklung hatte schon Ende des 18. Jh. eingesetzt, war aber im Zuge der wechselnden politischen Konjunktur immer wieder aufgehalten worden. Den entscheidenden Impuls erfuhr die Desamortisation im Jahr 1836 unter dem damaligen spanischen Wirtschaftsminister Juan Álvarez Mendizábal, weil die Regierung dringend finanzieller Einnahmen bedurfte. Außerdem sollten die Desamortisationen die Entstehung einer staatstragenden, an das liberale System gebundenen Schicht von Agrareigentümern, eine bessere Nutzung des Bodens und damit einen Anstieg der Agrarproduktion zur Folge haben.

Die Desamortisationen waren zweifellos die wichtigste Maßnahme zur Konsolidierung des bürgerlich-liberalen Staates. Sie führten zur Unterstützung des Staates durch das entstehende Bürgertum und trug damit wesentlich zur Auflösung des Ancien régime bei. Zur Zeit des Ersten Karlistenkriegs waren die Desamortisationen im größten Teil des Baskenlandes nicht wirksam, weil es nicht von den Liberalen beherrscht wurde, aber die staatliche Wirtschaftspolitik sicherte sich die

Sympathien sowohl der landbesitzenden Eliten als auch des städtischen Bürgertums. Im Einflußbereich der Liberalen, d. h. vor allem in den baskischen Städten, wurden schon während des Krieges einige Klöster aufgelöst. Nach Kriegsende wurde der Prozeß der Desamortisationen schließlich im gesamten Gebiet Hegoaldes in die Praxis umgesetzt. Dabei erreichte er jedoch nur im mediterranen Baskenland größere Dimensionen, weil der Kirchenbesitz im atlantischen Baskenland nicht sehr umfassend war.[11]

Der Erste Karlistenkrieg

Bei Ferdinands Tod im Jahr 1833 war die Nachfolgefrage nicht eindeutig geklärt. Zwar hatte der König nach der Geburt seiner Tochter Isabella im Jahr 1830 die „Pragmatische Sanktion" erlassen und ihr damit das Erbrecht garantiert; eine vorübergehende Aufhebung der Sanktion und das Beharren seines Bruders Karl (Carlos María Isidro) auf dem „Salischen Gesetz" von 1713, das Frauen von der Thronfolge ausschloß, führten jedoch zum Bürgerkrieg zwischen den Anhängern von Isabella und denen von Karl, den Karlisten, die ihren Thronprätendenten Karl V. nannten. (Wir werden ihn im Folgenden „Don Carlos" nennen, da er auch in der spanischen Historiographie so bezeichnet wird.) Der dynastische Erbstreit war aber nur äußerer Anlaß und Fassade des Ersten Karlistenkrieges, in dem es eigentlich um die Beibehaltung eines reaktionären Absolutismus oder um die Einführung einer konstitutionellen Monarchie auf liberaler Grundlage ging.

In diesem Sinne war der Erste Karlistenkrieg der Endkampf zwischen Liberalismus und Absolutismus. Für Hegoalde bedeutete der Liberalismus die vollständige Einbeziehung in den spanischen Staat und den Verlust der Fueros. Ihre Bewahrung war eng mit der Beibehaltung des Ancien régime und dem Sieg des Absolutismus verknüpft. Dabei handelt es sich jedoch um ein Zweckbündnis. „Fueros" bedeuten keinesfalls Absolutismus, wie die ständigen Konflikte der spanischen und französischen Monarchien mit den baskischen Fueros gezeigt hatten. „Fueros" bedeuten vielmehr regionale Sonderrechte;

---

[11] Für Hegoalde liegen keine schlüssigen Zahlen über die Auswirkungen der Desamortisationen vor; für die Gesamtheit des spanischen Staates gibt es zwar Zahlen, die aber nur unter Vorbehalt auf das Baskenland übertragbar sind, weil es weniger Klöster gab und die Kirche über geringeren Grundbesitz verfügte.

diese garantierten regionale Autonomie, Zollfreiheit, Abgabenfreiheit, Freiheit vom Militärdienst und vieles mehr, was der absolutistische Staat nur zum Teil und der liberale Einheitsstaat überhaupt nicht bereit waren zuzugestehen.

Der Erste Karlistenkrieg war der Endpunkt der Konflikte, die im 18. und 19. Jh. beständig zugenommen hatten. Eine Reihe von Gründen erklärt den Ausbruch des Krieges und die besondere Intensität im Baskenland: eine relative Überbevölkerung und Arbeitslosigkeit als Folge der Wirtschaftskrise, was die Verarmung der Landbevölkerung und des Stadtproletariats zur Folge hatte, sowie die fortschreitende Einschränkung der politischen und wirtschaftlichen Freiheiten des Baskenlandes durch den spanischen Staat. Die Landbevölkerung litt am stärksten, denn der Landbesitz konzentrierte sich immer mehr, die Pachten stiegen, und gleichzeitig wurden Allmendeflächen verkauft.

Beim Ausbruch des Krieges waren die gegensätzlichen sozialen Gruppen deutlich getrennt: Verteidiger des liberalen Systems waren das städtische Bürgertum, ein Großteil des Militärs, aber auch der Adel und die Großgrundbesitzer, die von der liberalen Wirtschaftspolitik profitierten, weil sie inzwischen auch industriellen und kommerziellen Aktivitäten nachgingen. Auffallend ist die Veränderung der politischen und wirtschaftlichen Interessen des städtischen Bürgertums, das im 16. und 17. Jh. von den traditionellen baskischen Zollgrenzen profitiert hatte; im 18. Jh. hatte es sich dann vom internationalen Markt dem spanischen Binnenmarkt zugewandt.

Auf karlistischer Seite standen die kleinen und mittleren Bauern, das Stadtproletariat, der größte Teil des Klerus und die traditionellen ländlichen Eliten, die nicht von den wirtschaftlichen Maßnahmen der liberalen Politik profitierten, weil ihnen das Geld für größere Investitionen fehlte. Die liberale Propaganda beschuldigte zwar systematisch die baskischen Pfarrer und Mönche als Hauptanstifter des Aufstands, aber unter dem weltlichen Klerus gab es auch zahlreiche Verteidiger der liberalen Ideologie.

Zu Beginn des Ersten Karlistenkrieges hatten sich sozusagen „zwei Baskenländer" ausgebildet. Auf der einen Seite stand das bäuerliche Baskenland, dessen Lebensbedingungen sich durch die liberale Wirtschaftspolitik erheblich verschlechtert hatten und das seit Ende des 18. Jh. eine schwere Krise durchlebte. Auf der anderen Seite stand das Bürgertum der Städte Bilbao, San Sebastián, Irun, Pamplona und Vitoria, das u. a. für eine Verlegung der Zollgrenzen an die Küste war, um definitiv in den spanischen Markt integriert zu werden. Der Erste

Karlistenkrieg war somit der Höhepunkt des historischen Konflikts zwischen Stadt und Land im Baskenland. Die liberalen Basken waren in ihrer Mehrheit aber nicht für eine vollständige Abschaffung des Foralsystems, sondern nur für eine Anpassung an die neuen sozioökonomischen Gegebenheiten.

Die Verteidigung der Fueros war anfangs noch nicht Bestandteil der karlistischen Ideologie, sondern wurde erst in diese aufgenommen, als deutlich wurde, daß der Karlismus besonders im Baskenland Rückhalt hatte. So wurde der karlistischen Devise „Gott, Vaterland, König" im Jahr 1834 „Fueros" hinzugefügt. Die soziale Gruppe, die sich am energischsten für die Fueros einsetzte, waren die Landeliten, die in den foralen Institutionen dominierten. Ohne die Führung durch diese Gruppe hätte das baskische Volk wahrscheinlich nicht mit dem gleichen Einsatz für die Fueros gekämpft. Zwar verteidigte die Bevölkerung ihre traditionellen Lebensformen, die durch das Foralsystem geschützt waren, aber die Fueros waren bis zum Ersten Karlistenkrieg nicht Objekt politischer Debatte. Erst die Landeliten erhoben das Foralwesen zur politischen Doktrin.

Der karlistische Aufstand begann direkt nach dem Tod Ferdinands VII. am 29. September 1833. Im gesamten spanischen Staat gab es Erhebungen von Voluntarios Realistas und von ehemaligen Guerrilleros, die jedoch rasch niedergeschlagen werden konnten. Erfolgreich war der Aufstand außer im Baskenland nur in einigen Gebieten Kataloniens, Aragóns und Valencias, besonders im Maestrazgogebirge im Grenzgebiet dieser drei Regionen. Die erste Rebellion im Baskenland brach am 3. Oktober in Bilbao aus, wo sich die Karlisten im Handstreich durchsetzten. Vier Tage später wiederholte sich die Situation in Vitoria. Während in Bizkaia und Alava die Rebellion von den Hauptstädten ausging, wo die traditionalistischen Autoritäten von Voluntarios Realistas und einstigen Guerrilleros unterstützt wurden, war San Sebastián fest in liberaler Hand. In Gipuzkoa begann die Rebellion im Landesinnern und verbreitete sich schnell über das gesamte Territorium. Der Aufstand kam für die spanische Regierung überraschend; ein Heer wurde ins Baskenland entsandt und vertrieb Ende November die Karlisten aus Vitoria und Bilbao.

Die drei westlichen Territorien des Baskenlandes waren nun geteilt: Die wichtigsten Städte waren von Regierungstruppen besetzt und blieben während des gesamten Krieges in liberaler Hand; auf dem Land dagegen dominierten die Karlisten. Nach den Rückschlägen in Alava, Bizkaia und Gipuzkoa bildete sich die karlistische Bewegung neu in Navarra. Nach ersten wenig erfolgreichen Kämpfen wurde

Tomás Zumalacárregui an die Spitze der karlistischen Truppen gestellt. Er stammte aus dem Dorf Ormaiztegi in Gipuzkoa und hatte schon im Krieg gegen Napoleon sowie im Volksaufstand des Trienio Constitucional Erfahrungen als Guerrillero gesammelt; in den Jahren der zwei fernandinischen Restaurationen hatte er als Offizier im spanischen Heer Karriere gemacht. Er organisierte die karlistischen Truppen neu und eilte dank seiner genialen Taktik und seines Charismas von Sieg zu Sieg. Schon Anfang Dezember unterstellten sich auch die Truppen der drei westlichen Territorien seinem militärischen Oberbefehl, worin ihn der Thronprätendent Don Carlos im März 1834 bestätigte.

Zumalacárregui wendete nacheinander verschiedene Taktiken der Kriegsführung an: Von Dezember 1833 bis Mitte 1834 dominierte die Guerrilla-Taktik, bis die Karlisten die Kerngebiete des Baskenlandes beherrschten. Dann ging er zu einer gemischten Taktik über – reguläre und Guerrilla-Truppen kontrollierten das Innere des Baskenlandes und die Verkehrswege. Diese Phase währte bis Mitte 1835. Danach beherrschten die Karlisten praktisch das gesamte Baskenland mit Ausnahme der Städte, das Guerrilla-Heer wurde zu einem regulären Heer. Die Stärke des karlistischen Heeres belief sich bis Kriegsende auf mehr als 50 000 Soldaten.

Am 12. Juli 1834 erreichte Don Carlos das Baskenland und richtete seinen provisorischen Königshof ein, der allerdings ständig seinen Aufenthaltsort wechseln mußte, um nicht von den Truppen der spanischen Regierung überrascht zu werden. Tatsächlich zogen dauernd große Einheiten der Regierungstruppen durch das Baskenland, um die Karlisten zu bekämpfen. Dank der genialen Strategie Zumalacárreguis waren in den meisten Kämpfen die Karlisten erfolgreich.

Zumalacárregui schlug vor, Vitoria einzunehmen und gegen Madrid zu ziehen, um den Endsieg zu erzwingen. Sein Plan war, den Feind zu besiegen, bevor sich dieser von seinen zahlreichen Niederlagen erholen konnte. Aber die Berater von Don Carlos setzten sich mit dem Plan durch, Bilbao einzunehmen, um sich Bilbaos Wirtschaftskraft zu bemächtigen und gleichzeitig internationales Prestige zu gewinnen. Am 10. Juni 1835 begann die Belagerung Bilbaos, aber Zumalacárregui wurde von einer Kugel getroffen und starb am 24. Juni. Die Belagerung wurde wenige Tage später abgebrochen. Die ohnehin geringen Chancen auf den Sieg der Karlisten hatten sich durch diese unnütze Aktion noch weiter verringert. Zwar beherrschten die Karlisten auch nach dem Tod ihres genialen Generals bis Kriegsende den größten Teil des Baskenlandes, konnten aber keine der wichtigen Städte einnehmen.

Die militärische Situation stagnierte seitdem; weder Karlisten noch Regierungstruppen konnten entscheidende Vorteile erringen. Mit sog. „Expeditionen" versuchten die Karlisten, Anhänger zu gewinnen und den Feind zu schwächen: Das spektakulärste Unternehmen führte im Jahr 1836 den General Gómez an der Spitze von 3000 Soldaten fast sechs Monate lang 4200 km durch Feindesland bis nach Andalusien und Galicien, ohne aber die angestrebten Ziele zu erreichen. Im Jahr 1836 führte Don Carlos selbst die sog. „Königliche Expedition" (*Expedición Real*) mit 12000 Soldaten fast fünf Monate lang über Katalonien und Valencia bis vor die Tore von Madrid. Die Regentin María Cristina hatte vorher aus Angst vor der Radikalisierung der politischen Lage in Madrid mit Don Carlos Kontakt aufgenommen und die kampflose Übergabe Madrids ausgehandelt. Als das karlistische Heer vor Madrid stand, hatte sich die Lage jedoch wieder entspannt; María Cristina änderte ihre Meinung, und das karlistische Heer zog unverrichteter Dinge wieder ab. Seitdem wurde im von den Karlisten beherrschten Gebiet eine gewisse Kriegsmüdigkeit bei Bevölkerung und Soldaten spürbar.

Mit dem von der Königswitwe und Regentin María Cristina erlassenen Verfassungsdekret des „Königlichen Statuts" (*Estatuto Real*) wurde im Jahr 1834 die konstitutionelle Monarchie eingerichtet. Diese neue Verfassung behandelte die foralen Institutionen wie die aller anderen spanischen Provinzen, indem diesen vorgeschrieben wurde, Abgeordnete in das spanische Parlament (Cortes) zu entsenden. Nach der Machtübernahme in Madrid durch die Progressisten im Jahr 1835 wurde zwei Jahre später eine neue Verfassung erlassen, die der von 1812 ähnelte. Durch sie wurden die Territorien Hegoaldes offiziell zu vier der damals 49 spanischen Provinzen. Die foralen Institutionen wurden abgeschafft bzw. die einheitlichen spanischen Provinzialregierungen eingeführt, die ebenfalls den Namen *Diputación* trugen. Seit diesem Zeitpunkt ist die Bezeichnung „Provinzen" für die Territorien Hegoaldes gerechtfertigt.

Im Laufe der Zeit setzte sich sowohl auf seiten der Regierung wie auch der Karlisten die Überzeugung durch, daß ein Kompromiß zwischen Fueros und Liberalismus gefunden werden müsse, um den Krieg zu beenden. Es handelte sich im wesentlichen um den Vorschlag, die Unterstützung der dynastischen Forderungen von Don Carlos aufzugeben und im Gegenzug die Fueros zu bewahren. Diese Überlegungen gingen ursprünglich von den moderaten Liberalen des

Baskenlandes aus und spalteten die karlistische Bewegung geschickt in eine Gruppe radikaler Verteidiger ihres Königs als Erneuerer des Absolutismus und der Fueros und in eine moderate Gruppe, die ein Überleben der Fueros im modernen konstitutionellen Staat suchte.

Unter den Karlisten kam es zum Bruch zwischen Vertretern der Verhandlungslösung und denen, die für eine Fortführung des Krieges waren. Der karlistische Oberbefehlshaber Maroto, der selbst aus Murcia stammte, befürwortete Verhandlungen, die im Sommer 1838 aufgenommen wurden. Kritiker wurden von Maroto isoliert, und vier absolutistische Offiziere, die gegen ihn konspiriert hatten, ließ er sogar am 19. Februar 1839 erschießen. Am 31. August 1839 kam es schließlich zum „Abkommen von Bergara" (*Convenio de Vergara*) zwischen Maroto und dem spanischen General und liberalen Helden Espartero. Die Karlisten legten die Waffen nieder; im Gegenzug wurden ihre militärischen Ränge anerkannt und den spanischen Cortes sollte empfohlen werden, die baskischen Fueros anzuerkennen oder zu modifizieren. Maroto war von seinem König Don Carlos nicht ermächtigt worden, dieses Abkommen zu unterschreiben, und Alaveser und Navarrer erkannten es darum nicht an. Die letzten widerspenstigen Karlisten konnten jedoch im September besiegt werden. Don Carlos verließ Hegoalde am 14. September. Der Krieg ging in den Bergen des Maestrazgo im Gebiet der spanischen Levante noch bis Mitte 1840 weiter.

Verschiedene europäische Militärs nahmen am Karlistenkrieg teil und zahlreiche Journalisten bereisten das Baskenland in den Kriegsjahren. Einer von ihnen war Agustín Chaho, einer der originellsten baskischen Geister, der aus Tardets in Soule stammte. Er schrieb das Buch *Voyage en Navarre pendant l'insurrection des Basques (1834–35)*. Obwohl er selbst revolutionärer Sozialist war, verteidigte er den Karlismus, weil sich dieser für die baskischen Fueros einsetzte und somit auch für die baskische Unabhängigkeit. Gegen die „antibaskische Verschwörung", die vom spanischen und vom französischen Staat ausging, rief er zum bewaffneten Aufstand auf.

Die letzte Etappe des Foralsystems

Das Abkommen von Bergara erwies sich in der Folgezeit als trügerisch; es war nicht konkret genug und sprach nicht von einer Bestätigung der Fueros. Zwar ratifizierten die spanischen Cortes am 25. Oktober 1839 die baskischen Fueros, allerdings unter dem Vorbehalt der spanischen Einheit und eventuell notwendiger Modifikationen, um die Fueros an die spanische Verfassung anzupassen. Die historische Legitimität der Fueros war damit zerstört, und erstmals wurde die spanische Staatsverfassung über die baskischen Regionalverfassungen gestellt. Seitdem hingen die baskischen Sonderrechte vom Wohlwollen der Regierungen in Madrid ab. In den nun folgenden Verhandlungen und Beschlüssen kam es zu immer neuen Angriffen gegen die Fueros.

In Navarra wurde zunächst mit einem Dekret vom 16. November 1839 die neue Provinzialregierung (Diputación) bestätigt; ihre Vollmachten wurden aber erheblich erweitert und umfaßten die der einstigen Diputación des Königreichs Navarra, der neuen spanischen Provinzialregierungen und des ehemaligen Königlichen Rates (*Consejo Real*) von Navarra. Die Diputación von Navarra wurde ein autonomes Regierungsinstrument der Region. Jahre später nahm sie den Namen *Diputación Foral* an, um auf diese Weise auf ihre Sonderstellung innerhalb des spanischen Staates hinzuweisen.

Diese Diputación nahm Verhandlungen mit der Regierung in Madrid über die Modifikation der Fueros auf. Anfangs wurde mit den drei westlichen baskischen Provinzen gemeinsam verhandelt; deren Institutionen zeigten sich aber wesentlich unnachgiebiger, weil sie nach wie vor von den ländlichen Eliten dominiert wurden, die an einem Fortbestehen des Foralsystems interessiert waren. Die Vertreter Navarras waren für die Integration in den spanischen Staat und bereit, für weitgehende fiskale Autonomie im Gegenzug die Fueros aufzugeben. Darum führten sie bald alleine ihre Verhandlungen mit der Regierung.

So kam es am 16. August 1841 zu dem Gesetz, das später den Beinamen „*Ley Paccionada*" erhielt, weil es als ein Pakt zwischen Navarra und dem spanischen Staat verstanden wurde. Das entscheidende Zugeständnis des spanischen Staates an die Diputación von Navarra bzw. an das navarrische Bürgertum, das die Diputación kontrollierte, war die Erteilung weitgehender fiskaler Autonomie: Der Staat behielt sich lediglich die Oberhoheit über Zölle und Tabak- und Salzsteuer vor; die restlichen Steuern konnte die Diputación frei festlegen und zahlte für diese Vollmacht an den Staat jährlich eine entsprechend vereinbarte „direkte Abgabe". Außerdem mußten ab jetzt die Rathäuser vor der Diputación Rechnung ablegen statt wie bisher vor dem staatlichen Rechnungshof. Der Verlust der Fueros bedeutete dagegen die endgültige Abschaffung des Ständeparlaments (Cortes), die Verlegung der Zollgrenzen an die Pyrenäen, den Verlust des Vetorechts der *sobrecarta* und die Einführung des spanischen Militärdienstes. Das öffentliche navarrische Recht wurde abgeschafft, das private forale Recht blieb aber bestehen sowie auch die gemeinsame Nutzung von Gemeinschaftswald und -weiden. Obwohl dieses Gesetz den Verlust der Fueros bedeutete, gab es Navarra doch eine dauerhafte fiskale Autonomie, die von keiner der Regierungen des 19. und 20. Jh. ernsthaft in Frage gestellt wurde.

In Alava, Bizkaia und Gipuzkoa überlebten die foralen Institutionen, da sie keinen ständischen Charakter hatten – wie in Navarra – und daher der liberalen Ideologie nicht widersprachen. Sie weigerten sich jedoch, mit der Regierung in Madrid zu verhandeln und das Gesetz vom 25. Oktober 1839 anzuerkennen, das die Fueros den Gesetzen des Staates unterordnete.

Nach schweren Auseinandersetzungen mit Espartero dankte María Cristina im Oktober 1840 als Regentin ab. Espartero war jetzt auch offiziell der starke Mann im spanischen Staat. Am 16. Januar 1841 erließ er eine Anweisung, die das baskische Vetorecht des *pase foral* abschaffte, weil es gegen die konstitutionelle Einheit des spanischen Staates verstoße. Inzwischen konspirierte María Cristina aus dem französischen Exil gegen Espartero; sie hatte Unterstützung im gesamten spanischen Staat, besonders aber im Baskenland, wo sogar die Diputaciones in die Verschwörung verwickelt waren. Vom Sieg der moderaten Liberalen gegen die Progressisten erhofften sich die Basken eine Stärkung ihrer Fueros. Anfang Oktober 1841 kam es zum Aufstand der Militärgarnisonen in Pamplona und Vitoria, er scheiterte jedoch in Madrid und wurde daraufhin rasch niedergeschlagen.

Espartero bestrafte die aufsässigen baskischen Provinzen mit einem Dekret vom 29. Oktober 1841, durch das die Fueros abgeschafft wurden. Praktisch das gesamte öffentliche baskische Recht wurde beseitigt, so auch die Volksversammlungen (Juntas) und die foralen Diputaciones. Die Zollgrenzen wurden an die Küste bzw. an die Pyrenäen verlegt. Bestehen blieb das baskische Privatrecht sowie die Befreiung von Steuern und Militärdienst. Navarra war von diesem Dekret nicht betroffen, denn es hatte knapp zwei Wochen vorher sein eigenes Gesetz mit der spanischen Regierung unterzeichnet.

Espartero verlor im Mai 1843 durch einen Militäraufstand (Pronunciamiento) die Macht an die moderaten Liberalen. Die neue Regierung zeigte sich den Basken gegenüber für die zwei Jahre vorher gezeigte Unterstützung erkenntlich, und mit einem Dekret vom 4. Juli 1844 wurden die Fueros teilweise wiederhergestellt. Juntas und forale Diputaciones erhielten wieder ihre traditionellen Vollmachten. Andere Rechte, wie der *pase foral*, wurden jedoch nicht wiederhergestellt, und auch die Zollgrenzen blieben an der Küste.

In der Folgezeit erweiterten die moderaten Regierungen sogar die Vollmachten der baskischen Provinzen. 1849 wurde der Diputación von Alava die Aufsicht über die kommunalen Haushalte übertragen, die traditionell in Händen der Zentralgewalt war, und 1853 wurde diese Vollmacht auch auf Bizkaia und Gipuzkoa erweitert. Erstmals in der Geschichte des Baskenlandes bildeten sich die einzelnen Territorien als autonome administrative Einheiten heraus. Im Jahr 1862 wurden dann sogar Alava, Bizkaia und Gipuzkoa aus den Diözesen Pamplona, Calahorra, Burgos und Santander ausgegliedert und dem neuen Bischofssitz Vitoria zugeordnet. Es war das erste Mal, daß die drei westlichen Provinzen Hegoaldes in einer administrativen Einheit zusammengefaßt wurden. So war diese letzte Etappe des Foralismus von widersprüchlichen Entwicklungen gekennzeichnet: Einerseits verschwanden politische Kompetenzen, andererseits wurde die administrative und wirtschaftliche Autonomie ausgebaut. Das baskische Bürgertum konnte mit diesen Maßnahmen zufriedengestellt werden. Die Situation der Fueros blieb zwar umstritten und provisorisch, aber in den nächsten Jahrzehnten gab es im wesentlichen keine Veränderungen mehr, bis der Zweite Karlistenkrieg ausbrach.

Zwischen dem Ersten und Zweiten Karlistenkrieg bildete sich die politische Ideologie des „Neofuerismus" als Mittelweg zwischen der Beibehaltung und der Abschaffung der Fueros aus.[12] Sowohl die baskischen Liberalen wie auch die Karlisten bemühten sich, den spanischen Staat zu überzeugen, daß die Integration in den Staat nicht automatisch die Abschaffung aller baskischen Sonderrechte bedeuten müsse. In bezug auf die liberalen Neofueristen steht außer Zweifel, daß sie ihre Traditionen und ihre Fueros verteidigten, aber ebenso ist es eine Tatsache, daß sie bereit waren, die Fueros auf administrative und wirtschaftliche Autonomie zu reduzieren, von der sie letztlich nur profitieren konnten.

In den Jahren 1846 bis 1849 gab es ebenfalls einen karlistischen Aufstand, der aber insbesondere Katalonien betraf. An der Spitze des

---

[12] In der Historiographie war bisher die Bezeichnung „Fuerismus" (*fuerismo*) üblich, aber Rafael Mieza führt in seiner Dissertation den Begriff „Neofuerismus" (*neofuerismo*) ein, um die neue Ideologie deutlicher von der traditionellen Verteidigung der Fueros zu unterscheiden. Siehe Rafael Mieza, *El régimen de concierto económico y administrativo: orígenes y primer desarrollo (1842–1900)*, Dissertation vorgelegt an der Universität Deusto (Bilbao) 1983, S. 161–206 und S. 543–555.

Aufstands stand der Sohn von Carlos María Isodro (Karl V.) namens Carlos Luis, der von seinen Anhängern Karl VI. genannt wurde. Im Jahr 1848 erhoben sich einige Guerrillatruppen in Navarra, die aber schnell besiegt werden konnten. In der spanischen Geschichtsschreibung wird dieser Krieg als Zweiter Karlistenkrieg bezeichnet, aber in der baskischen Historiographie existiert dieser Konflikt nicht. Erst der Krieg von 1872 bis 1876 ist für das Baskenland der Zweite Karlistenkrieg (in der spanischen Geschichte der Dritte Karlistenkrieg), und wie im Ersten ging es auch um die Verteidigung der Fueros.

Weitere liberale Maßnahmen ergriffen das Baskenland, wie die Liberalisierung des Besitzes von Minen und die kirchlichen Desamortisationen, die nach dem Ende des Ersten Karlistenkriegs im Baskenland durchgeführt wurden, wenn sie auch nur in Navarra und Alava ein größeres Ausmaß erreichten, weil der Kirchenbesitz ansonsten im Baskenland nicht sehr umfassend war. Entgegen den Vorstellungen der Gesetzgeber nahmen die Kleinbauern nur in sehr geringem Umfang an den Umverteilungen des Landbesitzes teil, vor allem weil es ihnen an Kapital fehlte. Trotz des Widerstands traditionalistischer Kreise wurde im Jahr 1855 ein weiteres Gesetz zur Desamortisation des Gemeinschaftslandes erlassen. Die wirtschaftliche Bedeutung dieser Maßnahme war im Baskenland nicht sehr groß, weil die Gemeinden versuchten, den Verkauf der letzten noch verbliebenen Allmendeflächen zu verhindern. Politisch jedoch bedeutete diese Desamortisation den Triumph der bürgerlichen Konzeption von Eigentum.

Nach dem Ersten Karlistenkrieg setzte die allmähliche wirtschaftliche Erholung und Modernisierung Hegoaldes ein, nachdem im 18. Jh. die traditionellen Wirtschaftskreisläufe zusammengebrochen waren und der Beginn des 19. Jh. von einer Dauerkrise gekennzeichnet war. Die Wirtschaft profitierte von der Verlegung der Zollgrenzen an die Küste und an die französische Grenze, und die baskischen Häfen übernahmen einen großen Teil der Ausfuhren der seit 1841 überschüssigen spanischen Weizenproduktion. Für die Wirtschaft der drei westlichen Provinzen war dies die Grundlage der ökonomischen und infrastrukturellen Erneuerung. Allerdings hatten nur die küstennahen Gebiete Hegoaldes Anteil an der Industrialisierung, die im europäischen Vergleich mit einer Verspätung von etwa einem halben Jahrhundert einsetzte. Ein erster Beitrag zur Modernisierung waren die Papierfabriken, die seit 1842 im Tal des Flusses Oria in Gipuzkoa entstanden.

Im Bergbau wurden erhebliche Fortschritte erzielt, weil die forale Gesetzgebung teilweise aufgehoben wurde. Bisher hatten die Fueros die Wirtschaftsentwicklung verzögert, da sich die Erzvorkommen im Gemeinschaftsbesitz befanden und frei abgebaut werden durften. Dies verhinderte die Konzentration von Minen in den Händen von größeren Unternehmen. Außerdem war die Ausfuhr von Eisenerz wenn nicht zeitweilig verboten, so doch durch hohe Ausfuhrsteuern erschwert.

Die Eigenschaften des bizkainischen Eisenerzes, das seit der Einführung des Bessemerverfahrens für die modernen Hochöfen am besten geeignet war, machten es zum begehrten Objekt der ausländischen Schwerindustrie, besonders in Großbritannien, das eine frühe Industrialisierung erlebte. Außerdem war das Eisenerz aus Bizkaia billig, weil es praktisch an der Oberfläche lag und sich die Minen in Küstennähe befanden. Das Abbaugebiet erstreckte sich vom östlich von Bilbao gelegenen Ort Basauri bis zur Provinz Kantabrien im Westen; das Zentrum war Somorrostro, 10 km westlich von Bilbao, wo der mit Abstand größte Teil des bizkainischen Eisenerzes abgebaut wurde.

Um das Erz noch leichter von den Minen zum Hafen zu befördern, wurde 1865 die Eisenbahnstrecke von Triano zum Nervión fertiggestellt. Entgegen der im 19. Jh. üblichen Gepflogenheiten wurde diese Strecke nicht mit privatem Kapital finanziert, sondern durch die Diputación von Bizkaia. Frühzeitig hatte man hier die positiven Effekte der öffentlichen Investition erkannt; auch die Preise, die die Benutzer zu zahlen hatten, lagen unter der Rentabilitätsgrenze, um so die beginnende Industrialisierung nicht mit zu hohen Kosten zu belasten.

Die Schwerindustrie machte die ersten Schritte auf dem Weg zu der überragenden Bedeutung, die sie bald erlangen sollte. Die traditionellen Eisenhütten verschwanden allmählich bzw. wurden in moderne metallurgische Betriebe umgewandelt. Hochöfen gab es im Baskenland schon seit Anfang des 19. Jh. – den ersten seit 1807 in Basauri bei Bilbao –, aber sie wurden noch mit Holzkohle betrieben. In Beasain in Gipuzkoa wurde 1861 ein Hochofen eingerichtet, der das erste Blech im spanischen Staat herstellte, und seit 1872 gab es im Nerviontal in Bizkaia die ersten baskischen Hochöfen, die mit Steinkohle gespeist wurden.

Die industrielle Tätigkeit in Iparralde war dagegen fast nur auf Handwerksbetriebe beschränkt. Die Schiffswerften von Bayonne, die im 18. Jh. sehr aktiv waren, hatten seit 1815 einen unaufhaltsamen Niedergang erlebt; 1835 wurden schließlich die einst so blühenden staatlichen Werften geschlossen, und die privaten Werften hatten nur noch eine sehr beschränkte Produktion. Der wirtschaftliche Niedergang konnte erst Ende des 19. Jh. aufgehalten werden.

Iparralde war vom größten Teil des französischen Staates nach Norden durch das schwer zugängliche Sumpf- und Waldgebiet Les Landes getrennt; die modernen Zollgrenzen an den Pyrenäen hatten zudem die traditionellen Handelsbeziehungen mit Hegoalde erschwert, so daß Iparralde praktisch isoliert war. Diese Situation endete erst 1855 mit der Fertigstellung der Bahnlinie, die Bayonne über Bordeaux mit Paris verband; 1864 war auch der Abschnitt Bayonne – Irun fertiggestellt.

Eine französische Unternehmergruppe gründete 1855 die „Eisenbahngesellschaft von Nordspanien" (*Compañía de los Caminos de Hierro del Norte de España*), die begann, eine Eisenbahnlinie von Irun über Vitoria nach Madrid anzulegen. Mit diesem Projekt drohten Bilbao und Bizkaia abseits des wichtigsten Handelswegs zu liegen, woraufhin die einflußreiche Gruppe der bilbainischen Händler seit 1857 das Projekt einer Eisenbahnlinie von Bilbao ins Landesinnere förderte; die „Bank von Bilbao" (*Banco de Bilbao*) wurde gegründet, um dieses Projekt auf eine sichere finanzielle Grundlage zu stellen. Die Linie Tudela – Bilbao wurde 1863 in Dienst gestellt, 1864 die Strecke von Irun über Vitoria nach Miranda de Ebro, wo sich die beiden Strecken kreuzten.

Der mit Abstand größte Teil der Bevölkerung arbeitete weiterhin in der Landwirtschaft, die in den vierziger Jahren die Krise überwand, die Ende des 18. Jh. eingesetzt hatte. Das Wachstum der Städte, die mit Lebensmitteln versorgt werden mußten, sowie die Verbesserung der Transportwege führten zum Aufschwung. Andererseits war eine Folge der besseren Infrastruktur, daß der Weizenanbau praktisch aus dem atlantischen Gebiet verschwand, weil er aus anderen Gebieten eingeführt wurde. Der Mais wurde somit zur charakteristischen Nutzpflanze dieses Gebiets, auch wenn ansonsten die Diversifizierung der Produkte zunahm. Auch die Viehwirtschaft erlebte eine Steigerung der Produktivität. Im allgemeinen jedoch blieb das Baskenland in der Landwirtschaft defizitär. Auch im mediterranen Baskenland geriet der Weizenanbau in die Krise, weil der kastilische Weizen qualitativ besser war und dank der Eisenbahn leicht eingeführt werden konnte. In den Weinanbaugebieten des südlichen Baskenlandes bemühte man sich, die Produktion zu erhöhen, doch war die französische Konkurrenz zu stark.

Trotz der größeren Produktivität in der baskischen Landwirtschaft verschlechterte sich die Lage der Bauern in Hegoalde, besonders nach den Desamortisationen von Gemeindeland, die im Jahr 1855 dekretiert wurden. Die Folgen waren fatal: Ein Teil der Wälder ging in Privathand über und wurde in kürzester Zeit gerodet, und auf bisherigen Gemeinschaftsweiden entstanden neue Bauernhöfe. Die Bauern mußten daraufhin einen Teil ihres eigenen Landes in Weiden umwandeln, und sie mußten das Holz kaufen, das sie bisher kostenlos gesammelt hatten und mit dem sie ihre Möbel bauten und ihre Häuser beheizten. Die Verschlechterung der Situation der baskischen Bauern führte dazu, daß sie sich nach besseren Zeiten sehnten, in denen ihr Leben durch die Fueros geschützt war. So wurden die Fueros mystifiziert und waren später eine der Hauptforderungen im Zweiten Karlistenkrieg.

Die beginnende Industrialisierung der baskischen Küstengebiete hatte Konsequenzen in der Bevölkerungsentwicklung. Bizkaia wurde zum mit Abstand am dichtesten besiedelten Territorium des Baskenlandes und zum Einwanderungsgebiet. Von 1840 bis 1877 nahm die Bevölkerung Bizkaias von 123 000 auf 190 000 Einwohner zu. Gipuzkoa, das eine weniger dynamische Industrialisierung erlebte, wuchs im gleichen Zeitraum von 138 000 auf 167 000. In Alava und Navarra, deren wirtschaftliches Schwergewicht auf der Landwirtschaft lag, stagnierte die Bevölkerung dagegen: Alava blieb bei 94 000 Einwohnern, und die Einwohnerzahl Navarras stieg nur geringfügig von 274 000 auf 304 000.[13]

Iparralde war im 19. Jh. ein armes Gebiet, praktisch ohne Industrie und mit unzureichender Infrastruktur. Die Landwirtschaft war für den überwiegenden Teil der Bevölkerung die Lebensgrundlage, aber sie erlebte in der ersten Hälfte des 19. Jh. einige katastrophale Krisen, die Hunger und Landflucht zur Folge hatten. Diese Situation führte seit etwa 1830 zur Stagnation der Bevölkerungszahlen, die von 162 000 im Jahr 1851 nur geringfügig auf 173 000 im Jahr 1901 stiegen. Dies ist bei einem normalen Bevölkerungswachstum nur durch eine massenhafte Auswanderung erklärlich. Tatsächlich verließen von 1832 bis 1891 mehr als 79 000 Basken Iparralde.[14] Bevorzugte Zielländer waren zunächst Argentinien und Uruguay, dann Mexiko und Chile, und schließlich die USA, wo sich zahlreiche Basken dauerhaft niederlie-

---

[13] Die Bevölkerungszahlen geben in der einschlägigen Literatur übereinstimmend den gleichen Trend an, auch wenn die Angaben nicht immer exakt gleich sind.
[14] Francisco Javier Gómez Piñeiro et al., *Geografía de Euskal Herria. Band V: Laburdi, Benabarra, Soule*, San Sebastián 1983, S. 111–112.

ßen und als Farmer sehr erfolgreich waren. Diejenigen Basken, die aus Amerika zurückkehrten, brachten oft Wohlstand und unternehmerische Initiativen mit, die wichtige Hilfen beim Aufbau des Landes waren.

Mitte des 19. Jh. entdeckte der Tourismus die baskische Küste. Biarritz entwickelte sich zu einem Badeort von internationalem Ansehen, seit 1853 das französische Kaiserpaar begann, seinen alljährlichen Sommerurlaub dort zu verbringen. Von Biarritz aus expandierte der Tourismus an der baskischen Küste, 1881 wurde in Saint-Jean-de-Luz das erste Hotel für Sommerurlauber eröffnet. Mitte des 19. Jh. wurde auch San Sebastián die Sommerresidenz der spanischen Könige, zuerst der Regentin María Cristina, dann der Königin Isabella II. und ihrer Nachfolger. Mit ihnen verlagerte sich der gesamte Königshof nach San Sebastián, von wo aus in den Sommermonaten die spanische Monarchie regiert wurde. Auch andere Orte an der baskischen Küste wurden zu touristischen Zielen, wie Hendaye oder Lekeitio.

Der Zweite Karlistenkrieg

Im September 1868 wurde die spanische Königin Isabella II. von einer Koalition aus Progressisten und Demokraten gestürzt. Die spanische Gesellschaft war zum Zeitpunkt dieser sog. „glorreichen Septemberrevolution" bürgerlich geworden. Progressisten und Demokraten waren nicht länger bereit, in einem konstitutionellen System ihren dauerhaften Ausschluß von der Regierungsverantwortung zu akzeptieren. Dazu erlebte der spanische Staat nach der Aufschwungphase von 1839 bis 1864 eine schwere Wirtschaftskrise, die 1866 zum Finanz-*Crack* führte: die Zinssätze stiegen, die Börsenkurse fielen und die Staatsverschuldung nahm stark zu. Dieser Krise fielen die meisten der erst kürzlich gegründeten Banken zum Opfer. Die Bank von Bilbao als bedeutendste baskische Bank überlebte dagegen ohne größere Schwierigkeiten. Im Jahr 1867 verschärfte sich die Wirtschaftskrise durch eine verheerende Mißernte, die zu ernsthaften Versorgungsproblemen führte. Der Militäraufstand ging von Cádiz aus und überraschte Mitte September 1868 die Königin Isabella II., die sich mit ihrem Hof in Lekeitio im Sommerurlaub befand. Bis Ende des Monats blieb sie noch in San Sebastián, um den Verlauf der revolutionären Ereignisse abzuwarten. Als sich aber die Aufständischen gegen die Regierungstruppen durchsetzten, ging sie nach Biarritz, wo sie mit Napoleon III. zusammentraf, der ihr im französischen Staat Exil gewährte.

Am 8. Oktober hatte der spanische Staat eine neue, provisorische Regierung, die im Januar 1869 Wahlen durchführen ließ, die erstmals nach dem allgemeinen gleichen und direkten Männerwahlrecht erfolgten (das später wieder abgeschafft wurde). Erwartungsgemäß siegte die Koalition aus Demokraten und Progressisten, die eine konstitutionelle Monarchie vertrat.

In den vier Territorien Hegoaldes dagegen zeigte sich, daß der zahlenmäßige Anteil der städtischen bürgerlichen Gesellschaft im Gegensatz zur konservativen Landbevölkerung noch sehr gering war. Die karlistische Partei erlangte einen klaren Triumph mit 15 der 17 baskischen Abgeordneten. Der Karlismus hatte sich seit dem Ersten Karlistenkrieg als politische Bewegung etabliert, die vor allem im Baskenland ihren Rückhalt hatte. Die wichtigsten Programmpunkte der Karlisten waren die Verteidigung der katholischen Religion und der baskischen Fueros, die als Modell für den gesamten spanischen Staat angesehen wurden; die Wiederherstellung des Absolutismus war dagegen aus dem Programm verschwunden. Statt dessen besaß die karlistische Partei ein soziales Programm und verteidigte die Rechte der Industriearbeiter und der Kleinbauern, für die sie das Fortbestehen der Allmendeflächen forderte. Die Karlisten wollten weder einen absolutistischen noch einen liberalen Staat, sondern einen Staat, der auf den Prinzipien der katholischen Religion basierte. Im Baskenland stellten sie mit Erfolg das katholische baskische Volk als Opfer des spanischen Zentralismus dar. Ihren Rückhalt hatten sie sowohl beim Klerus, beim städtischen Proletariat und bei den Kleinbauern als auch bei den traditionellen nichtindustriellen ländlichen Eliten, deren Vorherrschaft auf den Fueros beruhte. Antiklerikale Maßnahmen des Staates seit 1868 und besonders die Erklärung der Religionsfreiheit im Jahr 1869 vergrößerten die soziale Basis des Karlismus. An der Spitze der Karlisten stand Carlos María, ein Enkel von Carlos María Isidro (Karl V.) und Neffe von Carlos Luis (Karl VI.); der neue Thronprätendent wurde von seinen Anhängern Karl VII. genannt, in der spanischen Historiographie trägt auch er den Namen *Don Carlos*.

Erste Versuche karlistischer Erhebungen in den Garnisonen von Figueres (Katalonien) und Pamplona scheiterten im Sommer 1869, so daß sich die karlistische Partei entschied, zunächst von militärischen Aktionen Abstand zu nehmen und politischen Einfluß zu gewinnen, um ihre Anhängerschaft auf das gesamte spanische Staatsgebiet auszudehnen. In den Wahlen des Jahres 1871 erreichten sie tatsächlich 51 Abgeordnete im gesamten Staat. Vorher jedoch, im Dezember 1870, war Don Carlos der legale Weg auf den Thron versperrt worden, weil die Regierung in Madrid Amadeus d'Aosta, den Sohn des italienischen Königs Viktor Emanuel II., zum konstitutionellen Monarchen gewählt hatte. Als die Karlisten in einer erneuten Wahl im Jahr 1872 nur noch auf 38 Abgeordnete kamen (14 von 17 im Baskenland), rief Don Carlos zu den Waffen.

Im Juli 1872 überschritt der Prätendent die Grenze von Iparralde nach Navarra, wo er sich mit Guerrilla-Truppen vereinte, die jedoch bald zurückgeschlagen wurden. Der Aufstand wurde nun von längerer Hand vorbereitet. Mitte Dezember 1872 erhoben sich gleichzeitig verschiedene Guerrilla-Einheiten im gesamten Baskenland. Der karlistische Aufstand wurde dadurch begünstigt, daß im Februar 1873 in Madrid König Amadeus abgesetzt und die Republik ausgerufen wurde. In der nördlichen Hälfte der Iberischen Halbinsel, besonders aber – wie auch schon im Ersten Karlistenkrieg – in Katalonien und im Baskenland fand der karlistische Aufstand großen Rückhalt. Aufgrund der breiten Unterstützung durch die Bevölkerung wurde das Baskenland erneut die Operationsbasis des karlistischen Heeres, und im Juli 1873 kehrte Don Carlos ins Kriegsgebiet zurück. Binnen kurzem beherrschten die karlistischen Truppen das gesamte Gebiet von Hegoalde mit Ausnahme der wichtigsten Städte, u. a. der vier Hauptstädte.

Die Guerrilla-Verbände hatten in diesem Krieg eine geringere Bedeutung als vierzig Jahre zuvor. Die Karlisten verfügten über ein gut organisiertes Heer von etwa 40000 Soldaten, das aber auch von der politischen Instabilität und diversen Aufständen im spanischen Staatsgebiet profitierte. Don Carlos baute im Baskenland einen kompletten Staatsapparat auf. Seinen Hof richtete er in Oñati ein, wo die Universität wiedereröffnet wurde. Die wichtigsten Regierungsinstrumente waren die Diputaciones der vier Provinzen.

Zwei Jahre lang beherrschten die Karlisten das Baskenland. Vorrangiges Ziel war – wie schon im Ersten Karlistenkrieg – die Beherrschung der baskischen Industriegebiete, um eine solide wirtschaftliche Grundlage und internationale Anerkennung zu erlangen. Wieder war Bilbao das ausgesuchte Ziel für einen spektakulären Erfolg. Im Februar 1874 begann die Belagerung der Stadt. Trotz intensiver Bombardierungen konnte Bilbao jedoch widerstehen, bis es am 2. Mai 1874 von einem Regierungsheer befreit wurde. Wieder einmal waren die Karlisten an Bilbao gescheitert. Jetzt versuchten sie die Einnahme einer anderen wichtigen Stadt, doch auch die Belagerungen von Irun und Pamplona führten nicht zum gewünschten Ziel. Die Fronten stagnierten und eine allgemeine Kriegsmüdigkeit machte sich breit.

Um die Widerstandsbereitschaft der Basken zu vergrößern, organisierte Don Carlos am 5. Juli 1875 in Gernika den feierlichen Schwur auf die Fueros. Damit wird deutlich, daß der Karlismus die wahren Motive erkannt hatte, die die Basken zum Aufstand gegen den spanischen Staat und zur Unterstützung des Karlismus bewegt hatten. Auch der während der gesamten Kriegsjahre gezeigte Respekt des karlistischen Staates gegenüber den baskischen Institutionen belegt dies.

Die Erste Spanische Republik hatte nach nur zehnmonatiger Existenz im Januar 1874 durch einen Militärputsch ein unrühmliches Ende gefunden. Ende Dezember 1874 wurde Alfons XII., der Sohn der 1868 abgesetzten Isabella, zum König proklamiert. Die bourbonische Restauration stieß auf keinen größeren Widerstand und der neue König widmete sich sogleich der Niederschlagung der karlistischen Aufstände. Nach der Befriedung Kataloniens im November 1875 konzentrierte sich das 80 000 Soldaten zählende Heer endgültig auf das Baskenland. Im Winter 1875/76 brach der karlistische Widerstand zusammen; im Februar fiel die Stadt Estella in Navarra und Don Carlos verließ Navarra mit 15 000 Soldaten.

Der Zweite Karlistenkrieg endete nicht mit einem Abkommen wie 1839 in Bergara, sondern der Krieg wurde von den Karlisten eindeutig verloren. Der Staat rächte sich und verabschiedete am 21. Juli 1876 ein Gesetz, das die Fueros der Provinzen Gipuzkoa, Bizkaia und Alava endgültig abschaffte; die Fueros von Navarra existierten bekanntlich schon seit 1841 nicht mehr. Auch die bisher noch bestehenden Befreiungen von Steuern und Militärdienst wurden abgeschafft. Die liberalen Basken, die in ihrer Mehrheit der moderaten Richtung angehörten, protestierten im Parlament und am Königshof gegen die Abschaffung der Fueros. Sie führten historische und politische Argumente an, doch alles half nichts. Das Zeitalter des Foralwesens war endgültig beendet.

Um das baskische Bürgertum dennoch zufriedenzustellen, war die spanische Regierung bereit, über Zugeständnisse bezüglich der Integration in den spanischen Staat zu verhandeln. Nach anfänglicher Weigerung der baskischen Institutionen kam es im Frühjahr 1877 zu Verhandlungen. Das Ergebnis, das am 28. Februar 1878 per Dekret verabschiedet wurde, sah für die drei westlichen Provinzen eine beschränkte Autonomie vor, die derjenigen von Navarra sehr ähnelte. Alava, Bizkaia und Gipuzkoa erhielten das politisch-administrative System der „Wirtschaftlichen Konzerte" (*Conciertos Económicos*). Die Provinzen bekamen fast vollständige Steuerautonomie und mußten dafür an den Staat jährlich eine vorher festgelegte variable Quote bezahlen. Auch die Kontrolle der kommunalen Haushalte wurde den Diputaciones übertragen. Weitere Vollmachten der Provinzen waren der Straßen- und Eisenbahnbau, die Bildung von Polizeieinheiten, Ausgabe von öffentlichen Anleihen usw.

Die traditionelle Selbstregierung der baskischen Territorien, die auf historischen Rechten beruhte, wurde also durch eine weitgehende wirtschaftliche Autonomie ersetzt, die vom Staat gewährt wurde. (Trotz wechselnder politischer Konstellationen in Madrid bewährte sich das System der Conciertos Económicos, und in den Jahren 1887, 1894, 1906 und 1925 wurde es nach Verhandlungen der steuerlichen Grundlagen erneuert; erst 1937 wurde das System von Franco in den Provinzen Bizkaia und Gipuzkoa abgeschafft, während das Concierto Económico in Alava weiterbestehen konnte und die Ley Paccionada in Navarra ihre Gültigkeit behielt.) Die Diputaciones wurden zu wirklichen Provinzialregierungen mit umfassenden Kompetenzen.

Das Zensuswahlrecht der bourbonischen Restauration garantierte, daß die Mitglieder der Provinzialregierung aus dem Großbürgertum stammten, das die Wirtschaft des frühindustriellen Baskenlandes kontrollierte. Durch ihre Teilnahme an der Regierung übten sie entscheidenden Einfluß auf die Conciertos Económicos aus, die zu ihrem Vorteil festgelegt wurden. Auch nach der Wiedereinführung des allgemeinen Männerwahlrechts im Jahr 1890 garantierten weiterhin Stimmenkauf und Wahlbetrug die Vorherrschaft der Oligarchien. Die Macht der traditionellen Landeliten dagegen war gebrochen; ihr Kontrollorgan, die Juntas, wurde abgeschafft.

Die neue politisch-administrative Ordnung der drei westlichen Provinzen ähnelte derjenigen, die 1841 in Navarra aus der Ley Paccionada hervorgegangen war. Aber auch Navarra hatte den Zweiten Karlistenkrieg verloren und die Regierung versuchte, die navarrische Autonomie weiter einzuschränken. Zu einem ernsten Angriff auf die Autonomie kam es aber erst 1893, als Navarra endgültig den spanischen Provinzen gleichgestellt werden sollte. Daraufhin fand in Pamplona eine massenhafte Protestkundgebung statt – 120 000 Unterschriften wurden gesammelt. Das staatliche Projekt wurde zurückgenommen und Navarra bewahrte seine Steuerautonomie.

Das baskische Foralsystem war in der Zeit von der Französischen Revolution bis zum Zweiten Karlistenkrieg ständigen Angriffen der Zentralstaaten ausgesetzt und wurde schließlich abgeschafft. Auch die baskische Kultur und besonders ihr wichtigster Träger, die baskische Sprache, waren von der Hegemonie der Staatssprachen Französisch und Spanisch bedroht. In Hegoalde wurde 1857 das Erziehungsgesetz des Ministers Moyano erlassen, das den Schulunterricht mit vom Staat eingesetzten Lehrern vorschrieb. Die baskischen Institutionen protestierten vergeblich gegen diese Maßnahme. In Hegoalde gab es Mitte des 19. Jh. einen für spanische Verhältnisse hohen Grad an eingeschulten Kindern: 75 000 baskische Kinder besuchten im Jahr 1860 die Grundschule. Dabei war die Lehre der spanischen Sprache praktisch das einzige Lernziel im ländlichen Bereich innerhalb einer baskischsprachigen Bevölkerungsmehrheit.

In Iparralde nahm die kulturelle Repression durch den französischen Staat immer mehr zu. Die Fortschritte in der Schulbildung waren von einem mehr oder weniger offenen Kampf gegen die baskische Sprache begleitet. Schon in der Zeit der Französischen Revolution wurde den Randsprachen innerhalb des französischen Staates der Kampf angesagt und es wurde verkündet: „Der Fanatismus spricht Baskisch." Seit 1871 gab die Dritte Französische Republik der Schulbildung den Auftrag, den Randsprachen endgültig ein Ende zu bereiten. Die baskische Sprache wurde gewaltsam aus den Schulen verdrängt, wozu verschiedene Mittel angewendet wurden, die bis zur Denunzierung von Baskisch-Sprechern reichten.

DIE ENTSTEHUNG
DER MODERNEN BASKISCHEN GESELLSCHAFT

Die industrielle Revolution

Das System der restaurierten spanischen Monarchie brachte Hegoalde eine ungewöhnlich lange Zeit relativer politischer Stabilität, die von 1876 bis 1931 währte. Dies war der zeitliche Rahmen, in dem sich die moderne baskische Gesellschaft ausbilden konnte. Im letzten Viertel des 19. Jh. wurden die Grundlagen der Industrialisierung gelegt, die sich in den ersten drei Jahrzehnten des 20. Jh. konsolidierte. Außerdem entstanden in diesem Zeitraum die politischen und sozialen Bewegungen, die bis heute im Baskenland dominierend sind.

Nach dem Ende des Zweiten Karlistenkriegs und der endgültigen Integration Hegoaldes in den spanischen Markt erlebten die Provinzen Bizkaia und Gipuzkoa eine rasche Industrialisierung, die jedoch mit einem erheblichen zeitlichen Rückstand gegenüber anderen Ländern einsetzte, nicht nur gegenüber England, sondern auch im Vergleich mit Deutschland, Italien, Frankreich und auch Katalonien.

Die Industrialisierung des Baskenlandes hatte ihren Ausgangspunkt im Bergbau. Der Aufschwung vollzog sich sprunghaft: 1878 wurden 1,3 Mio. Tonnen Eisenerz abgebaut, 1883 waren es 3,6 Mio., 1890 schon 5 Mio. und 1899 schließlich 6,5 Mio.[15] Insgesamt wurden in Bizkaia zwischen 1876 und 1900 mehr als 94 Mio. Tonnen Eisenerz abgebaut. Der größte Teil davon wurde exportiert: Zwischen 1878 und 1900 wurden allein mehr als 50 Mio. Tonnen baskisches Eisenerz nach Großbritannien verschifft. Tatsächlich konnte das bizkainische Eisenerz fünfmal billiger angeboten werden als das britische. Die Schiffe brachten ihrerseits britische Kohle für die baskische Schwerindustrie zurück. Seit 1910 begannen die bizkainischen Erzreserven und damit sowohl der Abbau als auch die Ausfuhren zurückzugehen;

---

[15] Zum Vergleich sei angeführt, daß im gesamten Deutschen Reich 1890 11,4 Mio. und 1899 18 Mio. Tonnen Eisenerz abgebaut wurden, wobei der mit Abstand größte Teil aus dem lothringischen Minette-Bezirk stammte; vgl. *Statistisches Jahrbuch für das Deutsche Reich*, 22 (1901), S. 25.

dies konnte jedoch den Aufbau einer leistungsfähigen Schwerindustrie nicht mehr aufhalten.

Der Abbau von Eisenerz erzeugte einen bedeutenden Kapitalfluß, von dem mehr als drei Viertel in Bizkaia verblieben, und zwar in Form von Löhnen, Dienstleistungen, Steuern oder Unternehmergewinnen. Die Reinvestitionen dieser Gewinne legten den Grundstein zur Industrialisierung. In der ersten Aufschwungphase von 1878 bis 1882 wurden dank der Finanzierung durch Minenbesitzer mehrere bedeutende metallurgische Betriebe gegründet, von denen *Altos Hornos de Bilbao* („Hochöfen von Bilbao") in Barakaldo am wichtigsten waren. Während andere Fabriken nur Metallbarren zum Export herstellten, waren *Altos Hornos de Bilbao* bereits ganz klar auf den spanischen Markt ausgerichtet.

In der nächsten Aufschwungphase von 1888 bis 1892 zeigte sich, daß die ebengenannte Orientierung zukunftsweisend war, denn auch andere Unternehmen begannen, auf den spanischen Markt zu setzen, wobei sie die eisenschaffenden Fabriken in metallurgische Betriebe umwandelten, die ihre halbfertigen Produkte weiterverarbeiteten. Dieser Wechsel wurde 1888 eingeleitet, als die Werft *Astilleros del Nervión* gegründet wurde, die Kriegsschiffe baute.

Die Orientierung des bizkainischen Bürgertums auf den spanischen Markt ließ die Forderung nach Protektionismus laut werden, um die einheimische Produktion vor der ausländischen Konkurrenz zu schützen. Durch die Verhängung höherer Zölle auf Importe sollten Anreize zu Investitionen geschaffen werden. Die Verabschiedung der protektionistischen Gesetze vom 31. Dezember 1891 führte zur Gründung zahlreicher metallurgischer Betriebe. Die Regierung behielt sich jedoch die Senkung der Zölle mittels spezieller bilateraler Handelsverträge vor, und für die Einfuhr von Eisenbahnmaterialien wurden die niedrigeren Zollsätze beibehalten. Die Proteste des bizkainischen Bürgertums, das sich in einem Produzentenverband (*Liga Vizcaína de Productores*) zusammenschloß, um effizienteren Druck auszuüben, hatten Erfolg: Im Juli 1894 wurde das Projekt der Handelsverträge verworfen und im September 1896 wurden die besonderen Zollsätze für Eisenbahnmaterial abgeschafft.

Die Befürworter des staatlichen Protektionismus hatten sich durchgesetzt: ausländische Firmen waren praktisch nicht mehr konkurrenzfähig. Die Gesetzgebung war auf perfekte Weise den unternehmerischen Interessen angepaßt worden. Den Erfolg dieser Politik beweist die Tatsache, daß die Richtlinien des spanischen Außenhandels, die Ende des 19. Jh. entstanden, erst seit 1959 liberalisiert wurden. Andererseits führte das Fehlen von echter Konkurrenz dazu, daß die Industrieproduktion teuer und von mittelmäßiger Qualität war, was den späteren Rückstand auf dem Weltmarkt erklärt.

In den Jahren der zweiten industriellen Revolution setzte sich im Baskenland wie in ganz Europa die Vorherrschaft der Oligopole durch, wobei die kleinen und mittleren Betriebe nur schwerlich mit dem Großkapital konkurrieren konnten. Der orthodoxe Liberalismus des 18. und 19. Jh., der auf den freien Wettbewerb setzte, wurde verdrängt. Um die hohen Preise, die die protektionistische Gesetzgebung erlaubte, möglichst gewinnbringend zu nutzen, teilten die spanischen Unternehmen den Markt unter sich auf. Die Resultate waren spektakulär; die Unternehmen der bizkainischen Metallindustrie schütteten hohe Dividenden aus. 1901 gab es in Bizkaia etwa 100 Metallfabriken, die 18 000 Arbeiter beschäftigten.[16] Der größte Teil der Schwerindustrie war in der Nähe von Bilbao, am linken Ufer des Flusses Nervión, besonders in den Orten Barakaldo und Sestao angesiedelt. Im Jahr 1902 entstand schließlich aus der Fusion von *Altos Hornos de Bilbao* und anderen Fabriken der Metallgigant *Altos Hornos de Vizcaya*, der während fast eines Jahrhunderts das Aushängeschild der baskischen Industrie wurde. Zur Zeit seiner Gründung war es das größte Unternehmen im spanischen Staat und beschäftigte etwa 6000 Menschen.

Eine neue Aufschwungphase setzte 1898 nach dem Kuba-Krieg ein und währte bis 1901. Die hohen Erlöse, die der Bergbau jener Jahre erwirtschaftete, verbunden mit günstigen Zukunftsaussichten, führten zu einer ungewöhnlichen Freisetzung von Kapital. Dieses wurde in neue Sektoren wie Schiffbau und Reedereien investiert: Im Jahr 1900 gründete der baskische Großindustrielle Ramón de la Sota die Werft *Euskalduna*. Sota besaß auch eine Reederei und fusionierte diese im Jahr 1906 mit der von Eduardo Aznar zur neuen Großreederei *Sota y Aznar*. Im Jahr 1901 hatten 133 Schiffe in Bilbao ihren Heimathafen gegenüber 37 Schiffen vier Jahre zuvor. 1908 beherbergte Bilbao die umfangreichste Flotte Europas mit 199 Schiffen, von denen 180 moderne Dampfschiffe waren. Auch zur Zeit der Weltwirtschaftskrise Anfang der dreißiger Jahre konnte Bilbao mit 273 Schiffen seine Vorrangstellung im spanischen Staat bewahren.

Im Zuge dieses Finanzbooms entstanden in ganz Hegoalde neue Banken, von denen einige nur der Spekulation dienten und in der ersten Krise ihre Aktivität aufgaben. Zwei Banken sollten in der Zu-

---

[16] Juan Pablo Fusi, *Política obrera en el País Vasco 1880–1923*, Madrid 1975, S. 29.

kunft eine überragende Funktion haben und alle Krisen überleben: die schon 1857 gegründete *Banco de Bilbao* und die *Banco de Vizcaya*, die im Jahr 1901 entstand. Besonders seit Anfang der zwanziger Jahre setzte eine starke Expansion des bizkainischen Kapitals auf dem spanischen Kapitalmarkt ein, und die baskischen Banken nahmen den ersten Platz in der spanischen Finanzwirtschaft ein. Die baskischen Banken, insbesondere aber die beiden großen Banken aus Bilbao, wurden zu den wichtigsten Teilhabern in zahlreichen baskischen und spanischen Industrieunternehmen.

Die günstige Wirtschaftsentwicklung endete Mitte 1901 schlagartig mit dem *Crack* der Börse von Bilbao, dem viele Firmen zum Opfer fielen. Dieser Rückschlag konnte jedoch die Entwicklung einer modernen und leistungsfähigen Wirtschaft in Bizkaia nicht mehr rückgängig machen. Bizkaia hatte sich in wenigen Jahren zur klar dominierenden spanischen Provinz auf dem Metallsektor entwickelt; zwischen 1881 und 1931 produzierten die Fabriken der Provinz zwei Drittel des spanischen Roheisens.

Die Industrialisierung in Gipuzkoa verlief langsamer als in Bizkaia, weil die Provinz keinen so entscheidenden industriellen Motor hatte wie den Bergbau in Bizkaia, der zu einer großen Kapitalkonzentration geführt hatte. Aus diesem Grunde gab es in Gipuzkoa kein so ausgeprägtes Großbürgertum – die Unternehmer investierten i.d.R. in kleinere Industriebetriebe, wie die Textilindustrie. Eine Ausnahme bildeten die Papierfabriken, die einen hohen Kapitalaufwand erforderten und normalerweise von Kapitalgesellschaften geführt wurden. Eine weitere Charakteristik der allmählich einsetzenden Industrialisierung in Gipuzkoa war die Dezentralisierung: Die Industriebetriebe waren über die gesamte Provinz verteilt, im Gegensatz zur bizkainischen Konzentration der Industrie um den Nervión oder sehr viel später in anderen baskischen Regionen um die Hauptstädte Vitoria und Pamplona. Schließlich war die industrielle Aktivität in Gipuzkoa stärker diversifiziert als im auf die Schwerindustrie spezialisierten Bizkaia; es gab sowohl Metall- als auch Textil-, Papier- und Waffenfabriken.

Technische Neuerungen in der Papierfabrikation, vor allem die Einführung von Holz und Stroh als Rohstoffe sowie die Benutzung von Dampfmaschinen führten zu einer enormen Erhöhung der Papierproduktion, die von täglich 712,5 kg im Jahr 1876 auf 3600 kg im Jahr 1900 stieg. Diese Erhöhung war exzessiv und führte Ende des Jahrhunderts zu einer Überproduktionskrise.

Die Waffenproduktion hatte in Gipuzkoa seit dem Mittelalter eine große Tradition. Es gab staatliche Waffenfabriken in Placencia, Tolosa und Mondragón. Privatinitiative führte Ende des 19. Jh. zur Entstehung zahlreicher kleinerer Waffenfabriken in Eibar, das zum neuen Zentrum der Waffenproduktion wurde.

Während die kleineren Industriebetriebe in Gipuzkoa die Wasserkraft der zahlreichen Flüsse zur Stromerzeugung nutzten, benötigte die bizkainische Großindustrie die Erschließung von Stromquellen in größerem Umfang. 1901 wurde die Gesellschaft *Hidroeléctrica Ibérica* gegründet, die innerhalb weniger Jahre im Baskenland und der näheren Umgebung verschiedene Staudämme zur Stromerzeugung anlegen ließ, die das damals umfassendste Stromnetz Europas bildeten. Von diesem Erfolg beflügelt wurde 1907 *Hidroeléctrica Española* gegründet, die den Strom bis Madrid transportierte und auch wieder europäische Rekorde brach. An diesen Unternehmen war entscheidend baskisches Kapital beteiligt, das insbesondere von den Banken *Banco de Vizcaya* und *Banco de Bilbao* aufgebracht wurde. Das bedeutendste Projekt war jedoch in den zwanziger Jahren *Saltos del Duero*, eine mit baskischem Kapital gegründete Gesellschaft, die die gewaltigen Staudämme am kastilischen Fluß Duero anlegte, die bis heute in Europa unübertroffen sind. 1944 fusionierten die ebengenannten Betriebe zu *Iberduero*.

Iparralde kannte keine Industrialisierung wie Bizkaia und Gipuzkoa. Die Industrie blieb im Landesinnern praktisch inexistent bzw. weiterhin auf Handwerksbetriebe beschränkt. Nur in Bayonne siedelten sich gegen Ende des 19. Jh. verschiedene Industrien an. Bemerkenswert sind darunter nur im Jahr 1881 die Hochöfen *Forges de l'Adour*, die den Eisenbahnboom nutzten und vor allem Gleisanlagen herstellten. Sie sollten der Stadt ein halbes Jahrhundert Wohlstand bringen, bis mit dem Ende des Eisenbahnbooms auch die Tätigkeit der Hochöfen von Bayonne endete. Das Eisenerz für die Produktion wurde aus Bilbao bezogen und die Kohle aus England oder Deutschland.

In Navarra und Alava gab es bis auf wenige Ausnahmen keine Industrialisierung, sondern die beiden Territorien blieben größtenteils landwirtschaftlich geprägt. Die Landwirtschaft erlebte aber eine schwere Krise. Die Verbesserung der Transportwege hatte dazu geführt, daß es das baskische Getreide schwerhatte, sich auf den Märkten gegen kastilisches und sogar ausländisches Getreide zu behaupten. Erst die protektionistische Gesetzgebung am Ende des 19. Jh. konnte die Landwirtschaft vor der ausländischen Konkurrenz schützen.

Im Gegensatz zu den Getreideanbaugebieten erlebte der Weinbau in der Alavesischen Rioja und in der Ribera von Navarra von 1875 bis 1885 einen starken Aufschwung, weil die französischen Weinberge von der Reblaus befallen waren. Aber Navarrer und Alaveser konnten diesen Wettbewerbsvorteil nicht nutzen; es gelang ihnen weder die Qualität ihres Weines entscheidend zu verbessern, noch sich auf neuen Märkten durchzusetzen. Als der französische Weinbau gesundete, gingen die Marktanteile wieder zurück. Erschwerend kam hinzu, daß seit 1896 das navarrische und alavesische Weinanbaugebiet seinerseits von der Reblaus befallen wurde, was die Weinberge fast völlig zerstörte. Zwanzig Jahre sollte es dauern, bis sich der Weinbau wieder erholte.

Nennenswert war in Navarra und Alava die Lebensmittelindustrie, unter denen die Fabriken herausragten, die in der navarrischen Ribera Zucker aus Zuckerrüben gewannen. Das größte dieser Unternehmen befand sich in Marcilla in der Ribera und beschäftigte Anfang des 20. Jh. in der Erntezeit immerhin etwa 600 Arbeiter.

In der Gesellschaft Iparraldes, Navarras und Alavas stellten noch bis in die dreißiger Jahre des 20. Jh. die in der Landwirtschaft Beschäftigten mehr als 50% der aktiven Bevölkerung. In Bizkaia dagegen übertraf die Zahl der in der Industrie Beschäftigten schon im zweiten Jahrzehnt die der in der Landwirtschaft arbeitenden Bevölkerung; in Gipuzkoa vollzog sich dieser Wandel im dritten Jahrzehnt.

Die Krise der Landwirtschaft in Navarra und Alava und die Armut der Bauern in Iparralde führten zur Landflucht. Die Auswanderer suchten ihr Glück in den baskischen Küstenprovinzen oder in Südamerika. In Iparralde nahm die Bevölkerung im Landesinnern ab, während sie seit dem letzten Drittel des 19. Jh. an der Küste von Labourd zunahm. Besonders Biarritz erlebte ein spektakuläres Wachstum; seine Einwohnerzahl stieg von 5500 im Jahr 1776 auf 18000 im Jahr 1911. In Navarra und Alava stagnierten die Bevölkerungszahlen im letzten Viertel des 19. Jh. weitgehend: Navarra blieb bei etwa 304000 Einwohnern; die Einwohnerzahl Alavas stieg von 93000 auf 96000; im Vergleich zur Bevölkerungsentwicklung der Epoche lassen diese Zahlen auf eine hohe Auswanderung schließen. Tatsächlich wird die Auswanderung für Navarra in den Jahren von 1901 bis 1910 auf mehr als 27000 Personen geschätzt,[17] was etwa 9% der Bevölkerung entsprach.

Dagegen wuchs die Bevölkerung in den Küstenprovinzen Hego-

---

[17] Álvarez Urcelay et al., S. 393.

aldes. Von 1877 bis 1900 stieg die Bevölkerung Gipuzkoas um 17% von 167000 auf 196000 Einwohner. Spektakulär waren die Zahlen für Bizkaia, das von 190000 Einwohnern im Jahr 1877 auf etwa 311000 im Jahr 1900 wuchs, was 64% Zuwachs entspricht. In den ersten dreißig Jahren des 20. Jh. lagen die Wachstumsraten der Bevölkerung von Bizkaia und Gipuzkoa an der Spitze aller spanischen Provinzen: Die Bevölkerung Bizkaias stieg um 56% auf 485000 und die Bevölkerung Gipuzkoas um 54% auf 302000.

Das charakteristischste Phänomen dieses demographischen Booms war die Einwanderung. In Gipuzkoa waren im Jahr 1900 12,3% der Bevölkerung Immigranten und in Bizkaia sogar 27,8%. Die neuen Einwanderer der Industriegesellschaft stammten größtenteils aus nahegelegenen baskischen oder kastilischen Provinzen, aber auch aus weiter entfernten spanischen Regionen. Der Großteil der Immigranten in Gipuzkoa stammte aus anderen baskischen Gebieten, während die meisten Immigranten in Bizkaia keine Basken waren.

Die Einwanderung konzentrierte sich in den Bergbau- und Industriegebieten, besonders am linken Ufer des Nervión, das etwa 90% der Einwanderer in Bizkaia aufnahm. In Gipuzkoa dagegen fällt die Streuung der Bevölkerung über die gesamte Provinz auf. Die große Zahl der Immigranten aus anderen spanischen Regionen führte besonders in Bizkaia seit 1890 zur raschen Ausbildung einer neuen Gesellschaftsschicht: der Arbeiterklasse.

Die Entstehung des baskischen Nationalismus

Das Ende des Zweiten Karlistenkriegs bedeutete das Ende der traditionellen Gesellschaftsstruktur. In den Jahren der Industrialisierung wurden die Grundlagen für die moderne baskische Gesellschaft gelegt. Die neuen zukunftsweisenden politischen Gruppen waren in Hegoalde die Sozialisten als Vertreter der Arbeiterschaft, das spanisch orientierte liberale Unternehmertum und der baskische Nationalismus. Diese drei Tendenzen bestimmen die Politik des Baskenlandes mit Einschränkungen bis heute. Von Bilbao ausgehend breiteten sich diese Ideologien im Laufe der Zeit auf ganz Hegoalde aus.

Mit dem Sieg des staatlichen Protektionismus vollzog sich endgültig der Wandel des bizkainischen Bürgertums von einer starken Orientierung auf den internationalen Handel zu einer völligen Integration in den spanischen Markt. Das bizkainische Großbürgertum gewann darüber hinaus in den spanischen Zentren der Macht an politischem Einfluß.

Der größte Teil des Baskenlandes war nicht von der Industrialisierung betroffen, und dort konnten sich der Karlismus und der traditionelle Liberalismus halten. Letzterer verdankte seine Vorherrschaft in der Gesellschaft dem Schutz durch die baskischen Fueros, die erst kürzlich abgeschafft worden waren. Beide Ideologien blieben noch lange Verteidiger der Fueros im Sinne der neofueristischen Ideologie, die sich Mitte des 19. Jh. ausgebildet hatte.

Im Jahr 1888 kam es zur Spaltung der karlistischen Bewegung in eine moderate Richtung, die vom exilierten Thronprätendenten Carlos María (Karl VII.) vertreten wurde, und Integristen, die den Liberalismus radikal ablehnten und einen katholischen Staat forderten. Beide Tendenzen der karlistischen Bewegung vertraten jedoch anachronistische sozioökonomische Modelle. Sie hatten ihren Rückhalt besonders in der Landbevölkerung und fanden in den Städten nur wenig Unterstützung. Navarra war die Hochburg des Karlismus. Nach einer schwerfälligen Erholung nach dem Zweiten Karlistenkrieg konnten die navarrischen Karlisten im Jahr 1891 den ersten Abgeordneten nach Madrid entsenden. Seitdem nahm ihre zahlenmäßige Teilnahme – immer in Minderheit – an der navarrischen und spanischen Politik zu, und Navarra stellte regelmäßig den größten Teil der karlistischen Abgeordneten in den spanischen Cortes.

Auch die Wählerschaft in Iparralde war traditionell konservativ. Die dominierende soziale Schicht waren die kleinen Grundbesitzer, die aus Angst vor revolutionären sozialen Unruhen ihre politischen Vertreter meist aus dem rechten politischen Spektrum wählten. Noch mehr als dieses politische Moment schien aber die Tendenz zu gelten, daß die Basken ihnen bekannte Persönlichkeiten, zumeist grundbesitzende Notabeln, wählten, weil sie den Wählern mehr Vertrauen einflößten als die Programme der politischen Parteien. Die Parteien und Regierungen der Dritten Republik waren zudem alle zentralistisch eingestellt, so daß den baskischen Wählern nur die Entscheidung zwischen der Persönlichkeitswahl und dem politischen Desinteresse blieb. Verschiedene politische Entwicklungen des modernen französischen Staates fanden im Baskenland keine Zustimmung, wie die Trennung von Kirche und Staat, der Zentralismus und das antibaskische französische Schulwesen.

Nach dem schmerzlichen Verlust der Fueros und der fast vollständigen Integration in den spanischen Staat bildete sich in Hegoalde in den letzten Jahren des 19. Jh. eine starke Gegenbewegung zum Schutz der baskischen Kultur und Sprache. Zahlreiche baskische Kulturvereinigungen und Zeitschriften wurden ins Leben gerufen, deren Ziel die Verbreitung der baskischen Sprache, Geschichte und Literatur war.

Ein Vorkommnis, das in gewisser Weise als „Prä-Nationalismus" bezeichnet werden kann, waren die Unruhen, die Ende August 1893 in San Sebastián ausbrachen. Der spanische Königshof und die Regierung waren in San Sebastián in Sommerurlaub. Als das Städtische Orchester nach einem Konzert nicht wie üblich das beliebte baskische Lied „Gernikako Arbola" („Baum von Gernika") anstimmte, das für die Basken eine Art Hymne auf das Foralwesen war, entwickelte sich ein spontaner Protest, der zu Straßenkämpfen mit den Ordnungskräften ausartete und letztlich neben zahlreichen Verletzten und Verhafteten auch drei Todesopfer zurückließ.

Die ideologische Grundlage für den Nationalismus schuf Sabino Arana Goiri, der 1865 in Bilbao in einer karlistischen Familie geboren worden war. Im Gegensatz zum Karlismus berücksichtigte die Ideologie von Sabino Arana die sozioökonomischen Veränderungen, die die Industrialisierung gebracht hatte und die zu einer fortschreitenden Zerstörung der traditionellen Lebensformen führten. Das Grundübel war für Arana die massenhafte Einwanderung aus nichtbaskischen Gebieten, was in den Industriegebieten tatsächlich zur Verdrängung der baskischen Sprache geführt hatte. Dazu kam die erst kürzlich erfolgte Verletzung der baskischen Traditionen durch die Abschaffung der Fueros. Dieser frühe Nationalismus widersetzte sich kategorisch der Industrialisierung und Einwanderung und stützte sich auf die katholische Religion.

Aranas Interpretation der baskischen Geschichte ging von einer Quasiunabhängigkeit der baskischen Territorien bis zum Ende des Ersten Karlistenkriegs im Jahr 1839 aus. Sein politisches Projekt empfahl eine Rückkehr zu den traditionellen Formen baskischen Lebens, gestützt auf das alte Gewohnheitsrecht (Fueros). Alles Übel würde enden, wenn die Basken zur Tradition zurückkehrten, in einer Gesellschaft freier Bauern „baskischer Rasse" lebten und an einer perfekten Demokratie teilhätten, in der Liberalismus und „Españolismus" keinen Platz hätten. Sabino Arana schlug eine Föderation der sieben baskischen Territorien vor, die die Möglichkeit haben sollten, ihre Unabhängigkeit vom spanischen und französischen Staat auszurufen. Damit begründete er eine Art baskisches Nationalbewußtsein.

Aranas Nationalismus war von traditionalistischen und romantischen Modellen geprägt. Fünf Elemente rechtfertigten nach seiner Auffassung die Forderung nach einer baskischen Nation: Rasse, Sprache, Recht und Institutionen, Charakter und Gewohnheiten sowie die historische Einheit. Wichtigstes Element war die „Rasse", deren „Reinheit" von der nichtbaskischen Einwanderung bedroht sei. Er ging von einer „reinen Rasse" aus, die aber nicht weiter definiert wurde als durch ihre „Originalität", die durch die Existenz der baskischen Sprache bewiesen sei.

Nationalismus und Karlismus hatten sowohl den Traditionalismus als auch die religiöse Orientierung gemeinsam. Nach Arana war der Fehler des Karlismus jedoch, daß er die Verteidigung der Fueros an die karlistische Königsdynastie band. Außerdem konnte der Begriff „Fueros" als „Privileg" mißverstanden werden, so daß er diesen Begriff durch „Altes Recht" (*lagizarra*) ersetzte.

Der frühe baskische Nationalismus hatte besonderen Rückhalt beim niederen Klerus, der aus dem Baskenland selbst und zudem meist vom Land stammte, und in kleinbürgerlichen Kreisen der Städte, die ihre traditionelle Stellung in der Gesellschaft durch die umwälzenden und rasanten sozioökonomischen Veränderungen bedroht sahen.[18] Der Nationalismus entstand ausgerechnet im industrialisierten und kosmopolitischen Bilbao, wo der Verlust der baskischen Kultur und Identität besonders spürbar war. Die Ablehnung der Industrialisierung war vor allem eine Reaktion auf die starke Einwanderung. Der kapitalistischen Oligarchie wurde vorgeworfen, an dieser Situation entscheidend mitschuldig zu sein.

Sabino Arana stellte seine Doktrin Mitte 1893 vor und gründete die Zeitschrift *Bizkaitarra*, die zum Sprachrohr der baskischen Nationalisten wurde. Im Juli 1894 schuf er die nationalistische Gesellschaft *Euzkaldun Batzokija*, die 94 Mitglieder hatte.[19] Schon ein Jahr später schien der Zeitpunkt gekommen zu sein, politisch aktiv zu werden – am 31. Juli 1895 wurde die „Baskische Nationalistische Partei" EAJ-PNV[20] ins Leben gerufen. Ihr Einflußbereich ging zunächst nicht über

---

[18] Die Analyse der 169 Mitglieder der ersten baskisch-nationalistischen Gesellschaft *Euzkaldun Batzokija* in den Jahren 1894 und 1895 beweist den kleinbürgerlichen Charakter des frühen baskischen Nationalismus; siehe Javier Corcuera Atienza, *Orígenes, ideología y organización del nacionalismo vasco 1876–1904*, Madrid 1979, S. 239–240.

[19] Noch heute tragen die Parteilokale der Baskischen Nationalistischen Partei EAJ-PNV den Namen *Batzoki*.

[20] EAJ = *Euzko Alderdi Jeltzalea*, PNV = *Partido Nacionalista Vasco*, heißt auf deutsch „Baskische Nationalistische Partei".

Bilbao und einige weitere Ortschaften in Bizkaia hinaus, aber schon 1898 wurde Arana zum Provinzabgeordneten gewählt.

Um 1898 schlossen sich dem bisher kleinbürgerlich dominierten Nationalismus auch Vertreter des Großbürgertums an, die den staatlichen Protektionismus ablehnten und auf freieren Handel setzten, da ihre Interessen mehr auf den internationalen als auf den spanischen Markt ausgerichtet waren. Diese Gruppe fühlte sich vom baskischen Nationalismus eher vertreten als vom Liberalismus spanischer Prägung. Zu ihnen gehörten zahlreiche Reeder, besonders aber der Bilbainer Großindustrielle Ramón de la Sota, der das einzige Mitglied der industriellen Oligarchie war, das sich dem Nationalismus anschloß. Durch den Einfluß dieser Gruppe setzte sich im baskischen Nationalismus bald ein bisher unbekannter bürgerlicher Pragmatismus durch, der die Industrialisierung nicht mehr ablehnte und die Unabhängigkeit nicht mehr als Dogma verstand. Das wirtschaftliche Modell verteidigte zwar nicht den Protektionismus, ging aber von der Einheit des spanischen Marktes aus. Erst durch den Anschluß des liberalen und moderaten Sektors wurde die Expansion des baskischen Nationalismus möglich, der bald zu einer der wichtigsten politischen Kräfte in Bilbao werden konnte.

Aber noch verfügte die EAJ-PNV außerhalb Bilbaos nur über eine dünne soziale Basis und war nur in einigen bizkainischen Rathäusern in der Opposition vertreten. Der erste entscheidende Schritt auf dem Weg zur klassenverbindenden Partei vollzog sich in den ersten Jahren des 20. Jh., als die Küstenbevölkerung in Bizkaia massenhaft – und in Gipuzkoa in geringerem Maße – zum baskischen Nationalismus überlief. Der Grund lag darin, daß die Mehrheit der Fischer nicht mit den rasanten wirtschaftlichen Veränderungen, wie den modernen Fischfangmethoden, Schritt halten konnte, in Wettbewerbsnachteil geriet und verarmte. Die EAJ-PNV setzte sich von Anfang an für die Bewahrung der traditionellen Werte der Fischer ein und konnte schon 1901 die Kommunalwahlen in Bermeo gewinnen. Dieser Fischerort sowie Gernika und Markina wurden zu den ersten ländlichen Hochburgen der EAJ-PNV.

Diese ersten Erfolge ließen die spanische Regierung schon früh die Gefahr erkennen, die der baskische Nationalismus für den Einheitsstaat darstellte. Sabino Arana wurde Ende Mai 1902 verhaftet, nachdem er dem US-Präsidenten Roosevelt telegraphisch zur Unabhängigkeit Kubas gratuliert und diese als Vorbild für die baskische Unabhängigkeit dargestellt hatte. Auch die zehn Stadtverordneten, über die die Nationalisten in Bilbao verfügten und die immerhin ein Drittel des gesamten Stadtrats ausmachten, wurden bald schikaniert: Ein scheinbar unverfängliches Begrüßungsschreiben an eine argentinische Fregatte im Namen der EAJ-PNV und des baskischen Volkes diente dem Gouverneur von Bizkaia im Einverständnis mit den meisten anderen Parteien als Vorwand, Mitte Juni alle Nationalisten aus dem Stadtrat auszuschließen.[21]

Angesichts dieser ungleichen Auseinandersetzung entwickelte Sabino Arana im Gefängnis, wo er bis November 1902 verblieb, die neue Doktrin einer „Liga spanischer Basken" (*Liga de Vascos Españolistas*). Dem neuen Modell lag ein pragmatischer Wechsel der politischen Strategie zugrunde: Der spanische Konstitutionalismus sollte anerkannt und aus dieser juristisch unangreifbaren Position für die Autonomie innerhalb Spaniens gekämpft werden. Diese modifizierte Doktrin war innerhalb der EAJ-PNV natürlich sehr umstritten und wurde nicht weiterentwickelt, nachdem Sabino Arana am 25. November 1903 unerwartet früh verstarb. Seine früheren radikaleren Modelle blieben die Grundlage des baskischen Nationalismus, wenn auch fortan eine regionalistische „Realpolitik" mit dem Nahziel der Autonomie betrieben wurde, um die Konfrontation mit dem Staat zu vermeiden; das Fernziel eines unabhängigen Baskenlandes wurde jedoch nie aufgegeben.

Bei Aranas Tod war die EAJ-PNV noch keine Massenpartei, denn dazu fehlte die Unterstützung durch Bauern und Industriearbeiter. Obwohl gerade die Rückkehr zu den traditionellen Lebensformen auf dem Lande eine der ideologischen Stützen des frühen Nationalismus war, vollzog sich der Anschluß der bäuerlichen Bevölkerung nur zögernd. Zwar befand sich die landwirtschaftliche Produktion noch im vorindustriellen Stadium und die Abhängigkeit von Großgrundbesitzern war so groß wie nie zuvor,[22] andererseits aber führte die steigende Nachfrage der Industriegesellschaft nach landwirtschaftlichen Erzeugnissen und die Schaffung zusätzlicher Arbeitsmöglichkeiten in den Fabriken zu einer Verbesserung der Lebensbedingungen der Bauern in den Küstenprovinzen. Erst die Preissteigerungen zur Zeit

---

[21] Es war nur ein Vorwand, denn auch die nationalistischen Stadtverordneten, die nicht unterschrieben hatten, wurden ausgeschlossen, während der Nichtnationalist Araluce, der ebenfalls unterschrieben hatte, keine Repressalien erlitt. Die Maßnahme richtete sich also direkt gegen die EAJ-PNV. Siehe dazu Corcuera, S. 520–521.

[22] Anfang des 20. Jh. befand sich in Bizkaia weniger als die Hälfte der Bauernhöfe im Besitz der Bauern, die sie bewirtschafteten, und in Gipuzkoa sogar nur etwa ein Viertel.

des Ersten Weltkriegs und die in der Folge erhöhten Pachten verschlechterten die Lebensverhältnisse der abhängigen Bauern erneut. Das entschiedene Eintreten der EAJ-PNV für die Bauern und gegen die Interessen der Großgrundbesitzer sicherte den Triumph des baskischen Nationalismus auf dem Land.

Im zweiten Jahrzehnt des 20. Jh. griff der baskische Nationalismus auch auf die baskischstämmige Industriearbeiterschaft über – im folgenden Kapitel wird darüber ausführlicher berichtet –, womit der Nationalismus endgültig zu einer Bewegung geworden war, der Vertreter sämtlicher sozialer Gruppen angehörten.[23] Ausgenommen davon waren nur die eingewanderte nichtbaskische Arbeiterschaft und die spanischorientierte Industrieoligarchie.

Im ersten Jahrzehnt des 20. Jh. weitete sich der von Bizkaia ausgehende Nationalismus zu einer nationalen baskischen Bewegung aus. Dennoch blieben Entwicklung und Wählerpotential sehr ungleichmäßig verteilt: Bis ins zweite Jahrzehnt des 20. Jh. blieb der Nationalismus in Gipuzkoa relativ bedeutungslos; noch Anfang der 30er Jahre erreichte die EAJ-PNV in Navarra nur etwa 10% der Wählerstimmen, während der Nationalismus in Alava sogar noch fast unbekannt war. Bilbao stellte dagegen im Jahr 1923 schon den vierten nationalistischen Bürgermeister – San Sebastián sollte den ersten Bürgermeister der EAJ-PNV erst im Jahr 1979 haben.

Sabino Arana hatte nicht nur die politische Bewegung des baskischen Nationalismus begründet, sondern ihn auch mit vollständigem Gedankengut und Symbolik versehen: Er schuf den Namen *Euskadi* als politisches Projekt eines unabhängigen Baskenlandes, seine Devise war „Gott und Altes Gesetz" (*Jaungoikoa eta Lagizarra*), womit er die Bemühungen um die Bewahrung der katholischen und der foralen Traditionen betonte, er erfand die baskische Fahne, die sog. *Ikurriña*; und er entschied sich für die baskische Hymne „*Gora ta gora*", die heutige Hymne der spanischen autonomen Region Euskadi.

---

[23] Damit entspricht die Entwicklung des baskischen Nationalismus dem theoretischen Modell von Miroslav Hroch für die Ausbildung nationalistischer Bewegungen in kleinen Nationen, die nicht über ein eigenes Staatsgebiet verfügen: in der sog. „Phase C" werden sie zu klassenverbindenden Massenbewegungen; siehe Miroslav Hroch, *Die Vorkämpfer der nationalen Bewegungen bei den kleinen Völkern Europas*, Prag 1968, und „Kleine Nationen in Ost und West", Vortrag auf dem 38. Historikertag in Bochum, 28. 9. 1990. Die Anwendung von Hrochs Modell auf das Baskenland untersucht Ludger Mees, *Entre nación y clase. El nacionalismo vasco y su base social en perspectiva comparativa*, Bilbao 1991.

Die Baskische Nationalistische Partei war die erste politische Partei des Baskenlandes, die die spanische und die französische Einheit in Frage stellte. Dabei war die EAJ-PNV von Beginn an in zwei Gruppen gespalten: die radikalen Nationalisten, die die Unabhängigkeit des Baskenlandes anstrebten, und die bürgerlichen Liberalen, deren politisches Ziel eine weitgehende Autonomie innerhalb des spanischen Staates war. Dieser politische Interessenkonflikt innerhalb der EAJ-PNV sollte ihre Politik während des gesamten 20. Jh. bestimmen.

Soziale und politische Konflikte in der Industriegesellschaft

Das südliche Baskenland bis zum Ersten Weltkrieg

Die Industrialisierung führte besonders in Bizkaia zu einer schnellen Veränderung der Sozialstruktur. Während es vor dem Zweiten Karlistenkrieg beispielsweise noch weniger als tausend Arbeiter im bizkainischen Bergbau gab, waren es 1899 schon 12000, und die Zahl der Metallarbeiter stieg von 2245 im Jahr 1884 auf 22000 im Jahr 1900. Das unkontrollierte und unvorhergesehene rasche Wachstum der Industriegebiete führte zu großen Wohnungsproblemen und schwierigen hygienischen Verhältnissen. Die Industrie- und Minenarbeiter lebten unter teilweise unmenschlichen Bedingungen. Dazu kamen inakzeptable Abhängigkeitsverhältnisse von den Unternehmern: Besonders in den Bergbaugebieten, die weitab der Dörfer und Städte lagen, wurden Hunderte von Arbeitern in einfachste Baracken eingepfercht, für die sie sogar noch teure Mieten zahlen mußten. Ihr Essen mußten die Minenarbeiter zu hohen Preisen – bei schlechter Qualität – in den Kantinen ihrer Betriebe zu sich nehmen. Dazu waren die Arbeitszeiten unzumutbar lang.

Angesichts dieser unmenschlichen Verhältnisse hatte die sozialistische Arbeiterbewegung starken Zulauf. 1879 wurde die „Sozialistische Arbeiterpartei Spaniens" PSOE[24] gegründet, die ihre Zentren in Madrid, Asturien und in Bizkaia ausbildete. Seit 1887 verfügte sie über sozialistische Gruppierungen in Bilbao und anderen Orten des Industriegebiets am Nervión. 1888 gründete die PSOE die sozialistische Gewerkschaft UGT,[25] die sog. „Widerstandsgruppen" in den

---

[24] PSOE = *Partido Socialista Obrero Español* = „Sozialistische Arbeiterpartei Spaniens".
[25] UGT = *Unión General de Trabajadores* = „Allgemeine Arbeiterunion".

Fabriken und Minen aufbaute. So entwickelte der Sozialismus zwei Formen des politischen Kampfes: die Aktivität als politische Partei und die Agitation in den Betrieben.

An den Kundgebungen des ersten „Tags der Arbeit" im Mai 1890 in Bilbao und im Bergbaurevier von La Arboleda (bei Sestao) nahmen mehr als 10 000 Arbeiter teil, die die Verbesserung der Arbeitsbedingungen forderten. Wenige Tage später jedoch wurden die fünf Mitglieder des sozialistischen Arbeiterkomitees von La Arboleda entlassen, wahrscheinlich weil sie aktiv an der Vorbereitung der Maikundgebung beteiligt gewesen waren.[26] Daraufhin kam es zum Streik im bizkainischen Bergbau, dem sich aus Solidarität die Industriearbeiter anschlossen. Es war der erste Generalstreik im Baskenland mit mehr als 20 000 streikenden Arbeitern. Sie forderten die Wiedereinstellung der fünf Entlassenen, die Einführung des Zehn-Stunden-Tags und die Abschaffung der Akkordarbeit, der Barackenwohnungen und des obligatorischen Essens in den Kantinen. Zwar wurde der Kriegszustand ausgerufen, aber nach einer Versammlung von Unternehmer- und Arbeitervertretern konnte der Konflikt friedlich beigelegt werden. Die Unternehmer versprachen, die Forderungen der Arbeiter zu erfüllen, aber diese Versprechen wurden später größtenteils nicht eingehalten. Dennoch war der Generalstreik von 1890 ein erster Beweis für die Stärke der jungen Arbeiterbewegung und festigte die führende Stellung des Sozialismus unter den Arbeitern in Bizkaia.

Die folgenden zwei Jahrzehnte waren von zahlreichen Auseinandersetzungen und vier gewalttätigen Generalstreiks geprägt. In diesen zwanzig Jahren war die UGT die einzige Gewerkschaft, die im Baskenland für die Rechte der Arbeiterschaft kämpfte. Nur sehr langsam konnten Verbesserungen der Lage der Arbeiter erreicht werden, was u. a. daran lag, daß die Gewerkschaften nur über eine geringe Anhängerschaft in den Betrieben verfügten; die Arbeiter vertrauten eher auf Erfolge in Generalstreiks.

Die Gewerkschaftsbewegung in Gipuzkoa entwickelte sich später als in Bizkaia, genauso wie die Industrialisierung später erfolgte. Die gewerkschaftliche Organisation war hier durch die Dezentralisierung der Industrie, durch die geringe Größe der Betriebe, die Diversifizierung der Produktion und die Tatsache, daß ein Großteil der Arbeiter gleichzeitig auch Bauern waren, erschwert.

Die soziale Basis der Sozialisten waren die nichtbaskischen Einwanderer. Aber auch baskische Arbeiter konnten für den Sozialismus ge-

[26] Fusi, 1975, S. 88.

wonnen werden; bestes Beispiel dafür ist Eibar in Gipuzkoa: Es war die erste Stadt außerhalb der bizkainischen Industriegebiete, in der 1897 eine sozialistische Arbeitergruppe entstand, die 300 Mitglieder zählte und mehrheitlich baskischer Herkunft war. In den dortigen Waffenfabriken waren die Facharbeiter, die einen relativ festen Arbeitsplatz hatten und recht hohe Löhne erhielten, eher der gewerkschaftlichen Organisierung zugeneigt. Die Industrialisierung hatte in Gipuzkoa noch nicht sehr tief gegriffen, aber der sozialistische Erfolg in Eibar kündigte bereits an, daß der Sozialismus nicht auf Bizkaia begrenzt bleiben sollte. Nachdem ein erster Versuch gewerkschaftlicher Organisierung im Jahr 1891 gescheitert war, wurde das erste Arbeiterzentrum in San Sebastián 1899 gegründet; 1901 hatte es schon 891 Mitglieder.

In den traditionelleren Territorien Navarra und Alava begann sich der Sozialismus erst Anfang des 20. Jh. zögernd durchzusetzen. Um die progressive Gewerkschaftsbewegung zu bremsen, förderte die Kirche die Bildung katholischer Landarbeitergewerkschaften. Bemerkenswerte gewerkschaftliche Agitation gab es in Navarra praktisch nur in der Zuckerindustrie der Ribera, wo seit 1920 die anarchistische Gewerkschaft CNT[27] tätig war.

Die Einführung des allgemeinen Männerwahlrechts im Jahr 1890 bot die Gelegenheit, den Einfluß der PSOE in den Kommunen zu erhöhen. Der Sozialismus hatte es jedoch schwer, sich in Wahlen durchzusetzen, in denen offen Wahlbetrug von seiten der Regierung und skrupelloser Stimmenkauf durch die örtlichen Oligarchien praktiziert wurden. Trotzdem zog im Jahr 1891 der erste Stadtrat der PSOE ins Rathaus von Bilbao ein, und allmählich waren die Sozialisten in allen Arbeiterstädten vertreten. Seit 1898 erzielte die PSOE in Bilbao etwa 30% der Wählerstimmen. Die Sozialistische Partei war die erste Massenpartei des Baskenlandes.

Schon Sabino Arana hatte die Idee einer nationalistischen Gewerkschaft entwickelt, aber erst 1911 wurde die nationalistische Arbeitergewerkschaft ELA-SOV gegründet,[28] als sich eine einheimische baskische Arbeiterschaft ausgebildet hatte. Die Grundsätze der neuen Gewerkschaft basierten auf Baskismus, Verteidigung der Arbeiterschaft und Christentum, aber sie unterschied sich erheblich von den

---

[27] CNT = *Confederación Nacional de Trabajadores* = „Nationaler Arbeiterbund".
[28] ELA = *Euzko Langileen Alkartasuna*, SOV = *Solidaridad de Obreros Vascos*, heißt auf deutsch „Solidarität der Baskischen Arbeiter".

konservativen katholischen Gewerkschaften, die Anfang des 20. Jh. von der Kirche unterstützt und mehr oder weniger von den Unternehmern kontrolliert wurden. Die nationalistischen baskischen Arbeiter sahen in der Unabhängigkeit des Baskenlandes die einzige Möglichkeit zur Lösung ihrer Probleme. Sozialismus und Kapitalismus wurden abgelehnt, aber die Harmonie mit „guten baskischen Arbeitgebern" schloß man nicht aus. Die ELA-SOV erhielt in der Wirtschaftskrise nach dem Ende des Ersten Weltkriegs starken Zulauf und entwickelte sich bald zur zweitstärksten Gewerkschaft des Baskenlandes nach der UGT; 1920 hatte sie schon mehr als 10000 Mitglieder. Seit 1919 nahm die ELA-SOV allmählich radikalere sozialistische Positionen an und öffnete sich auch der nichtbaskischen Arbeiterschaft: Die gemeinsamen Erfahrungen im Betrieb sollten auch in den gemeinsamen Kampf für die Rechte der Arbeiter münden.

Die sozialistische Arbeiterbewegung, vertreten durch UGT und PSOE, verlegte den Kampf für die Rechte der Arbeiter im Laufe der Zeit verstärkt in die Institutionen; die systematischen Aufrufe zum Streik als Mittel zur Konfliktlösung wurden durch die Bereitschaft zu Verhandlungen ersetzt. Die Sozialistische Partei ging im Jahr 1909 sogar einen Wahlpakt mit den Republikanern ein. Die gemäßigte Politik der UGT hatte den Nebeneffekt, daß die radikalen anarchistischen Gewerkschaften an Einfluß in den Betrieben gewannen.[29]

Entscheidend für die sozialistische Mäßigung war der Übergang des Parteivorsitzes in Bizkaia im Jahr 1915 vom radikaleren Facundo Perezagua, der den bizkainischen Sozialismus seit 1886 angeführt hatte, auf Indalecio Prieto. Unter der Führung von Prieto distanzierte sich der baskische Sozialismus von der marxistischen Theorie und nahm eine pragmatischere Haltung ein, die sich u. a. in der Konsolidierung des Wahlpakts mit den Republikanern ausdrückte. Zwanzig Jahre lang sollte Prieto den bizkainischen und baskischen Sozialismus dominieren, der unter seiner Führung seine Blütezeit erlebte.

---

[29] Inwieweit diese Politik der UGT positiven oder negativen Einfluß auf die Mitgliederzahlen gehabt hat, läßt sich angesichts der konjunkturell stark schwankenden Mitgliederzahlen nicht mit Sicherheit feststellen; siehe dazu die Zahlen der UGT-Mitglieder von 1892 bis 1922 in: Fusi, 1975, S. 489.

Das nördliche Baskenland im Ersten Welkrieg

Iparralde nahm am Ersten Weltkrieg teil, weil es zum französischen Staat gehörte. Zahlreiche baskische Soldaten waren zum Kriegsdienst gezwungen und mußten in den Krieg ziehen. Bemerkenswert ist, daß die Zahl der Fahnenflüchtigen und Deserteure im Gegensatz zu früheren bewaffneten Konflikten sehr gering war. Dies lag an der erfolgreichen deutschlandfeindlichen Propaganda und am gestiegenen französischen Nationalgefühl in Iparralde, dessen Bevölkerung sich nach mehr als einem Jahrhundert zentralistischer Politik und Erziehung mit der Zugehörigkeit zum französischen Staat weitgehend abgefunden hatte.

6000 baskische Soldaten ließen bei der Verteidigung des französischen Staates ihr Leben. Nach dem Krieg wurden in den baskischen Ortschaften, die gefallene Soldaten zu beklagen hatten, Gedenksteine errichtet. All dies verstärkte das Gefühl der Zusammengehörigkeit und die Solidarität mit der französischen Bevölkerung, wodurch sich das Erwachen des baskischen Nationalismus in Iparralde verzögerte. Trotzdem war auch schon vor dem Ersten Weltkrieg ein gewisser nationalistischer Einfluß aus Hegoalde spürbar, der sich allerdings weniger politisch als vielmehr kulturell manifestierte. Zwischen Hegoalde und Iparralde fand ein regelmäßiger kultureller Austausch statt, der die Grundlage für spätere gemeinsame Projekte und Institutionen sein sollte.

Das südliche Baskenland in der Zeit des Ersten Weltkriegs

Dank der spanischen Neutralität im Ersten Weltkrieg konnte die baskische Wirtschaft einen ungeheuren Boom erleben, der bis 1919 anhielt. Die Neutralität ermöglichte blühende Geschäfte mit den kriegführenden Nationen. Diese waren besonders an Eisen interessiert, dessen Preise enorm anstiegen und der baskischen Schwerindustrie große Gewinne brachten. Auch die Nachfrage nach Waffen war natürlich groß, was der Waffenindustrie in Eibar zugute kam. Am meisten profitierten jedoch die baskischen Reedereien von den hohen Transportkosten, die die Unsicherheit des Krieges in die Höhe trieb. Die große Kapitalbildung rief einen neuen Investitionsschub hervor; zahlreiche neue Unternehmen wurden gegründet oder Kapitalerhöhungen durchgeführt.

Mit den Gewinnen der Unternehmer stiegen auch die Preise, und

Soziale und politische Konflikte 137

zwar schneller als die Löhne. Die sozialistischen Organisationen forderten die Beteiligung der Arbeiter an den Unternehmergewinnen. Als ihre Forderungen abgelehnt wurden, verschärfte sich die Agitation, und in den Jahren 1916 und 1917 wurde zu revolutionären Generalstreiks aufgerufen. Der Streik des 18. Dezember 1916 wurde in Bizkaia und Gipuzkoa fast vollständig befolgt, ohne daß jedoch Zugeständnisse von seiten der Arbeitgeber erreicht wurden. Der Sommer des Jahres 1917 bedeutete einen schweren Rückschlag für die sozialistische Arbeiterbewegung: Vom 13. bis 20. August kam es zum Generalstreik, dem in den Industriegebieten Bizkaias sowie in Eibar fast vollständig gefolgt wurde, im größten Teil Gipuzkoas dagegen nur teilweise. Die nationalistische und in ihren Anfängen antisozialistische Gewerkschaft ELA-SOV war nicht bereit, einen revolutionären Streik zu unterstützen, der nicht nur materielle Verbesserungen für die Arbeiter zum Ziel hatte, sondern den Sturz des politischen Systems. Das Militär griff ein und allein in Bilbao gab es elf Tote und viele Verletzte. (Im gesamten spanischen Staat gab es 71 Tote.) Zahlreiche Arbeiterführer wurden verhaftet oder verließen das Land. Nach diesem Mißerfolg kehrte die sozialistische Arbeiterbewegung wieder auf den Weg der Mäßigung und der Ablehnung des revolutionären Kampfes zurück.

Der vorübergehende Rückschritt der sozialistischen Bewegung konnte in den Kommunalwahlen im November 1917 von den baskischen Nationalisten genutzt werden, deren Partei – EAJ-PNV – 1913 in *Comunión Nacionalista Vasca* (CNV) umgetauft worden war. In den Wahlen erlangten sie die Kontrolle zahlreicher Rathäuser und der Diputación von Bizkaia. Erstmals benannten sie daraufhin Kandidaten für die spanischen Parlamentswahlen im Jahr 1918 und stellten fünf der sechs Abgeordneten für Bizkaia und je einen in Gipuzkoa und Navarra. Für die an ständige Stimmenzuwächse gewöhnte Sozialistische Partei stellte das Ergebnis in Bizkaia einen empfindlichen Rückschlag dar. Vor allem aber wurde die jahrzehntelange Hegemonie der liberalen Oligarchien wenn nicht beendet, so doch unterbrochen. Entscheidend für den nationalistischen Erfolg war die Unterstützung durch das nationalistische Bürgertum mit dem Großreeder Ramón de la Sota an der Spitze, dessen Sohn die Diputación von Bizkaia präsidierte.

Die CNV (vorher EAJ-PNV) hatte sich durch die Unterstützung der baskischen Arbeiterschaft zu einer Massenpartei entwickelt, in der sich ein moderater Nationalismus durchsetzte. Andererseits behielt sie ihre starke religiöse Orientierung bei, so daß sie ideologisch zwischen bzw. über den Blöcken der sozialistischen Linken und der monarchisch-katholischen Rechten angesiedelt war. Die Wahlerfolge machten eine rege Kulturarbeit möglich, die im Jahr 1917 in der Gründung der „Gesellschaft für Baskische Studien" *Eusko Ikaskuntza* und 1918 in der Gründung der „Akademie der Baskischen Sprache" *Euskaltzaindia* gipfelte.

Der aufstrebende baskische Nationalismus trieb die Forderung nach baskischer Autonomie voran. Schon im Juli 1917 hatten sich Vertreter der drei westlichen baskischen Territorien in Vitoria versammelt und von der spanischen Regierung ein Autonomiestatut gefordert; Navarra hatte an dieser Versammlung nur als Beobachter teilgenommen. Nach den Wahlerfolgen des Jahres 1918 wurde im Dezember in Madrid tatsächlich eine Außerparlamentarische Kommission zur Ausarbeitung von Autonomiestatuten für Katalonien und die vier baskischen Territorien gebildet.

Angesichts der Erfolge des baskischen Nationalismus reagierten die liberalen und konservativen Kreise des Baskenlandes und überwanden ihre bisherigen politischen Differenzen. In Bizkaia, wo ihre Hegemonie besonders gefährdet war, schlossen sie sich im Jahr 1919 zur *Liga de Acción Monárquica* zusammen, die die Idee eines spanischen Einheitsstaates verteidigte. Die Dauerkrise des politischen Systems in Spanien mit sechs Parlamentswahlen von 1914 bis 1923 bot der *Liga* bald die Möglichkeit, den aufstrebenden Nationalismus in die Schranken zu weisen. Die *Liga* bestätigte die Entwicklung des bizkainischen Großbürgertums seit Ende des 19. Jh.: Als Folge des spanischen Protektionismus und der Einbindung ihrer Geschäfte in den spanischen Markt sowie als Reaktion auf die Bewegung des baskischen Nationalismus war die *Liga* der erste klare Vertreter des aufkommenden spanischen Nationalismus. Das bizkainische Großbürgertum distanzierte sich definitiv von seiner traditionellen Verteidigung der baskischen Sonderrechte und interessierte sich höchstens für die Vorteile, die ihnen die fiskale Autonomie der seit 1878 bestehenden Conciertos Económicos bot.

Die baskischen Nationalisten erlebten in den folgenden Jahren schwere Rückschläge: Die antinationalistische Rechte hatte sich in einem einheitlichen Block zusammengeschlossen, und bei den Wahlen von 1919 bis 1923 zogen Sozialisten und Monarchisten sogar abwechselnd Kandidaten zurück, um sich gegenseitig zum Sieg über die Nationalisten zu verhelfen. Trotz derart ungünstiger Konstellationen gewannen diese bei den Parlamentswahlen im Juni 1919 noch vier der sechs Sitze in Bizkaia und einen in Navarra. Was die Gegner der Natio-

Soziale und politische Konflikte 139

nalisten nicht vermochten, besorgte im Juli der Oberste Gerichtshof in Madrid, der den Wahlsieg von drei der vier Abgeordneten für Bizkaia anullierte, weil ihr entschlossenes Eintreten für die baskische Autonomie als staatsfeindlich angesehen wurde. Der konservative Wahlsieg führte zum Wechsel der spanischen Regierung, die sofort die baskischen und katalanischen Autonomiebestrebungen zurückwies. Das doppelte Scheitern der baskischen Nationalisten führte zur Desillusionierung ihrer Wählerschaft. Dies, verbunden mit der Gegnerschaft der übermächtigen antinationalistischen Allianz, ließ die Nationalisten bei den nächsten Parlamentswahlen im Dezemer 1920 alle Cortes-Abgeordneten für Bizkaia verlieren; nur der Abgeordnete für Navarra konnte sich halten.

Diese Rückschläge führten zu internen Streitigkeiten und zu einem weiteren Rückgang in der Wählergunst. Auf dem Höhepunkt der Krise der nationalistischen Bewegung kam es 1921 zur Spaltung: Auf der einen Seite standen die Verteidiger der orthodoxen Prinzipien Sabino Aranas, die in der Forderung nach Unabhängigkeit des Baskenlandes unnachgiebig waren. Diese Partei nahm den alten Namen EAJ-PNV an. Ihre soziale Basis hatte sie bei einem Teil der baskischen Arbeiterschaft, der unteren städtischen Mittelschicht und bei der radikalen nationalistischen Jugend der Städte. Auf der anderen Seite stand eine pragmatischere Gruppe, die ein Autonomiestatut innerhalb des spanischen Staates anstrebte. Sie behielt den Namen *Comunión Nacionalista Vasca* (CNV) bei, den die bisher ungeteilte Partei seit 1913 getragen hatte. Diese Partei hatte ihren Rückhalt beim progressiven städtischen Bürgertum.

Das Ende des Ersten Weltkriegs bedeutete für die baskische Wirtschaft das Ende der blühenden Geschäfte, die auf Kosten der kriegführenden Staaten getätigt worden waren. Die Jahre von 1919 bis 1923 waren darum von einer schweren Wirtschaftskrise gekennzeichnet. Die Produktion ging erheblich zurück, und die Arbeitslosigkeit stieg stark an. Die politische Agitation nahm zu und Hunderte von Streiks fanden statt. Dazu kam der Erfolg der Revolution in Rußland, der die revolutionäre Agitation verstärkte und die anarchistischen Gruppen erstarken ließ, besonders die Gewerkschaft CNT, die in Katalonien und Andalusien bereits fest etabliert war. Neben Streiks wurden illegale Aktionen durchgeführt, unter denen das Attentat herausragt, das dem Geschäftsführer von *Altos Hornos de Vizcaya*, Manuel Gómez, im Januar 1921 das Leben kostete. Obwohl die Anarchisten das wichtigste Objekt polizeilicher Repression waren, nahm ihre systemfeindliche Aktivität immer mehr zu, ohne daß sie im Baskenland die sozialistische Gewerkschaft UGT oder die nationalistische Gewerkschaft ELA-SOV an Bedeutung übertreffen konnten. Die UGT als repräsentativste Gewerkschaft erreichte im Juli 1921 über 21 000 Mitglieder in Bizkaia; auch in anderen Regionen des Baskenlandes stiegen die Mitgliederzahlen und kamen beispielsweise in San Sebastián auf über 4000.

Das baskische Gewerkschaftswesen hatte sich um 1920 im wesentlichen ausgebildet und zeigte ähnliche Eigenschaften wie der Syndikalismus in anderen Ländern Westeuropas, nämlich Pluralismus und einen Organisationsgrad, der von der jeweiligen Konjunktur abhing: In Krisenzeiten wie von 1919 bis 1923 oder später von 1931 bis 1936 waren bis zu 40% der Arbeiter in Gewerkschaften organisiert, während diese Zahl in Zeiten sozialer Ruhe sogar unter 10% sank.[30]

Die Sozialistische Partei tendierte weiterhin zur Mäßigung und zum Pakt mit den regierenden liberalen Parteien sowie mit sozialdemokratischen und antibolschewistischen Parteien in Europa. Unter dem Eindruck der russischen Revolution spaltete sich darum im Frühjahr 1920 die Kommunistische Partei PC ab, der u. a. die Baskin Dolores Ibarruri angehörte. Die Strategie der neuen Partei war maximalistisch – sie propagierte den politischen Generalstreik und den bewaffneten Aufstand. Die Kommunisten konnten sich jedoch nicht in einer Arbeiterschaft durchsetzen, die in den Gegensatz zwischen Anarchisten und Sozialisten gespalten war, wobei im Baskenland der moderate Sozialismus die größte Unterstützung fand. Die kommunistischen Arbeiter blieben dagegen in der UGT organisiert, was innerhalb der Gewerkschaft zu erheblichen Spannungen führte.

Das südliche Baskenland während der Diktatur Primo de Riveras

Der gesamte spanische Staat durchlebte von 1919 bis 1923 eine schwere wirtschaftliche, soziale und politische Krise, die sich u. a. in zahlreichen Arbeitskonflikten ausdrückte. Ihre Intensität erreichte im Baskenland jedoch kein solches systemgefährdendes Ausmaß wie in Katalonien, wo Hunderte von politischen Morden stattfanden. In diesem angespannten politischen Klima kam es Mitte September 1923 zum Staatsstreich. Der spanische König Alfons XIII. setzte die Verfassung außer Kraft und beauftragte den General Miguel Primo de Ri-

---

[30] Ignacio Olabarri Gortazar, *Relaciones laborales en Vizcaya (1890–1936)*, Durango 1978, S. 431–432.

vera mit der Regierungsneubildung. Der neue Regierungschef erhielt weitgehende Vollmachten, die spanischen Cortes wurden aufgelöst und der Kriegszustand erklärt.

In dem angespannten politischen und sozialen Klima fand der Staatsstreich in großen Teilen der Bevölkerung Hegoaldes Sympathie. Das Großbürgertum erhoffte sich von der Diktatur die Überwindung der Wirtschaftskrise, indem ein verstärkter staatlicher Protektionismus und eine Politik staatlicher Interventionen praktiziert wurden. Tatsächlich erlebte die baskische Wirtschaft in den folgenden sieben Jahren eine noch nie dagewesene Blüte. Die baskische Schwerindustrie erreichte im Jahr 1929 die besten Ergebnisse aller Zeiten. Die Waffenproduktion blühte dank des spanischen Krieges in Marokko wieder auf. Auch die Produktion von Zement, Papier und elektrischer Energie verdoppelte sich in diesen sieben Jahren.

Weite Kreise der Bevölkerung erhofften sich von der Diktatur die Wiederherstellung der öffentlichen Ordnung. Die Kirche begrüßte die Einführung der Diktatur sogar begeistert. Die Zeit Primo de Riveras war eine Zeit der Entpolitisierung. Die anarchistischen Gewerkschaften und die Kommunistische Partei wurden verboten; ihre Führer wurden festgenommen oder gingen in den Untergrund. PSOE und UGT wurden geduldet, dafür waren sie zur Kollaboration mit dem Regime bereit. Auch die Organisationen der baskischen Nationalisten wurden geduldet, aber die Einschränkung der politischen Freiheiten ließ die Nationalisten ein Ventil in der Zuwendung zu apolitischen kulturellen Aktivitäten suchen.

Das Wirtschaftswachstum der „Goldenen Zwanziger Jahre" ließ wenig Kritik an der Regierung aufkommen. Soziale und politische Konflikte waren selten in einer Zeit, in der nicht nur die Unternehmergewinne stiegen, sondern auch die Arbeiterlöhne, während die Preise sanken. Beim ersten Anzeichen der Krise entluden sich jedoch die Spannungen, die die Diktatur nur verdecken konnte. 1928 wurde die Pesete stark abgewertet und es kam zu einer Finanzkrise des spanischen Staates. Auch die ersten Anzeichen der Weltwirtschaftskrise wurden spürbar, die mit dem „Schwarzen Freitag" der Börse von New York ausgelöst wurde (24. 10. 1929). Sofort nahm die Kritik an der Regierung zu, die besonders von Studenten und Intellektuellen geäußert wurde, allen voran vom baskischen Schriftsteller Miguel de Unamuno, der von Beginn an erklärter Gegner der Diktatur gewesen war. Die Arbeiterschaft und die progressive Mittelschicht stellten sich ebenfalls gegen das Regime, zu dessen letzten Stützen das bizkainische Großbürgertum gehörte. Die Arbeiterschaft begann, sich wieder zu organisieren. Die UGT blieb die bedeutendste Gewerkschaft im Baskenland, aber wegen ihrer Kollaboration in den Jahren der Diktatur stiegen die Sympathien für die radikaleren Gewerkschaften, wovon besonders die ELA-SOV profitierte. Die Arbeitskonflikte und besonders die Streiks nahmen wieder zu und erreichten die Intensität, die zehn Jahre zuvor zum Staatsstreich geführt hatte. Angesichts der abnehmenden Popularität der Diktatur setzte Alfons XIII. Primo de Rivera am 28. Januar 1930 ab.

Die baskischen Nationalisten, die während der Diktatur kaum politisch hervorgetreten waren, leiteten eine rege politische Aktivität ein. Zuerst mußte aber das Problem der Spaltung in EAJ-PNV und CNV gelöst werden. Nach monatelangen Verhandlungen vereinigten sich beide Parteien wieder am 16. November 1930 zur EAJ-PNV. Nur zwei Wochen später jedoch trennten sich die moderaten Nationalisten wieder von der Partei und gründeten die neue Partei *Acción Nacionalista Vasca* (ANV), die den katholischen Konfessionalismus und den Rassismus der EAJ-PNV ablehnte. Die ANV versuchte, den Nationalismus an die moderne Industriegesellschaft anzupassen und den eingewanderten Arbeitern die Integration in die baskische Gesellschaft zu ermöglichen. Sie trat für einen unabhängigen baskischen Zentralstaat ein, während die EAJ-PNV eine baskische Föderation mit unterschiedlichen foralen Rechten anstrebte. Der offensichtlichste Unterschied war aber die Bindung der EAJ-PNV an die katholische Kirche gegenüber dem Laizismus der ANV. Der Nationalismus war damit endgültig in ein konservatives (EAJ-PNV) und ein progressives, quasi sozialdemokratisches Lager (ANV) gespalten. In den Jahren starker politischer Agitation bis 1936 entwickelte die ANV ein linksnationalistisches Programm im Sinne der Überwindung des Kapitalismus. Die ANV konnte sich innerhalb des baskischen Nationalismus jedoch nicht durchsetzen und blieb in den Jahren der Republik relativ unbedeutend, besonders weil die Unterstützung des Klerus fehlte.

Die Weltwirtschaftskrise sollte die Wirtschaft Hegoaldes erst später erreichen. Dies unterstreicht die geringe Einbindung in die internationalen Märkte, weil der spanische Protektionismus einen hohen Grad an Isolierung zur Folge hatte. In den Jahren 1930 und 1931 nahm die Industrieproduktion im Baskenland erheblich ab. Die Eisenproduktion in Bizkaia sank beispielsweise zwischen 1929 und 1931 um 37%. Von der Weltwirtschaftskrise wurden die baskische Schwerindustrie, der Schiffbau und die Reedereien schwer getroffen, und seit Mitte der dreißiger Jahre sollten zahlreiche Unternehmen am Rande des Ruins stehen. Die baskische Wirtschaft litt schwer unter der Rezession der europäischen Märkte und dem Rückgang des spanischen Konsums. Die Börsenkurse in Bilbao fielen erst 1931, als die Weltwirtschaftskrise bereits mit den sozialen und politischen Problemen der noch jungen spanischen Republik zusammenfiel. Als Beispiel sei der Aktienkurs der *Banco de Bilbao* genannt, die das Jahr 1930 mit 435 Peseten abschloß und ein Jahr später nur noch bei 200 Peseten stand. Der Niedergang der Börsenkurse hielt bis 1935 an. Es kam zum Stillstand der Investitionen und zur Kapitalflucht. Die Wirtschafts- und Finanzkrise war von einem sprunghaften Anstieg der Arbeitslosigkeit begleitet. 1932 zählte man in Bizkaia schon 25 600 Arbeitslose, und in Gipuzkoa stieg die Arbeitslosigkeit im Jahr 1934 auf etwa 20% der aktiven Bevölkerung.

Das südliche Baskenland in der Spanischen Republik

Die Ablehnung der Diktatur ging jetzt in Ablehnung der Monarchie über. Am 17. August 1930 fand in San Sebastián eine gesamtspanische Versammlung von Republikanern und radikalen Katalanen statt, die die historischen Probleme des spanischen Staates debattierten, zu denen auch die territoriale Neuordnung gehörte. Mit der Forderung nach Reformen wurde insbesondere auch der Ruf nach der Republik verbunden. Die baskischen Nationalisten waren nicht vertreten, weil sie die Versammlung als antiklerikal und als sozial und politisch zu radikal ansahen. Von den Sozialisten nahm nur Indalecio Prieto teil. Der sog. „Pakt von San Sebastián" verabschiedete die Prinzipien der Republik und erhob die Forderung nach der Autonomie Kataloniens; auf die Autonomiebestrebungen der Basken wurde nicht eingegangen, weil sie der Versammlung ferngeblieben waren.

Nach dem „Pakt von San Sebastián" übernahm die demokratische Opposition die Initiative und richtete im Oktober eine Untergrundregierung ein, die den Übergang zur Republik vorbereiten sollte. Die innenpolitische Krise wurde immer unerträglicher, während gleichzeitig die Weltwirtschaftskrise zunahm. In diesem Klima politischer und wirtschaftlicher Unsicherheit fanden am 12. April 1931 Kommunalwahlen statt, in denen sich eindeutig die Verteidiger der Monarchie und die Vorkämpfer der Republik gegenüberstanden; letztere setzten sich aus Republikanern und Sozialisten zusammen. Die baskischen Nationalisten schlossen sich keinem Block an, befürworteten aber ebenfalls Republik und Autonomie. Unbeabsichtigt wurden diese Kommunalwahlen zu einer Abstimmung über die Staatsform. In varra, Alava und Gipuzkoa setzten sich auf Provinzebene zwar die monarchistischen Parteien durch; in Bizkaia sowie in Vitoria und San Sebastián triumphierten aber Republikaner, Sozialisten und Nationalisten. Im spanischen Staat waren die Befürworter von Republik und Autonomie klar in der Mehrheit. Auch die Karlisten schlossen sich letztlich den Forderungen nach Autonomie an. Eibar war der erste Ort, in dem nur zwei Tage später, am 14. April 1931, die Republik ausgerufen wurde, womit Eibar sogar Barcelona und Madrid um Stunden zuvorkam. Der spanische König Alfons XIII. dankte ab.

Die gewaltlose Ersetzung der Monarchie durch die Republik bedeutete das Ende eines anachronistischen sozialen Systems, das durch das Regime der Restauration in den mehr als fünfzig vergangenen Jahren aufrechterhalten worden war. Die Diktatur Primo de Riveras hatte zu einer Verschleppung der seit langem notwendigen sozialen und politisch-institutionellen Reformen geführt. Die wichtigsten Projekte der Republik sollten die Neuordnung des Verhältnisses von Staat und Kirche, die Militärreform, die Erarbeitung von Autonomiestatuten für das Baskenland und Katalonien sowie die Landreform in großen Teilen des spanischen Staates sein. Im Falle des Baskenlandes hätte die Umverteilung des Großgrundbesitzes nur in Navarra und Alava eine begrenzte Bedeutung gehabt, aber für die Bauern aller vier Territorien war die angestrebte Wiederherstellung des traditionellen im 19. Jh. desamortisierten Gemeinschaftslandes von großem Interesse.

Die Republik bot die große Gelegenheit, die Autonomie des Baskenlandes zu erreichen, auf die die EAJ-PNV schon seit 1917 aktiv hinarbeitete. Die „Gesellschaft für Baskische Studien" *Eusko Ikaskuntza* erarbeitete einen Vorschlag für ein Autonomiestatut, in dem u. a. die foralen Traditionen und die Einrichtung gemeinsamer Institutionen für die vier Territorien Hegoaldes berücksichtigt wurden; eine „baskische Republik" sollte innerhalb der spanischen Republik entstehen. Nach der Vorlage in den Rathäusern wurden wichtige Veränderungen eingebracht; die entscheidendste war, daß sich das Baskenland das Recht vorbehalten sollte, Konkordate mit dem Vatikan auszuhandeln. Die religiös motivierten Parteien sahen im Autonomiestatut die Möglichkeit, sich der drohenden antiklerikalen Politik der Republik zu entziehen.

Zur Verabschiedung des Statuts versammelten sich am 14. Juni 1931 in Estella (Navarra) Vertreter von 548 baskischen Rathäusern aus den vier Territorien Hegoaldes. Repräsentanten der republikanischen und sozialistischen Rathäuser, u. a. der vier Hauptstädte, nahmen jedoch nicht teil, weil sie den religiösen Charakter des Entwurfs ablehnten und laizistischere Prinzipien vertraten. Von den 548 Vertretern der Rathäuser stimmten 427 für den Vorschlag, der den Namen „Statut von Estella" erhielt. Das gemeinsame Vorgehen von Nationalisten und Karlisten führte zur Bereitschaft, bei den bevorstehenden Parlamentswahlen einen Wahlpakt zu bilden.

Am selben Tag fand in Pamplona ein karlistisches Treffen statt, an dem die verschiedenen zersplitterten karlistischen und traditionalistischen Gruppen teilnahmen. Nach dem Tod des bisherigen karlistischen Thronprätendenten Don Jaime, der sogar die Einführung der Republik begrüßt hatte, war die Führung der Dynastie im Mai 1931 auf Don Alfonso Carlos übergegangen, der zur alten reaktionären Ideologie zurückkehrte. Die Republik stellte für ihn eine Art apokalyptischer Bedrohung der religiösen Werte und der bestehenden Sozialordnung dar. Angesichts dieser Gefahr schlossen sich die verschiedenen Gruppen zu einer neuen Partei zusammen, die den Namen *Comunión Tradicionalista* erhielt und in den Jahren der Republik die Wahlen in Navarra absolut beherrschen sollte. Obwohl die Karlisten momentan zur Beteiligung an demokratischen Wahlen und zur Ausarbeitung eines Autonomiestatus für die vier baskischen Territorien Hegoaldes bereit waren, wurden in dieser Versammlung bereits die Grundlagen für die bewaffnete Verschwörung gegen die Republik gelegt.[31]

Den Wahlen zur verfassunggebenden Versammlung am 28. Juni 1931 stellten sich verschiedene Parteienkoalitionen. Sie waren durch ihre Zusammenschlüsse vom Wahlsystem bevorteilt, da schon die relative Mehrheit in den Wahlbezirken ausreichte, um Abgeordnete nach Madrid zu entsenden. In den vier Territorien Hegoaldes gewann die Koalition aus EAJ-PNV, Traditionalisten und katholischen Gruppen, die vor allem die Rechte der Kirche und das „Statut von Estella" verteidigten. Sie stellte 15 der 24 Abgeordneten für die spanischen Cortes, davon sechs von der EAJ-PNV, fünf Karlisten und vier Vertreter anderer katholischer Parteien.

Die katholischen Prinzipien der im Baskenland siegreichen nationalistisch-traditionalistischen Parteien konnten im Madrider Parlament nicht erfolgreich verteidigt werden, denn die in Spanien siegreiche sozialistisch-republikanische Koalition führte im Oktober 1931 die Trennung von Staat und Kirche durch. Eine ganze Reihe antiklerikaler Maßnahmen wurden umgesetzt, unter denen die Auflösung des Jesuitenordens im Januar 1932 herausragt.

---

[31] Josep Carles Clemente, *El Carlismo. Historia de una disidencia social (1833–1976)*, Barcelona 1990, S. 108.

Das „Statut von Estella" hatte wegen seiner religiösen Prägung keinen Platz in der neuen Republik und wurde vom Parlament abgelehnt. Angesichts dieser Enttäuschung verließ die baskisch-navarrische Minderheit bei der Abstimmung über die neue Verfassung am 9. Dezember aus Protest das Parlament. Die Verfassung wurde in den Cortes mehrheitlich angenommen. Manuel Azaña wurde Ministerpräsident und der konservative Republikaner und ehemalige monarchische Minister Niceto Alcalá Zamora Staatspräsident.

Bald erkannten die baskischen Nationalisten die Möglichkeiten, die das neue politische System bot, um zur Autonomie zu gelangen. Sie waren nun zu mehr Zusammenarbeit bereit. Ende 1931 legte ein Regierungsdekret das Vorgehen zur Ausarbeitung des Autonomiestatuts fest. Da die Diputaciones aufgelöst worden waren, richtete die sozialistisch-republikanische Regierung vorübergehend geschäftsführende Kommissionen zur Ausarbeitung eines Autonomiestatuts ein. Anschließend sollte dieser Vorschlag den Rathäusern vorgelegt werden und bei einem positiven Ergebnis eine Volksabstimmung stattfinden.

Im baskischen Nationalismus begann sich in den Jahren der Republik der Pragmatismus des Bürgermeisters von Getxo (Bizkaia), José Antonio Aguirre, durchzusetzen, der die Meinung vertrat, daß die Autonomiebestrebungen nicht zugunsten religiöser Standpunkte oder der Ablehnung der politischen Linken geopfert werden dürften. Mit Aguirre begann die Modernisierung der Partei, die sich modernen demokratischen Werten öffnete, ohne die christliche Inspiration aufzugeben. Die EAJ-PNV verteidigte mit Nachdruck die baskische Kultur, entfernte sich aber vom Rassismus der ersten Jahre. Gleichzeitig bedeutete diese Modernisierung der EAJ-PNV den Bruch der Koalition mit den traditionalistischen Parteien.

Für den baskischen Nationalismus waren diese Monate von starken Emotionen geprägt. Im Jahr 1932 wurde in Bilbao der erste *Aberri Eguna* („Tag des Vaterlands") begangen, weil sich in diesem Jahr zum 50. Mal die Entstehung des baskischen Nationalismus jährte, zu dem Sabino Arana – nach seinen Schriften – erstmals im Jahr 1882 inspiriert worden sei. Ostersonntag wurde dafür gewählt, weil die Auferstehung Christi mit der Auferstehung des Baskenlandes symbolisch verbunden werden sollte. Der Aberri Eguna wurde zur bisher größten Massenveranstaltung des baskischen Nationalismus; 65 000 Menschen nahmen daran teil. Er ist seitdem der baskische Nationalfeiertag.

Die EAJ-PNV war im Zuge ihrer gemäßigten Politik bereit, das von Republikanern und Sozialisten ausgearbeitete Autonomiestatut anzunehmen. Im Juni 1932 kam es in Pamplona zur Abstimmung der Rathäuser. Die Vertreter der drei westlichen Territorien stimmten für die Annahme. Die navarrischen Rathäuser, in denen die Traditionalisten dominierten, lehnten es jedoch ab,[32] weil sie eine Autonomie ohne Bindung an die Religion nicht akzeptieren wollten. Mit dieser Entscheidung vollzog sich der definitive Bruch zwischen Navarra und den drei westlichen Provinzen im Bemühen um ein autonomes Baskenland. Außerdem bedeutete die navarrische Ablehnung eine Verzögerung des Autonomieprozesses, weil ein neues Statut ausgearbeitet werden mußte. Die Katalanen dagegen erhielten schon im September 1932 ihre Autonomie.

Der Vorschlag für ein neues baskisches Autonomiestatut wurde im August 1933 von den Rathäusern der drei westlichen Provinzen erneut angenommen. Im Vorfeld der Volksabstimmung, die am 5. November 1933 stattfinden sollte, überwarf sich die EAJ-PNV mit den ultrakatholischen Kräften, weil diese der Meinung waren, daß die Annahme des Autonomiestatuts der Legitimierung eines religionsfeindlichen Systems gleichkäme. Doch der Bischof von Vitoria, Mateo Múgica, bestätigte, daß Autonomie und gleichzeitiger Widerstand gegen Antiklerikalismus vereinbar seien. Der Bischof war einer der ersten, die in Vitoria zur Wahl schritten, und animierte damit viele, es ihm gleichzutun. Trotzdem stimmten in Alava nur 58,5% des Wahlzensus ab, von denen 46,4% (des Zensus) für die Annahme des Autonomiestatuts und 11,9% dagegen waren. In Gipuzkoa und Bizkaia dagegen war die Entscheidung klar: Etwa 90% gingen zur Wahl und stimmten fast geschlossen dafür.[33] Um die Autonomie zu erlangen, stand jetzt nur noch die Abstimmung in den spanischen Cortes aus, aber der Machtwechsel in Madrid sollte dies zunächst unmöglich machen.

Im Jahr 1933 machten sich die verspäteten Folgen der Weltwirtschaftskrise voll bemerkbar. Die Arbeitskonflikte nahmen zu, und die politischen Parteien und Gewerkschaften tendierten zur Radikalisierung. Im Juni 1932 schied die PSOE aus der spanischen Regierungskoalition aus. Auch die Mehrheit der Republikaner zeigte Zerfallserscheinungen, und nach dem gescheiterten Versuch einer Regierungsneubildung wurden für November 1933 Neuwahlen ausgeschrieben. Erstmals erhielten auch Frauen das allgemeine Wahlrecht.

[32] Die Entscheidung war knapp: 123 Ablehnungen, 109 Annahmen und 35 Enthaltungen.
[33] Bizkaia: Beteiligung 90,3%, davon 88,4% Annahme und 1,9% Ablehnung; Gipuzkoa: Beteiligung 91,1%, davon 89,5% Annahme und 1,5% Ablehnung.

Am 19. November 1933 fanden die Neuwahlen zum spanischen Parlament statt, die von den Rechtsparteien gewonnen wurden. In Spanien war der rechtsradikale „Spanische Bund Autonomer Rechtsparteien" CEDA[34] mit 115 Abgeordneten die stärkste Partei; ihm folgten die ebenfalls im rechten politischen Spektrum angesiedelten Radikalen mit 102 Parlamentariern; die Sozialisten kamen nur auf 60 Abgeordnete, und die liberalen Republikaner waren bedeutungslos geworden. Wie im Rest Europas hatte eine Radikalisierung des politischen Lebens eingesetzt, die besonders in der offenen Gefahr einer faschistischen Machtübernahme deutlich wurde.

Im Baskenland wurde die nationalistisch-traditionalistische Koalition von 1931 nicht mehr wiederholt. Die EAJ-PNV stellte sich alleine zur Wahl und konnte trotzdem den bis heute größten Wahlerfolg in der Geschichte der Baskischen Nationalistischen Partei erringen. Dabei kam ihr sicher der kürzlich errungene Prestigeerfolg bei der Abstimmung über das Autonomiestatut zugute. In Alava, Bizkaia und Gipuzkoa gewann die EAJ-PNV 12 der 17 möglichen Mandate. Von den restlichen entfielen zwei auf die Linke (in Bilbao) und drei auf Rechtsparteien. In Navarra stellte die EAJ-PNV dagegen keinen Abgeordneten mehr. Das bedeutete die Trennung der navarrischen Wählerschaft vom baskischen Nationalismus, die von nun an charakteristisch sein sollte. In Navarra gehörten alle sieben Abgeordneten traditionalistischen oder katholischen Rechtsparteien an.

Das Wahlsystem hatte diesmal die EAJ-PNV begünstigt, die aufgrund relativer Mehrheiten die meisten Parlamentssitze erhielt. Trotzdem sollte man sich vor Augen halten, daß die Baskische Nationalistische Partei selbst im Moment ihres besten Wahlergebnisses nicht annähernd das politische Leben des Baskenlandes monopolisieren konnte. In Bizkaia erhielt sie immerhin 44,5% der Stimmen, in Gipuzkoa aber nur 26,6% und in Alava 20,5%. Ganz im Gegenteil also: Das Baskenland zeichnete sich immer durch eine große Pluralität der Parteienlandschaft aus.

Mit parlamentarischer Unterstützung der CEDA wurde der gemäßigte Republikaner Alejandro Lerroux von der Radikalen Partei zum neuen spanischen Ministerpräsidenten gewählt. Die zuvor erlassenen Reformgesetze wurden von der neuen Rechts-Regierung entweder außer Kraft gesetzt oder einfach nicht befolgt. Ideologisch standen sich die neue Regierung und die EAJ-PNV nahe, die hoffte, die politische Lage zur Durchsetzung der baskischen Autonomie nutzen zu können.

---

[34] CEDA = *Confederación Española de Derechas Autónomas*.

Entgegen den Erwartungen kam es Anfang Juli 1934 zum Bruch mit der Regierung, als die Cortes Steuersenkungen für den Weinverbrauch im gesamten spanischen Staatsgebiet beschlossen, um den Abbau der Lagerbestände zu erleichtern. Im Baskenland verstieß diese Maßnahme gegen die fiskale Autonomie, die die Conciertos Económicos in den drei westlichen Territorien und die Ley Paccionada bzw. das modifizierte Wirtschaftsabkommen von 1927 in Navarra garantierten, denn um diesen Einnahmeverlust auszugleichen und trotzdem auf die vereinbarte Abgabenquote zu kommen, war die Erhöhung anderer Steuern notwendig. Im Baskenland gab es noch immer keine Diputaciones, sondern nur die geschäftsführenden Kommissionen, die von der Zentralregierung eingesetzt wurden. Diese setzten die neue fiskalische Maßnahme durch, was den erbitterten Widerstand aller im Baskenland vertretenen politischen Kräfte hervorrief. Die Rathäuser forderten Wahlen zu repräsentativen Provinzregierungen. Als die Proteste immer heftiger wurden, zogen sich die traditionalistischen Rathäuser wieder von der gemeinsamen Protestaktion zurück. Erneut schied damit Navarra aus einem gesamtbaskischen Bündnis zur Verteidigung der Sonderrechte aus. Unter der Führung von Sozialisten und Nationalisten aus den drei westlichen Territorien wurden im August 1934 Wahlen zu Provinzregierungen vorbereitet, deren Organisation jedoch von der Regierung mit Gewalt unterdrückt wurde: Versammlungen wurden verboten, Stadträte verhaftet und Rathäuser geräumt. Die Regierung setzte sich durch, aber dieser Konflikt bedeutete den Bruch zwischen den staatlichen Rechtsparteien und der EAJ-PNV, die sich in ihrem gemeinsamen Protest der PSOE annäherte.

Die Arbeiterorganisationen hatten seit der Ausrufung der Republik einen ungeheuren Anstieg ihrer Mitgliederzahlen erlebt, weil die Arbeiterschaft endlich an die Erfüllung ihrer Forderungen glaubte und bereit war, sich dafür zu organisieren.[35] Gleichzeitig nahm aber in den Reformjahren 1931–1933 die Konfliktbereitschaft der Gewerkschaften ab, um der Mitte-Links-Regierung die Realisierung ihrer Reformprojekte zu ermöglichen. Die ELA-STV entwickelte eine inten-

---

[35] Die UGT als größte baskische Gewerkschaft zählte Mitte 1933 etwa 57 600 Mitglieder (35 000 in Bizkaia, 12 000 in Gipuzkoa, fast 9000 in Navarra und 1600 in Alava); die ELA-SOV/STV hatte fast 40 000 Mitglieder (18 000 in Bizkaia, 15 000 in Gipuzkoa, 3000 in Alava und 1000 in Navarra); Zahlen aus Emilio Majuelo Gil, „La II República (1931–1936)", in: *Gran Atlas Histórico del Mundo Vasco*, Bilbao 1994, S. 344.

sive propagandistische Aktivität, die als vorrangiges Ziel die baskische Autonomie hatte. Die UGT unterstützte die Reformpolitik der PSOE, die an der ersten Regierungskoalition teilhatte. Nur Anarchisten und Kommunisten verfolgten eine revolutionäre Politik, weil sie die Weltwirtschaftskrise als letzte Krise des Kapitalismus vor der proletarischen Revolution ansahen. Während die Anarchisten bis zum Ende der Republik darauf hinarbeiteten, eine revolutionäre Situation herbeizuführen, vollzog die Kommunistische Partei 1933 einen Richtungswechsel, als sie angesichts der internationalen Gefahr des Faschismus eine Politik der Allianzen zur Verteidigung der Demokratie einschlug.

Unter der neuen Rechtsregierung radikalisierten sich die Organisationen der politischen Linken, einschließlich der PSOE. Die baskischen Sozialisten suchten die Annäherung an die Kommunisten, und im Jahr 1934 gab es häufig gemeinsame Aktionen. In den ersten Monaten dieses Jahres kam es zu zahlreichen Streiks; allein in Bizkaia und Gipuzkoa gab es 26 wichtige Streiks, von denen sieben als Generalstreiks ausgerufen wurden.

Die Großgrundbesitzer in Navarra begannen, die 1932 eingeleitete Agrarreform wieder rückgängig zu machen; daraufhin rief die Gewerkschaft „Nationaler Landarbeiterbund" FNTT,[36] die der UGT angeschlossen war, im Juni 1934 zum Streik auf. Der Streik wurde mit großem Erfolg in 49 navarrischen Ortschaften befolgt, aber die staatliche Repression beendete den Streik, schloß die Gewerkschaftslokale und inhaftierte zahlreiche Arbeiterführer. Immerhin handelte es sich bei diesem Streik um die erste massenhafte Mobilisierung der navarrischen Landarbeiter.

Als Anfang Oktober eine Regierungskrise durch Aufnahme von drei Ministern der demokratiefeindlichen CEDA in die Regierungskoalition beigelegt werden sollte, sah die politische Linke die Republik und die Demokratie gefährdet. Die Reaktion war ein Aufruf der PSOE und der UGT zum Generalstreik, der in Asturien, Katalonien und im Baskenland revolutionäre Züge annahm. Im Baskenland schloß sich die Partei *Acción Nacionalista Vasca* (ANV) dem Streikaufruf an, während die EAJ-PNV empfahl, nicht am Streik teilzunehmen, und die Gewerkschaft ELA-STV eine unentschlossene Haltung einnahm; trotzdem unterstützten viele nationalistische Arbeiter den Streik. Der Generalstreik entwickelte sich zum Arbeiteraufstand, und die Regierung erklärte den Kriegszustand. Im Industriegebiet am

---

[36] FNTT = *Federación Nacional de Trabajadores de Tierra*.

Nervión wurde vom 4. bis 12. Oktober gestreikt. In zahlreichen baskischen Städten wurde der Konflikt blutig niedergeschlagen. Im Bergbaugebiet von Somorrostro verschanzten sich die Aufständischen vor dem vorrückenden Militär, das von der Luftwaffe unterstützt wurde. Der Aufstand endete im Baskenland mit fast fünfzig Toten. (In Asturien kamen 1335 Menschen ums Leben.)

Der Niederschlagung des Aufstands folgte eine beispiellose polizeiliche Repression. Zahlreiche Bürgermeister und Stadträte mußten zurücktreten, die Gefängnisse füllten sich mit Hunderten Sozialisten und Kommunisten, die des bewaffneten Aufstands gegen die Regierung beschuldigt wurden. Auch zahlreiche baskische Nationalisten wurden verhaftet, obwohl die EAJ-PNV vorher zur Mäßigung aufgerufen hatte. Insgesamt wurden im Baskenland etwa 1500 Personen inhaftiert, im gesamten Staat etwa 30000. In den Reihen des baskischen Nationalismus sah man zudem ein, daß unter dieser Regierung keine Autonomie zu erreichen war. All dies führte zur allmählichen Radikalisierung der nationalistischen Position.

Korruptionsskandale innerhalb der Regierung ließen im Dezember 1935 deutlich werden, daß die Mitte-Rechts-Koalition nicht mehr länger regierungsfähig war. Die Regierung wurde aufgelöst und man schrieb Neuwahlen aus. Die Parteien der Mitte und der Linken hatten sich inzwischen einander angenähert und konnten im Januar ein Wahlbündnis präsentieren, für das die Kommunisten die Bezeichnung „Volksfront" (*Frente Popular*) durchsetzten. Darin verbündeten sich Republikaner, Sozialisten, Kommunisten und andere Linksparteien, u. a. auch die baskische linksnationalistische ANV. Die „Schwarzen Jahre" (*Bienio Negro*) 1934/35 endeten mit den Parlamentswahlen am 12. Februar 1936, aus denen die Volksfront als Sieger hervorging. In den drei westlichen Territorien Hegoaldes kam die EAJ-PNV nur noch auf neun Parlamentarier, die Volksfront erreichte sieben und die Koalition der Rechten zwei Abgeordnete. In Navarra gehörten alle sieben Abgeordneten zum rechten politischen Spektrum. Diese Wahlen bewiesen erneut die politische Vorherrschaft von Nationalisten und Linken in Bizkaia und Gipuzkoa und die Dominierung Navarras durch die Rechte.

Mit den Stimmen der Volksfront, aber auch mit Unterstützung der EAJ-PNV, wurde Manuel Azaña erneut zum Ministerpräsidenten der Spanischen Republik gewählt. Sofort wurde eine Amnestie für die seit dem Volksaufstand im Oktober 1934 Inhaftierten erlassen. Die seit 1933 blockierten Reformprojekte des spanischen Staates wurden wiederaufgenommen, wozu auch die Realisierung der baskischen Autonomie gehörte. Während nach dem Wahlerfolg der Volksfront die politische Rechte begann, gegen die neue Regierung zu konspirieren und den Militärputsch vorzubereiten, bemühte sich die Linksregierung, sich durch die Autonomie des Baskenlandes die Unterstützung der baskischen Nationalisten zu sichern. Im April 1936 legten die baskischen Abgeordneten der EAJ-PNV und der Volksfront erneut das Autonomiestatut vor, für das die Ergebnisse der Volksbefragung von 1933 als gültig betrachtet wurden. Die Erlangung der baskischen Autonomie stand unmittelbar bevor.

Die Volksfront-Regierung war zu schwach, um die drängenden strukturellen Probleme der spanischen Wirtschaft und Gesellschaft lösen zu können; außerdem wurde sie immer vehementer von Anarchisten und der aggressiven Rechten angegriffen. Die Arbeiterorganisationen wiederum konnten ihre Mitglieder nicht davon zurückhalten, von einer Linksregierung endlich die lange erhofften Veränderungen, insbesondere die Landreform, zu verlangen. Die Radikalisierung des politischen Lebens drückte sich in zahlreichen Streiks, Landbesetzungen und antikirchlichen Ausschreitungen aus. Das politische Klima wurde durch bewaffnete Jugendgruppen, Krawalle und politische Morde vergiftet.

Von der spanischen Rechten wurde später gerne angeführt, daß der spanische Staat im Chaos zu versinken drohte. Die Wahrheit ist jedoch, daß die sozialen Konflikte seit dem Wahlsieg der Volksfront eher zurückgingen. Ein Komplott von Sozialisten und Kommunisten mit dem Ziel der bewaffneten Zerschlagung der Republik war ebenso eine rechte Propagandalüge wie der Vorwurf des Separatismus der Katalanen und Basken. Im Gegenteil: Die Annahme der Autonomiestatute war vielmehr ein nötiger Schritt zur Dezentralisierung und zur Lösung des alten politischen Problems der territorialen Konzeption des spanischen Staates.

Als die Volksfront-Regierung unter dem Druck der Massen immer radikaler wurde, ging der baskische Nationalismus ideologisch auf Distanz. Die Befürworter eines militärischen Aufstands in der spanischen und baskischen Rechten bemühten sich um Kontakte zu den Nationalisten, die aber ergebnislos blieben. Schließlich setzte sich in der EAJ-PNV die Linie José Antonio Aguirres durch, der im Juni 1936 verkündete: „Aufstand, niemals!"

Der Spanische Bürgerkrieg im Baskenland

Der Ausbruch des Spanischen Bürgerkriegs

Nachdem die Volksfront die Parlamentswahlen des 12. Februar 1936 gewonnen hatte, setzte sich innerhalb der Rechten die Bereitschaft zum bewaffneten Aufstand mit dem Ziel der Beseitigung der Republik durch. Der Regierung waren diese Pläne bekannt, und sie versuchte, den Putschplänen des Militärs Einhalt zu gebieten, indem sie die wichtigsten Generäle versetzte. General Francisco Franco wurde auf die Kanarischen Inseln gesandt. General Emilio Mola wurde aus Marokko abgezogen, wo die Truppen besonders zum Aufstand neigten, und nach Pamplona beordert, wo er am 14. März 1936 eintraf und als Militärgouverneur eingesetzt wurde.

Die Versetzung Molas nach Navarra war ein Fehler der Regierung, denn ausgerechnet dort fand der General das geeignete politische Klima zur Vorbereitung des militärischen Aufstands vor. Schon seit 1931 war Pamplona ein Zentrum der Verschwörungen gegen die Republik gewesen, und unter den rechten Organisationen im spanischen Staat waren die navarrischen Karlisten bzw. Traditionalisten die einzige Massenbewegung, die imstande war, eigene paramilitärische Einheiten aufzubauen. Seit Anfang 1934 hatten die Karlisten die Truppen der sog. *Requetés* organisiert. Mola gelang es in Pamplona, die Karlisten für die Aufstandspläne des Militärs zu gewinnen.

Am 17. Juli erhob sich die Garnison von Melilla in Nordafrika. Am 18. schlossen sich ihr zahlreiche Militäreinheiten im spanischen Staatsgebiet an. In Pamplona wurde der Zivilgouverneur abgesetzt und auf Befehl von General Mola der Kriegszustand über Navarra verhängt. In den folgenden Tagen folgte eine intensive Propaganda von Militär und *Guardia Civil* (paramilitärische Polizeitruppe) mit dem Ziel, Freiwillige für den Kampf gegen die Republik zu gewinnen. Aus Angehörigen des Militärs und freiwilligen Karlisten und Falangisten (Anhänger der faschistischen Partei *Falange Española*) wurden neue Truppen gebildet, die sogleich an die Front geschickt wurden. Die Teilnahme Navarras am Aufstand und Bürgerkrieg war entscheidend. Es war nicht nur eine der Schlüsselstellen bei der Vorbereitung des Aufstands durch General Mola, sondern navarrische Freiwillige trugen auch in erheblichem Maße zur Bildung der sog. „nationalen" Truppen bei.[37] Zwischen Juli und Oktober 1936 sollen sich 17 000 freiwillige

---

[37] In Deutschland sind die „Nationalen" weithin als „Franquisten" be-

154   Die Entstehung der modernen baskischen Gesellschaft

Navarrer gemeldet haben – 13 000 Karlisten und 4000 Falangisten –, was 26% der 65 000 in diesem Zeitraum im spanischen Staat gemeldeten Freiwilligen entspricht.[38] Der Militäraufstand war in Alava ebenfalls von langer Hand vorbereitet worden und triumphierte – wie in Navarra – am 18. und 19. Juli. Innerhalb einer Woche war der größte Teil der Provinz fest in der Hand der Rebellen. Nur die in bizkainisches Gebiet eindringenden Täler von Ayala und Aramaio entzogen sich ihrer Kontrolle. Diese Grenzlinie blieb bis zur Offensive gegen Bizkaia im Frühjahr 1937 bestehen.

In Gipuzkoa verhielten sich die Kommandanten der Garnison von San Sebastián zunächst abwartend und verzögerten den Miltäraufstand bis zum 21. Juli. Inzwischen hatten sich jedoch die kommunistischen und anarchistischen Milizen gebildet, die nach blutigen Kämpfen die Aufständischen besiegen konnten. Die Soldaten zogen sich zusammen mit falangistischen und karlistischen Gruppen in die Kaserne zurück und gaben dort ihren Widerstand am 27. Juli auf. Gipuzkoa blieb zunächst in den Händen der Republik.

In Bizkaia wurde General Molas telefonischer Befehl zum Aufstand abgefangen. Die Verschwörung wurde aufgedeckt, und es wurden rechtzeitig Milizen aufgestellt, bevor sich die Garnison von Bilbao gegen die Republik erheben konnte. Die Situation in Bizkaia war also von Beginn an unter Kontrolle.

Der Machtübernahme in Alava und Navarra folgte die Repression gegenüber Sozialisten, Kommunisten und Anarchisten. Die Verfolgung weitete sich auf die baskischen Nationalisten aus, nachdem General Mola ihre Organisationen am 18. September 1936 verboten hatte. Die Repression in Navarra war außerordentlich hart: Von Juli bis Dezember wurden zwischen 1500 und 3000 Personen hingerichtet.[39] Die Verfolgung der Linken war besonders intensiv im Gebiet der Ribera, wo die linken Gewerkschaften sehr stark vertreten waren.

---

kannt. Diese Bezeichnung trifft aber am Anfang des Spanischen Bürgerkriegs nicht zu, weil General Franco noch nicht den alleinigen Oberbefehl innehatte. Damit es keine Verwechslung zwischen den spanisch-„nationalen Truppen" und den baskischen „Nationalisten" gibt, die ja auf seiten der Republik standen, bezeichnen wir die „Nationalen" als „Aufständische" oder „Rebellen", weil sie sich mit Waffengewalt gegen die legitime, demokratisch gewählte Regierung der Republik erhoben.

[38] Álvarez Urcelay et al., S. 430.
[39] Felix Luengo Teixidor, *„La Guerra Civil en el País Vasco"*, in: *Gran Atlas Histórico del Mundo Vasco*, Bilbao 1995, S. 355.

Nach der schnellen Machtübernahme in Navarra griffen die aufständischen Truppen Gipuzkoa an, wobei sich besonders die karlistischen Requetés hervortaten. Zuerst wurde von Ende Juli bis Mitte August das Oriatal erobert. Dann konzentrierte sich der Kampf auf Irun, um Hegoalde von Iparralde bzw. vom Zugang zu Frankreich zu trennen. Am 4. September fiel Irun, am 13. September wurde San Sebastián den heranrückenden Rebellen übergeben. Zehntausende flohen nach Iparralde oder nach Westen Richtung Bizkaia. Der Widerstand in Gipuzkoa brach zusammen, fast das gesamte Territorium wurde bis Ende September erobert. Die Front stabilisierte sich am Fluß Deba, an der Grenze zwischen Gipuzkoa und Bizkaia; nur die westlich vom Deba gelegenen Orte Elgeta und Eibar blieben in den Händen der Republik. Die Front sollte sich bis zur Offensive der Putschisten im Frühjahr 1937 nicht verändern.

Wie vorher schon in Alava und Navarra war auch in Gipuzkoa die Repression sehr hart. Allein in San Sebastián wurden 1600 Personen festgenommen.[40] Verhaftungen und Hinrichtungen waren an der Tagesordnung. Der Gebrauch der baskischen Sprache wurde mit hohen Geldstrafen belegt. Alle baskischen Bücher, die sich in Bibliotheken und Privathaushalten befanden, wurden verbrannt.

Die baskischen Nationalisten waren zuerst in ihrer Haltung zum Aufstand gespalten. Ideologisch standen sie den Aufständischen zweifellos näher als den Parteien der Volksfront, die sie wegen ihres Antiklerikalismus ablehnten. Besonders in Navarra und Alava gab es Sympathien baskischer Nationalisten für die Aufständischen, aber in Gipuzkoa und Bizkaia entschieden sich die nationalistischen Politiker eindeutig gegen den Aufstand. Nur die Republik eröffnete ihnen Aussichten auf die langersehnte Autonomie, die die spanische Rechte ihnen nie zugestehen würde. Schon am 19. Juli sprach sich die Direktion der EAJ-PNV für die Unterstützung der Republik aus. Die bizkainische Rechte sollte nie verstehen, warum sich die baskischen Nationalisten gegen die traditionalistische Rebellion stellten und statt dessen diejenigen unterstützten, die – ihrer Meinung nach – Priester ermordeten und Kirchen in Brand steckten.

In der baskischen Kirche gab es sowohl Sympathien für die Karlisten wie auch für die baskischen Nationalisten. Ein Großteil des Klerus stellte sich hinter den Aufstand, besonders seit die ersten Nachrichten über kirchenfeindliche Ausschreitungen im Gebiet der Republik bekannt wurden. Am 6. August wurde ein Hirtenbrief der

---

[40] Lola Valverde, *Historia de Guipúzcoa*, San Sebastián 1984, S. 192.

Bischöfe von Pamplona und Vitoria im Radio verlesen, in dem sie die Republik verurteilten und die Katholiken aufforderten, gegen den Kommunismus zu kämpfen.

Die Stellungnahme des Bischofs von Vitoria schockierte die streng katholischen baskischen Nationalisten und besonders die nationalistischen Priester in Gipuzkoa und Bizkaia. Dem Bischof Mateo Múgica gelang es jedoch nicht, die baskischen Nationalisten und die baskische Kirche zu bewegen, sich gegen die Republik zu stellen. Dieses Scheitern, verbunden mit der Erinnerung an seine Unterstützung der baskischen Autonomiebestrebungen im Jahr 1933, brachten ihm das Mißtrauen der neuen Machthaber ein, die den Vatikan dazu bewegen konnten, Mateo Múgica von seinem Amt zu entheben. Am 14. Oktober 1936 verließ er Vitoria, sein Nachfolger wurde aber erst im September 1937 eingesetzt.

Die baskische Autonomie

Die Situation in Bizkaia war nach dem Aufstand gegen die Republik leicht konfus, geriet aber nicht außer Kontrolle. Trotzdem wurden an den ersten Tagen Hunderte von Personen durch linke Patrouillen getötet oder aus politischen Gründen verhaftet. Bald organisierten sich die baskischen Politiker, um die öffentliche Ordnung wiederherzustellen, und gründeten am 12. August 1936 den „Verteidigungsrat von Bizkaia" (*Junta de Defensa de Vizcaya*), in dem Vertreter aller relevanten politischen Gruppen vertreten waren, die die Republik verteidigten.[41] Obwohl die EAJ-PNV in diesem Rat in der Minderheit war, bewiesen ihre Mitglieder bald, daß sie bereit waren, die politische Initiative zu übernehmen, wobei sie von den anderen politischen Gruppen unterstützt wurden. So setzte sich in Bizkaia, im Gegensatz zu anderen Regionen des spanischen Staates, eine pragmatische Regierung durch, die sowohl antifaschistisch als auch antirevolutionär war.

Die baskischen Nationalisten standen mit den Putschisten in fortlaufendem Kontakt, der über mehrere Kanäle, besonders über die Karlisten, gehalten wurde.[42] Die Volksfront-Regierung befürchtete,

---

[41] Neben dem Zivilgouverneur waren vertreten: drei linke Republikaner, zwei Sozialisten, drei Mitglieder der EAJ-PNV, einer der ANV, einer der CNT und ein Kommunist.

[42] Stanley G. Payne, *El nacionalismo vasco, desde sus orígenes a E.T.A.*, Madrid 1974, S. 234.

daß die Kapitulation Bizkaias ausgehandelt werden könnte. Bizkaia war anscheinend nur zu halten, wenn der EAJ-PNV Zugeständnisse gemacht würden. Aus diesem Grund begannen im September in Madrid Verhandlungen über die Annahme des Autonomiestatuts. Außerdem wurde am 25. September der gipuzkoanische EAJ-PNV-Abgeordnete Manuel Irujo als Minister in die spanische Regierung aufgenommen.

Am 1. Oktober 1936 wurde vom spanischen Parlament in Madrid endlich das von den Basken lang ersehnte Autonomiestatut angenommen. Am 7. Oktober wählten in Bilbao die Bürgermeister von Bizkaia und den wenigen noch freien Orten in Gipuzkoa José Antonio Aguirre zum *Lehendakari* von Euskadi, d. h. zum Präsidenten der provisorischen baskischen Regierung. In Wahrheit regierte er aber nur über Bizkaia, denn die anderen baskischen Gebiete waren fest in der Hand der aufständischen Militärs. Die baskische Regierung war, wie schon vorher der Verteidigungsrat von Bizkaia, eine Regierung des nationalen Konsens; ihr gehörten vier EAJ-PNV-Mitglieder, drei Sozialisten, zwei linke Republikaner, ein ANV-Mitglied und ein Kommunist an.

Bizkaia bzw. Rest-Euskadi war das einzige Territorium der spanischen Republik, das während des Krieges von einer katholischen Partei der bürgerlichen Mittelschicht regiert wurde, deren Mitglieder in ihrer Mehrheit praktizierende Katholiken waren. In Euskadi wurden keine Kirchen verbrannt wie in anderen Regionen des spanischen Staates, sondern sie blieben für den Gottesdienst geöffnet. Die öffentliche Ordnung konnte im wesentlichen bewahrt werden, wenn es auch Ausnahmen gab, wie im Januar 1937 die Erstürmung mehrerer Gefängnisse in Bilbao durch unkontrollierte Milizen, die 227 Gefangene ermordeten.

Im Gegensatz zum Rest der spanischen Republik fanden in Euskadi keine revolutionären Veränderungen statt, und es wurde keine Kriegswirtschaft eingeführt. So gab es auch keine Enteignungen von Unternehmen der Rüstungsindustrie, sofern diese nicht Feinden der Republik gehörten. In den wenigen Monaten der baskischen Selbstregierung war der soziale Frieden nicht in Gefahr, und es gab weder Streiks noch Demonstrationen. All dies läßt auf einen umfassenden gesellschaftlichen Konsens zur Verteidigung der Autonomie und der Republik schließen.[43]

---

[43] Wenn auch das bizkainische Großbürgertum wohl eher mit den Aufständischen als mit der Republik sympathisierte, so scheint es doch keinen Boy-

Der Fall Bizkaias

Nach dem Fall Gipuzkoas Mitte September 1936 ließ die baskische Regierung eine 20 km lange Befestigungslinie um Bilbao anlegen, um den Rohstoff- und Industriereichtum der Provinz besser schützen zu können. Diese Linie wurde „Eiserner Gürtel" (*Cinturón de Hierro*) genannt. Zwei Monate lang arbeiteten 15 000 Personen an diesem System von Schützengräben und Unterständen, das sich jedoch später als absolut unzulänglich erweisen sollte.

Nach der Erlangung der Autonomie wurde ein improvisiertes baskisches Heer aufgebaut, das sich aus den Milizen der verschiedenen Parteien und Gewerkschaften und aus regulären Truppen zusammensetzte. Die Guardia Civil wurde aufgelöst, weil sie als potentiell republikfeindlich eingeschätzt wurde. Statt dessen wurde eine neue, rein baskische Polizei geschaffen: die *Ertzaña*. Dem baskischen Heer mangelte es an Ausrüstung und militärischer Schulung. Dies wurde in der einzigen baskischen Offensive des Bürgerkriegs deutlich: Man wollte die Truppenkonzentration vor Madrid nutzen, um seit dem 30. November bei Legutiano mit 15 000 Soldaten nach Alava vorzudringen. Trotz der zahlenmäßigen Überlegenheit gelang den Basken in zwölf Tagen nicht der Durchbruch, und sie zogen sich wieder nach Bizkaia zurück.

Nachdem im Winter 1936/37 die Eroberung von Madrid durch die Franco-Truppen gescheitert war, beschlossen die aufständischen Generäle ein schrittweises Vorgehen. Zuerst sollten die Gebiete im Norden des spanischen Staates erobert werden, beginnend mit Bizkaia, das reich an Rohstoffen und Industrie war. Die Aufständischen erwarteten einen raschen Sieg über die Basken und rechneten mit etwa drei Wochen. Für die Großoffensive auf Bizkaia standen General Mola etwa 50 000 Soldaten zur Verfügung, die sich vor allem aus Navarrern, Marokkanern und Italienern zusammensetzten. Die Truppen der Rebellen verfügten über umfangreiche Artillerie und wurden von der deutschen Legion Condor unterstützt, die in Vitoria und Burgos etwa 100 Flugzeuge nebst Wartungspersonal und 5000 Soldaten stationiert hatte. Diesem Heer stellte sich das schlecht ausgerüstete baskische Heer entgegen, das immerhin etwa 45 000 Soldaten zählte, aber kaum über Artillerie und Flugzeuge verfügte.

kott gegen die baskische Regierung gegeben zu haben, wie José María Garmendia behauptet, in: „*El País Vasco bajo la dictadura franquista*", in: *Gran Atlas Histórico del Mundo Vasco*, Bilbao 1994, S. 438.

Am 31. März begann die Großoffensive, in deren Verlauf die Stadt Durango von der Legion Condor bombardiert wurde; 248 Tote und eine zerstörte Stadt blieben zurück. Trotz dieses ersten Bombenangriffs konnten die aufständischen Truppen noch bis zum 20. April aufgehalten werden, aber danach fielen die östlichen Gebiete. Die Ortschaften Eibar und Otxandio wurden aus der Luft bombardiert. Die Luftangriffe sollten das Vorrücken des Heeres vorbereiten und die Bevölkerung und die Truppen demoralisieren. Die neue Strategie diente zugleich als Test neuer Methoden für die kommenden Kriegsjahre. Am 26. April schließlich wurde Gernika dreieinhalb Stunden lang von der Legion Condor bombardiert und fast vollständig zerstört; die Brücke jedoch, die angeblich das strategisch wichtige Ziel des Angriffs gewesen sein soll, blieb unversehrt. Das Ziel scheint es vielmehr gewesen zu sein, durch die Zerstörung Gernikas, dem historischen Symbol der baskischen Freiheiten, den Widerstandswillen der Basken zu brechen.

Die Zerstörung Gernikas schockierte die Weltöffentlichkeit. Es war der erste großangelegte Luftangriff in der Geschichte des Krieges und damit Probe und Auftakt der Luftangriffe des Zweiten Weltkriegs. Sowohl von den Siegern als auch von den Unterlegenen wurde die Bombardierung für die jeweilige Propaganda genutzt, was u. a. bis heute zu einer völligen Unsicherheit über die Zahl der Opfer geführt hat.[44] Das Franco-Regime sollte sogar jahrzehntelang behaupten, daß Gernika nicht bombardiert, sondern von den „Roten" in Brand gesteckt worden sei. Die Bombardierung von Gernika wurde zum Symbol der Schrecken des Krieges, das Pablo Picasso in seinem Gemälde „Guernica" unvergeßlich machte.

Die aufständischen Truppen trafen auch nach der Eroberung Gernikas auf erbitterten Widerstand und konnten trotz intensiver Bombardierungen der Front nur langsam vorrücken. Erst am 12. Juni wurde der „Eiserne Gürtel" bei Mungia durchbrochen. Am 18. Juni zogen sich die baskischen Bataillone aus Bilbao nach Westen Richtung Kantabrien zurück. Die Encartaciones im Westen von Bizkaia fielen bis Ende des Monats in die Hände der Rebellen.

Die Aufgabe Bilbaos wurde von der Regierung der spanischen Republik stark kritisiert, weil die baskische Regierung nicht bereit war, Bilbao in ein zweites Madrid zu verwandeln und auf monatelangen

---

[44] Neueste Untersuchungen gehen von einer Zahl der Opfer aus, die nicht unter 200 und nicht über 1000 liegt; siehe María Jesús Cava Mesa, *Memoria colectiva del bombardeo de Gernika*, Bilbao 1996, S. 145.

Straßenkampf zu setzen. Bei ihrem Abzug sprengten die baskischen Truppen nur die Brücken über den Nervión, um das Vorrücken der feindlichen Truppen aufzuhalten, aber entgegen den Anweisungen aus Madrid zerstörten sie nicht die Industrieanlagen, die später für den endgültigen Sieg des franquistischen Spaniens sehr wertvoll sein sollten.

Der Präsident der spanischen Republik, Manuel Azaña, kritisierte das Verhalten der baskischen Politiker mit den folgenden Worten: „Die Nationalisten kämpfen nicht für die Sache der Republik und nicht für die Sache Spaniens, die sie hassen, sondern nur für ihre Autonomie und halbe Unabhängigkeit. Bei dieser Kampfmoral ist zu vermuten, daß die Soldaten nach dem Fall Bilbaos, dem Verlust des Territoriums und der Auflösung der Autonomen Regierung glauben oder sagen, daß ihre Mission beendet sei und daß es keinen Grund gebe, weiter Krieg zu führen."[45]

Azaña hatte recht. Für das baskische Heer bzw. für die Bataillone der EAJ-PNV war der Krieg verloren, denn sie hatten nicht Spanien, sondern das Baskenland verteidigt. In einem spanischen Staat sahen sie keinen Sinn weiterzukämpfen und nahmen mit den italienischen Truppen Verhandlungen über die Kapitulation auf, die Mitte August zum „Pakt von Santoña" führten. Die baskischen Soldaten sollten ihre Waffen an die Italiener übergeben, die ihrerseits die Evakuierung auf britischen Schiffen aus Santoña (Kantabrien) garantierten. Die Schiffe kamen jedoch nicht, und weil die Italiener sich nicht in Besatzungsangelegenheiten hineinziehen lassen wollten, erfüllten sie die vorher gegebenen Zusagen nicht. Nach der Kapitulation und Entwaffnung der baskischen Soldaten am 26. August wurden diese wenige Tage später den Rebellen übergeben. Die baskischen Soldaten wurden nicht evakuiert, sondern die meisten von ihnen kamen in spanische Konzentrationslager, ein geringerer Teil wurde jedoch vorher vor ein Kriegsgericht gestellt und hingerichtet.

Wenige Tage nach der baskischen Niederlage am 23. Juni 1937 wurden die Provinzen Bizkaia und Gipuzkoa zu Verräterprovinzen erklärt und ihnen mit den Conciertos Económicos der letzte Rest von Sonderrechten entzogen. Alava und Navarra dagegen, die von Beginn des Krieges auf seiten der Aufständischen gestanden hatten, konnten ihre fiskalischen und administrativen Sonderrechte bewahren. In der Offensive des Sommers 1937 fielen auch die anderen nordspanischen

---

[45] Übersetzung des Autors; Zitat aus Manuel Azaña, *Memorias políticas y de guerra*, Band II, Barcelona 1978, S. 62.

Territorien Kantabrien und Asturien. Tausende Basken kämpften noch fast zwei Jahre lang weiter, entweder auf seiten der Republik oder im Heer der Rebellen, bis der Spanische Bürgerkrieg am 1. April 1939 mit der Niederlage der Republik endete.

Das nördliche Baskenland im Spanischen Bürgerkrieg

Zur Zeit des Spanischen Bürgerkriegs war Iparralde eine landwirtschaftlich geprägte Region ohne nennenswerte Industrie und mit einem bescheidenen Tourismus an der Küste, der aber unter der Weltwirtschaftskrise litt. In den drei Territorien Iparraldes lebten nur etwa 190000 Einwohner, von denen sich 63000 im Großraum Bayonne/Anglet/Biarritz konzentrierten.

In politischer Hinsicht war Iparralde weiterhin – wie schon im 19. Jh. – eine Hochburg des französischen Konservativismus. Während sich in den französischen Parlamentswahlen am 26. April und 3. Mai 1936 das Volksfrontbündnis ganz klar durchsetzte, wurden in Iparralde drei rechte Kandidaten gewählt, darunter Jean Ybarnegaray, der seit 1914 Abgeordneter im französischen Parlament war und seitdem die Politik in Iparralde dominierte. Ybarnegaray vertrat die Werte der traditionellen und konservativen französischen Rechten. In Iparralde gab es nur drei Gemeinden, die mehrheitlich links wählten: Bayonne, Biarritz und Hendaye.

In diesem politischen Umfeld ist es nicht verwunderlich, daß die öffentliche Meinung in Iparralde während des Spanischen Bürgerkriegs eindeutig auf seiten der Aufständischen stand. Die meisten Basken in Iparralde konnten nicht verstehen, daß die katholischen Basken in Hegoalde auf seiten der atheistischen Republik kämpften, und sie glaubten, daß die Bizkainer von den Linken betrogen worden seien.[46]

Iparralde war vom Spanischen Bürgerkrieg insofern betroffen, als es von Flüchtlingen aus Hegoalde regelrecht überschwemmt wurde. Dabei sind zwei Phasen zu unterscheiden: In der ersten, die sich vom Ausbruch des Krieges bis April 1937 erstreckt, flohen etwa 40000

---

[46] Dies läßt sich ausgezeichnet anhand der Zeitungsartikel zur Zeit des Spanischen Bürgerkriegs nachvollziehen; siehe dazu Jean-Claude Larronde, „Las repercusiones políticas de la Guerra Civil en Iparralde", in: *La Guerra Civil en el País Vasco. 50 años después*, hrsg. von Carmelo Garitaonaindía und José Luis de la Granja, Bilbao 1987, S. 351–357.

Basken aus Gipuzkoa und Navarra ins benachbarte Iparralde. Von Mai bis Oktober 1937 flohen dann 116 000 Bizkainer nach Frankreich: Mit Schiffen erreichten 84 000 den Hafen von Pauillac bei Bordeaux und 22 000 den Hafen von La Pallice bei La Rochelle. Die Unterbringung in Flüchtlingslagern war vorher bereits weitsichtig von der baskischen Regierung organisiert und finanziert worden.

Viele geflohene Basken blieben in Iparralde, wo sie besonders von den Parteien der Linken gut aufgenommen wurden. Im allgemeinen war die Aufnahme der Flüchtlinge aus Hegoalde aber eher kühl, wenn nicht sogar ablehnend. Die Gründe dafür waren der vorherrschende katholische Konservativismus, gepaart mit französischem Nationalgefühl, und besonders die feindliche Kampagne, die Jean Ybarnegaray gegen den Kommunismus und den baskischen Nationalismus führte, der sich seiner Meinung nach mit den Kommunisten verbündet hatte. Auf Initiative Ybarnegarays wurden nach dem Ende des Spanischen Bürgerkriegs viele Basken in Flüchtlingslagern außerhalb des Baskenlandes interniert, die meisten in Gurs in der Region des Béarn. Das baskische Nationalgefühl war in Iparralde nur gering ausgeprägt, weshalb sich die Basken des Nordens gegenüber den Basken des Südens wenig solidarisch verhielten, obwohl sie doch dieselbe Sprache sprachen.[47]

Die Basken im Zweiten Weltkrieg

Die Bombardierung Gernikas durch die deutsche Legion Condor im Spanischen Bürgerkrieg wird von einigen Historikern als der „erste Akt des Zweiten Weltkriegs" bezeichnet. Hermann Göring selbst erklärte bei den Nürnberger Kriegsverbrecherprozessen, daß der Angriff „eine Art Prüfstand für die Luftwaffe" gewesen sei, denn „damals konnte man sich diese Erfahrung nirgendwo anders holen".

Die Leiden der baskischen und spanischen Republikaner, die zu Hunderttausenden vor den aufständischen Truppen nach Frankreich geflohen waren, fanden auch dort kein Ende. Nach dem Sieg Deutschlands über Frankreich wurden auf Anraten Francos Zehntausende in deutsche Konzentrationslager verschleppt. Etwa 20 000 ließen dort ihr Leben; allein im Konzentrationslager Mauthausen starben mehr als 6500 spanische Republikaner. Von den obengenannten 156 000 Basken, die 1936/37 im französischen Staat Zuflucht gesucht hatten, kehrten nur 63 000 zurück, in ihrer Mehrheit Frauen und Kinder.

Nach der Invasion Frankreichs durch Deutschland und dem Inkraft-

---

[47] Siehe diese Gründe in ibid., S. 363.

treten des Waffenstillstands am 25. Juni 1940 wurde innerhalb weniger Tage die gesamte französische Atlantikküste besetzt. Iparralde wurde geteilt: Die westliche Hälfte wurde von Deutschland besetzt, während die östliche Hälfte zum französischen Vichy-Regime gehörte; die Grenze verlief mitten durch Nieder-Navarra. Die traditionalistische politische und soziale Struktur Iparraldes, die von rechten Notabeln und von der omnipräsenten Kirche beherrscht wurde, gliederte sich ohne Probleme in das französische Kollaborationsregime ein. Jean Ybarnegaray wurde sogar Familienminister in der Regierung Pétain.

In Hendaye kam es am 23. Oktober 1940 zu einem Treffen zwischen Hitler und Franco. Hitler forderte den Eintritt Spaniens in den Krieg, aber Franco konnte nach drei Jahren Bürgerkrieg keinen erneuten Krieg führen, so daß das Land offiziell „nicht kriegführend" bzw. neutral blieb, sehr zu Hitlers Verärgerung. Ideologisch stand Franco allerdings immer auf der Seite des Dritten Reiches.

Beim deutschen Einmarsch mußte sich die baskische Regierung auflösen, die bisher im französischen Exil weiterbestanden hatte. Während Präsident Aguirre untergetaucht war, versuchte Manuel Irujo in London, einen „Baskischen Nationalrat" aufzubauen. Aguirre floh über Belgien, Deutschland und Schweden in die USA, wo er im Oktober 1941 wiederauftauchte. Von dort organisierte er nun den baskischen Widerstand, insbesondere das Spionagenetz mit Namen „Alava", das auf dem vorher schon bestehenden baskischen Geheimdienst aufbaute und die Alliierten während des gesamten Zweiten Weltkriegs mit Informationen versorgte.

Da zunehmend mit einer alliierten Invasion gerechnet werden mußte, befahl Hitler am 13. August 1942 die Errichtung des sog. Atlantikwalls. In Iparralde wurden um die Städte Bayonne und Saint-Jean-de-Luz Befestigungsringe gelegt sowie zahlreiche Bunker an der Küste gebaut. Mitte 1944 waren an der baskischen Küste 194 Bunker fertiggestellt und weitere 43 im Bau.

Als Charles de Gaulle am 18. Juni 1940 über BBC London zur französischen *Résistance* aufrief, nahmen zahlreiche Exilspanier daran teil, deren Zahl auf 10 000 bis 15 000 geschätzt wird. In Iparralde dominierten sie gar den Partisanenkampf gegen die deutschen Besatzer.[48]

Nach der alliierten Invasion in der Normandie zogen sich die deutschen Besatzer im August 1944 aus Iparralde zurück. Die baskische Exilregierung unter ihrem Präsidenten Aguirre organisierte darauf-

---

[48] José Miguel Romaña Arteaga, *La Segunda Guerra Mundial y los vascos*, Bilbao 1988, S. 123.

hin das Bataillon „*Gernika*", dem etwa 200 Soldaten angehörten. Das unerreichbare Fernziel war die Befreiung Euskadis; zunächst aber nahm das Bataillon am Endkampf gegen die letzten Widerstandsnester der deutschen Besatzer im französischen Gebiet des Médoc teil.

DAS SÜDLICHE BASKENLAND UNTER DER FRANQUISTISCHEN DIKTATUR

Repression, Widerstand und Konsolidierung des franquistischen Staates

Noch vor dem Fall Bilbaos kam General Mola Anfang Juni 1937 bei einem Flugzeugabsturz ums Leben, womit Francisco Franco der unbestrittene Führer der Bewegung wurde, die gemeinhin unter seinem Namen bekannt ist: *Franquismo*. Die franquistische Diktatur sollte fast vierzig Jahre dauern. Nach der Ausbildung der modernen baskischen Industriegesellschaft und der Erlangung der politischen Autonomie wirkte der Franquismus wie eine historische Parenthese. Erst nach fast vier Jahrzehnten konnten die Basken wieder in Freiheit für ihre Autonomie und ihr Selbstbestimmungsrecht kämpfen.

Die Zeit der Franco-Diktatur war von politischer, sozialer und kultureller Repression geprägt. Die Parteien der Traditionalisten und der Falangisten waren auf Druck des Generals Francisco Franco bereits am 19. April 1937 zur neuen Einheitspartei *FET y de las JONS*[49] vereint worden. Ein großer Teil der Karlisten weigerte sich, der neuen Partei beizutreten, woraufhin diese im politischen Leben marginalisiert wurden. Die Karlisten Bizkaias und Gipuzkoas widersetzten sich der Zwangsvereinigung sogar in ihrer Gesamtheit, nachdem die beiden Territorien zu „Verräterprovinzen" erklärt und die Conciertos Económicos entzogen worden waren. Auch in Alava und Navarra trat nur etwa die Hälfte der Parteimitglieder zur neuen Partei über; die baskophilen Karlisten lehnten dies ab. Die Gründung der Einheitspartei bedeutete nach 103 Jahren Existenz das Ende der karlistischen Partei ausgerechnet in der Zeit ihrer größten Blüte.

Am 9. Februar 1939 wurde das „Gesetz über politische Verantwortlichkeit" (*Ley de Responsabilidad Política*) verabschiedet, das rückwirkend galt und dem Regime freie Hand ließ bei seinem Rachefeldzug gegen Mitglieder der Volksfront-Parteien und anderer linker

---

[49] *FET y de las JONS = Falange Española Tradicionalista y de las Juntas de Ofensiva Nacional-Sindicalista* = „Spanische Traditionalistische Phalanx und Nationalsyndikalistische Angriffstruppen".

Organisationen, gegen baskische und katalanische Nationalisten, Intellektuelle, Dissidenten oder ganz einfach Antifranquisten. Das Gesetz verbot sämtliche politischen und gewerkschaftlichen Organisationen mit Ausnahme der Einheitspartei und der Einheitsgewerkschaft und ermöglichte die Unterdrückung jedweden Versuchs politischer Tätigkeit während der gesamten Franco-Ära. Dabei machte das Regime auch nicht vor Priestern halt, die besonders in den baskischen Küstenprovinzen in großer Zahl auf seiten der Republik gestanden hatten. Aus einem Bericht geht hervor, daß 715 baskische Pfarrer in irgendeiner Weise Opfer der franquistischen Repression waren, die sie bis ins Gefängnis bringen konnte.[50]

In den ersten Jahren der Diktatur fanden Tausende von willkürlichen Prozessen, Verhaftungen und Hinrichtungen statt. Die Gefängnisse und Konzentrationslager füllten sich, Folterungen waren an der Tagesordnung. Es ist schwer zu sagen, wie viele Hinrichtungen es nach Kriegsende gab; aus Regierungskreisen erfuhr ein Korrespondent der *Associated Press*, daß zwischen April 1939 und Juni 1944 192 684 Menschen erschossen wurden oder unter anderen Umständen in den spanischen Gefängnissen ums Leben kamen.[51] Im Baskenland erreichte die Zahl der Hinrichtungen jedoch nicht die Ausmaße anderer spanischer Regionen. Zwar gab es besonders nach der Kapitulation von Santoña im September 1937 Hinrichtungen baskischer Soldaten, aber im allgemeinen wurden die Todesurteile gegen Basken nicht vollstreckt, was am religiösen Charakter der EAJ-PNV und an der Intervention des Vatikans lag. Tatsächlich befanden sich schon 1943 in den spanischen Gefängnissen keine baskischen nationalistischen Kriegsgefangenen mehr.[52]

Das Regime verhinderte jeglichen Protest, bis zum Ende der Franco-Zeit waren Kriegsgerichte auch in Fragen des zivilen Rechts tätig. Besonders die baskische Kultur – wie auch die katalanische – war suspekt, weil sie sich nicht in das Konzept des Einheitsstaats eingliederte. Von Anfang an wurde eine systematische und brutale Politik der Unterdrückung betrieben, die das doppelte Ziel hatte, sich einerseits an Gipuzkoa und Bizkaia für die Unterstützung der Republik zu rächen und andererseits kompromißlos den zentralistischen Einheitsstaat durchzusetzen. Im Baskenland kam es zu massenhaften „Säube-

---

[50] Fernando García de Cortázar und Manuel Montero, *Historia de Vizcaya, Band II*, San Sebastián, S. 165.
[51] Ibid., S. 156.
[52] Garmendia, S. 438.

rungen" in der Verwaltung, viele Zeugnisse der baskischen Kultur wurden zerstört oder verboten, der Gebrauch der baskischen Sprache bei Behörden und in der Öffentlichkeit wurde mit Strafen belegt. Außerdem mußten die beiden hochindustrialisierten Küstenprovinzen hohe finanzielle Opfer für die Entwicklung anderer spanischer Regionen leisten.

Der Widerstand gegen das Franco-Regime umfaßte zunächst alle gesellschaftlich relevanten demokratischen Kreise. Sogar der Guerrillakampf wurde durch Kommunisten und Anarchisten versucht, scheiterte aber Mitte der vierziger Jahre kläglich. Die exilierten Organisationen verloren ihren Rückhalt bei der Bevölkerung. Die Sozialistische Partei PSOE und die Gewerkschaft UGT wurden im spanischen Staat fast vollständig zerschlagen und verloren im Exil den Kontakt mit der Basis, bevor es Anfang der siebziger Jahre zur Regeneration der Sozialistischen Partei kam. Schwerer noch traf dies die republikanische Partei, deren Basis im Inland völlig verlorenging und die als politische Kraft verschwand. Auch die anarchistische Gewerkschaft CNT wurde mit Erfolg unterdrückt. Die Stabilisierung der Diktatur und die erfolgreich von ihr eingesetzte Repression führten zum Verfall der Untergrundbewegungen.

Der baskische Nationalismus hoffte ebenso wie die anderen verbotenen Organisationen, daß die alliierten Siegermächte nach dem Zweiten Weltkrieg auch dem spanischen Faschismus ein Ende setzen würden. Dadurch wird die klare Orientierung des Lehendakari Aguirre auf die USA verständlich, von deren Präsidenten er sogar öffentlich unterstützt wurde. Sein großes internationales Prestige prädestinierte Aguirre zur Führung einer baskischen Exilregierung. Tatsächlich vermochte er es, sämtliche Gruppen der antifranquistischen Opposition zu vereinen. Am 17. März 1945 fand nach der Befreiung von den Deutschen in Bayonne eine Versammlung des baskischen Widerstands im Exil statt, die zur Gründung des „Baskischen Widerstandsrats" (*Consejo Vasco de la Resistencia*) führte, d. h. zu einer baskischen Exilregierung, die sich aus Nationalisten der EAJ-PNV und der ANV, Sozialisten, Kommunisten und Republikanern zusammensetzte und deren Präsident José Antonio Aguirre war.

Im Dezember 1946 führte die internationale Ächtung des spanischen Faschismus zu einer UN-Resolution, die den Abzug fast aller Botschafter aus Madrid bewirkte. Die Strategie der antifranquistischen Opposition scheiterte jedoch, als 1947 der Kalte Krieg ausbrach. Das Franco-Regime versuchte, sich als Bollwerk gegen den Kommunismus darzustellen, womit allmählich die Hoffnungen sanken, daß die westlichen Staaten den Sturz Francos herbeiführen würden. Um den USA Antikommunismus zu demonstrieren, wurden 1948 die Kommunisten aus der baskischen Exilregierung verstoßen, aber auch das sollte nichts helfen.

In diesem Zusammenhang ist der Streik von 1947 zu sehen, zu dem der Baskische Widerstandsrat unter entscheidender Einflußnahme der EAJ-PNV sowie die im Untergrund tätigen Gewerkschaften UGT, ELA-STV und CNT aufgerufen hatten. Am 1. Mai traten große Teile der bizkainischen und gipuzkoanischen Industriearbeiterschaft in den Ausstand, der von mehr als 30000 Arbeitern unterstützt wurde und bis zum 11. Mai dauerte. Gründe für den Streik waren einerseits die prekäre wirtschaftliche Situation der Bevölkerung und andererseits der Protest gegen die Diktatur. Es handelte sich um den ersten großen Streik der Franco-Diktatur; gleichzeitig war er ein Beweis für die Einheit der baskischen Opposition und der letzte große Erfolg des baskischen Präsidenten Aguirre. Als Antwort auf den Streik zwang das Regime die bestreikten Unternehmen, sämtliche Arbeiter zu entlassen; die Wiedereinstellungen mußten von den Provinzialverwaltungen genehmigt werden.

Die Position der westlichen Politiker zum Franco-Regime konnte auch dieser Streik nicht mehr ändern. Als 1950 der Korea-Krieg ausbrach und sich der Ost-West-Konflikt weiter verschärfte, war klar, daß das franquistische Spanien für die Interessen der USA viel interessanter war als die exilierten Regierungen der Republik und des Baskenlandes. Im November 1950 nahm die UNO ihre Resolution von 1946 zurück, und der spanische Staat konnte sich allmählich in die internationale Gemeinschaft integrieren. Die Strategie der exilierten baskischen Regierung war gescheitert; auch ein erneuter Streik in der baskischen Industrie im April 1951 konnte die Entscheidung der westlichen Regierungen für das franquistische Spanien nicht mehr aufhalten. Im Laufe der Zeit intensivierte sich die wirtschaftliche, militärische und politische Zusammenarbeit zwischen Spanien und den USA. 1953 wurde das Abkommen über US-amerikanische Militärbasen im spanischen Staat abgeschlossen.

Die baskische Exilregierung war zwar politisch gescheitert, aber sie konnte bald einen Erfolg im kulturellen Bereich erzielen, als 1956 der „Erste Baskische Weltkongreß" (*Primer Congreso Mundial Vasco*) in Paris stattfand, an dem mit Ausnahme der Kommunistischen Partei alle politisch, sozial und kulturell relevanten Gruppen des Baskenlandes teilnahmen. Dies konnte jedoch nicht darüber hinwegtäuschen, daß die baskische Regierung über keinerlei internationalen

Rückhalt mehr verfügte. Am 22. März 1960 starb der Präsident José Antonio Aguirre, der den Zusammenhalt des baskischen Exils gesichert hatte. Sein Nachfolger Jesús María Leizaola führte die baskische Exilregierung weiter, ohne jedoch eine klare Perspektive zu haben.

Francos Staat besaß keine kodifizierte Verfassung, sondern begnügte sich damit, im Laufe der Jahre „Grundgesetze" zu erlassen, die in ihrer Gesamtheit die konstitutionelle Basis des Regimes darstellten. Schon im März 1938, noch während des Bürgerkriegs, wurde das „Grundgesetz der Arbeit" (*Fuero del Trabajo*) verabschiedet, das bis 1967 unverändert die Grundlage aller arbeitsrechtlichen Beziehungen sein sollte. Das Gesetz verbot u. a. sämtliche gewerkschaftlichen Organisationen außer der falangistischen Einheitsgewerkschaft, der obligatorisch alle Arbeitnehmer und Arbeitgeber angehörten.

1945 hatte sich das franquistische System zwar konsolidiert, es drohte ihm aber nach der Niederlage der faschistischen Staaten die Gefahr der Isolierung. In dieser Situation wollte Franco seinem diktatorischen Regime einen Anschein von Legalität geben und erließ das „Grundgesetz der Spanier" (*Fuero de los Españoles*), in dem bestimmte Grundrechte garantiert wurden, die allerdings den Interessen der Diktatur untergeordnet waren. Dadurch wurde die staatliche Willkür institutionalisiert.

1947 wurde das Nachfolgegesetz verabschiedet, das durch Volksentscheid angenommen wurde. Das Referendum war von einem unerträglichen propagandistischen Druck begleitet. In den vier Territorien Hegoaldes gaben offiziell 90% des Wahlzensus ihre Stimme ab, von denen 93,2% (83,8% des Zensus) für die Annahme des Gesetzes stimmten. Allerdings glaubte die zweifellos gut informierte baskische Exilregierung, daß nicht mehr als 30% der Bevölkerung wirklich zur Wahl gegangen seien.[53]

Das Nachfolgegesetz machte den spanischen Staat zum Königreich und erklärte Francisco Franco zum Staatschef auf Lebenszeit. Gleichzeitig war er Regierungschef – ein Amt, das er erst 1973 an Luis Carrero Blanco abgab –, Oberbefehlshaber der Streitkräfte und Führer der „Nationalbewegung" (*movimiento nacional*). Diese gründete sich auf die Falangistische Partei, die zur „Staatspartei" des Regimes wurde. Die Partei war aber keinesfalls staatstragend, sondern Francos Macht stützte sich vielmehr auf das Militär, die Kirche und andere traditionell privilegierte Gruppen der Gesellschaft, wie Großgrundbesitzer, Großindustrielle und Kreise der Finanzbourgeoisie. Auch im Basken-

---

[53] García de Cortázar/Montero, II, S. 153.

land gehörte das Großbürgertum zu den Stützen der franquistischen Herrschaft.

1966 fand das zweite Referendum der Franco-Zeit statt, in dem die Bevölkerung über die Annahme des „Staatsorgangesetzes" (*Ley Orgánica del Estado*) abstimmen sollte. Auch diese Volksabstimmung wurde vom franquistischen Propagandaapparat dirigiert und fand große Zustimmung. Diese lag in den baskischen Provinzen aber auch offiziell deutlich unter dem spanischen Durchschnitt – in einigen Regionen des Baskenlandes war die Wahlenthaltung das auffallendste Charakteristikum: In Gipuzkoa gingen 60% des Zensus nicht zur Wahl.[54] Die wichtigste Bestimmung dieses Gesetzes war die Trennung der Ämter des Staatsoberhauptes und des Ministerpräsidenten; letzteres Amt wurde aber vorerst nicht besetzt. Ansonsten war das Gesetz eher der Versuch einer verspäteten Legitimierung und Rechtfertigung des Regimes.

Die baskische Sprache sollte aus dem öffentlichen Leben verbannt, aber nicht generell verboten werden, denn eine Sprache läßt sich nicht einfach verbieten. In den baskischsprachigen Zonen wurde der Schulunterricht nur auf spanisch gehalten, aber auch das war kein großer Unterschied zu der Zeit vor dem Franquismus, seit 1857 das staatliche Unterrichtswesen eingeführt worden war. In den fünfziger Jahren zeigte das Regime größere Toleranz gegenüber der baskischen Sprache, und verschiedene Zeitschriften konnten in Euskera erscheinen. Dies geschah unter dem Schutz der Kirche, deren Basis in den ländlichen Gebieten immer mit der baskischen Kultur sympathisiert hatte und die innerhalb des Regimes gewisse Freiräume besaß. Der Kirche ist auch zu verdanken, daß schon Anfang der fünfziger Jahre die ersten *Ikastolak* entstanden, d.h. Schulen, in denen die Unterrichtssprache Baskisch war. Diese Schulen waren zwar nicht legalisiert, wurden aber toleriert; weil sie sich aber in einem legalen Vakuum befanden, konnten die staatlichen Ordnungskräfte jederzeit repressiv gegen sie vorgehen.

Wirtschaft und Bevölkerung zur Zeit des Franquismus

Zwischen 1939 und 1953 beruhte das franquistische Wirtschaftsmodell auf Autarkie. Dieses Konzept war von der sozialen und wirtschaftlichen Ideologie der Falange bestimmt, aber darüber hinaus zwangen

---

[54] Garmendia, S. 442.

die äußeren Umstände die spanische Wirtschaft dazu, denn während des Zweiten Weltkriegs war der spanische Staat vom Welthandel ausgeschlossen. Diese Isolierung setzte sich nach Ende des Krieges zunächst fort, weil die franquistische Diktatur von den demokratischen Staaten geächtet wurde.

Autarkie und Isolierung riefen ein Sinken des allgemeinen Lebensstandards, eine laufende Erhöhung der (offiziell inexistenten) Arbeitslosigkeit und sogar Lebensmittelknappheit hervor, was zu Rationierungen führte. Die Lebensmittelkarten sollten zwölf Jahre lang eine traurige Realität bleiben. Eine weitere Folge war das Entstehen eines umfangreichen Schwarzmarkts und weitgreifender Korruption.

Bis 1950 stiegen die Preise stark an, besonders in den Jahren 1945 und 1946, als es zur schwersten Krise dieses Jahrhunderts kam, schwerer noch als in den Kriegsjahren. Im Jahr 1945 sank die Kaufkraft der Arbeiter um etwa 30% und 1946 sogar um weitere 40%. Die Löhne stiegen zwar, aber sie konnten mit den Preisen nicht Schritt halten. Die Armut sank auf einen Stand, der seit drei Generationen nicht erreicht worden war. Ein gutes Beispiel für die Verelendung bieten Preis- und Lohnindexe von 1935 bis 1950: Während die Löhne von 100 auf 82,66 sanken, stiegen die Preise von 100 auf 529,3. Im Baskenland wie im gesamten spanischen Staat war der Hunger eine ernstzunehmende Bedrohung weiter Teile der Bevölkerung, die am Rande des Existenzminimums dahinvegetierten. Wieder herrschten die unmenschlichen Lebensbedingungen, die man seit einem halben Jahrhundert überwunden geglaubt hatte, mit Elendsquartieren in wahren Slums, in denen Fälle von Tuberkulose, Typhus oder Ruhr auftraten.

Anfang der fünfziger Jahre waren die Möglichkeiten der Autarkiepolitik erschöpft. Der spanische Staat war ein armes Agrarland mit einer auf dem internationalen Markt konkurrenzunfähigen Industrie. Seit 1951 leiteten amerikanische Kredite und eine gewisse wirtschaftliche Liberalisierung einen leichten Wirtschaftsaufschwung ein. Die ärgsten Engpässe in der Rohstoff- und Energieversorgung sowie im Verkehrswesen konnten beseitigt werden. Auch in der Landwirtschaft konnten dank guter Ernten die Erträge erhöht werden. Die Rationierung von Lebensmitteln wurde aufgehoben, womit auch der Schwarzmarkt für landwirtschaftliche Produkte verschwand, während er für Industriegüter und Rohstoffe noch weiterbestehen sollte.

Die Autarkiepolitik wurde aufgegeben, aber der Protektionismus blieb zunächst bestehen. Seit 1956 führten starke Preissteigerungen zu sozialen Unruhen unter den Arbeitern und allgemein zu einer kritischen Wirtschaftslage. Während die Arbeiter Lohnerhöhungen durchsetzten, stand der Staat angesichts eines enormen Außenhandelsdefizits vor dem finanziellen Zusammenbruch. Die Notwendigkeit einer Änderung der Wirtschaftspolitik wurde immer offensichtlicher. Dies war der Zeitpunkt des wirtschaftlichen Wandels. Eine Regierungsumbildung brachte im Jahr 1957 reformfreudige technokratische Minister ins Kabinett, die der religiösen Organisation *Opus Dei* angehörten. Nach ersten zögerlichen Reformen wurde Ende Juni 1959 mit einem Stabilisierungsplan eine neue Politik eingeleitet, die die wirtschaftliche Gesundung und die Öffnung des Außenhandels zum Ziel hatte. Seit 1962 gab es jeweils mehrjährige Entwicklungspläne, die ein Wirtschaftswachstum von etwa 6% anstrebten und die Kontrolle der Inflation und die Modernisierung und Diversifizierung der Wirtschaft zum Ziel hatten.

Dies war der Beginn des „spanischen Wirtschaftswunders" der sechziger Jahre. Die Autarkiepolitik war endgültig überwunden, und der spanische Staat gliederte sich in das internationale Wirtschaftssystem ein. Das spanische Pro-Kopf-Einkommen stieg von unter 400 Dollar zu Beginn der sechziger Jahre auf etwa 2000 Dollar im Jahr 1974. Von 1960 bis 1965 erhöhte sich das spanische Bruttosozialprodukt um jährlich 8,6% und von 1966 bis 1973 um etwa 6% pro Jahr.

Das gesamte Gebiet von Hegoalde war von der Expansion betroffen, die die Entwicklungspläne ausgelöst hatten und die bis 1973 währen sollte. Natürlich dominierte weiterhin die Schwerindustrie, die in den sechziger Jahren 40% der baskischen Industrieproduktion ausmachte. Die metallverarbeitende Industrie erlebte einen großen Aufschwung; das galt besonders für den Schiffbau – allein in der Provinz Bizkaia gab es Ende der sechziger Jahre 22 Werften. Auch die Chemieindustrie konnte sich etablieren, wobei die Raffinerie *Petronor* in Bizkaia hervorzuheben ist, die 1968 gebaut wurde. In Mondragón in Gipuzkoa entstand das neue industrielle Modell der Kooperativen. Im Baskenland war die Arbeitslosigkeit praktisch inexistent und betrug Ende 1975 nur 4,2%.

Die Verteilung der Bevölkerung auf die Wirtschaftsbereiche verdeutlicht den endgültigen Übergang zur Industriegesellschaft: In der Landwirtschaft der vier Territorien Hegoaldes arbeiteten 1960 noch 24,5% der aktiven Bevölkerung, aber 1975 nur noch 10,8%, während sich der Anteil in der Industrie von 45,5% auf 52,6% erhöhte. Der Dienstleistungssektor stieg nur von 31% auf 36,5%, was bereits spätere Strukturprobleme der baskischen Wirtschaft ankündigte.

In dieser Epoche der wirtschaftlichen Expansion wurden entscheidende Versäumnisse begangen, die die Gründe für spätere strukturelle Probleme waren: Die industriellen Aktivitäten waren kaum diversifiziert, weil man auf die traditionellen Industrien setzte. Entscheidende Innovationen wurden nicht durchgeführt. Der Dienstleistungsbereich wurde zu wenig gefördert. Am schwersten sollte die baskische Wirtschaft aber treffen, daß die bizkainische Schwerindustrie durch staatlichen Interventionismus zu lange gestützt wurde, anstatt sie rechtzeitig zu modernisieren.

Die Übersättigung der Küstenprovinzen führte zu größeren Investitionen in Alava, das zudem als Verkehrsknotenpunkt geographisch sehr günstig lag. Dank der wirtschaftlichen und administrativen Autonomie, die Alava durch die Conciertos Económicos gegeben war, konnte die Provinz ihre Industrialisierung selbst steuern. Die Industrie konzentrierte sich in Alava fast ausschließlich auf die Hauptstadt Vitoria, deren Einwohnerzahl sich von 1960 bis 1975 mehr als verdoppelte und von 75 000 auf 173 000 stieg, während die Bevölkerung der gesamten Provinz um 71% von 139 000 auf 238 000 zunahm.

Innerhalb von fünfzehn Jahren vollzog sich ein radikaler Wandel in der alavesischen Bevölkerungsstruktur. Aufgrund der besseren Verdienstmöglichkeiten in der Stadt entvölkerten sich die ländlichen Gebiete Alavas. Die rasche Industrialisierung führte auch zur massenhaften Zuwanderung von Arbeitern aus anderen spanischen Regionen. Alava wurde zu der baskischen Provinz mit dem höchsten Anteil an nichtbaskischer Bevölkerung.

Zwei Eigenschaften der alavesischen Industrie sind im Gegensatz zu den Küstenprovinzen hervorzuheben: eine größere Diversifizierung der Produktion – obwohl auch hier die Schwerindustrie an erster Stelle stand – und Modernität – dank der späten Industrialisierung. Beides sollte die alavesische Industrie später weniger krisenanfällig machen.

Navarra erlebte eine relativ späte Industrialisierung, bei der dann aber auch die Sonderrechte hilfreich waren, die Navarra nach dem Bürgerkrieg hatte bewahren können; hierbei handelte es sich um die Wirtschaftsabkommen, die auf der Ley Paccionada von 1841 basierten. Im Jahr 1964 wurde ein Industrialisierungsprogramm verabschiedet, aufgrund dessen sich im folgenden Jahrzehnt zahlreiche Industriebetriebe ansiedelten. Zwei Drittel davon ließen sich im Bereich der Hauptstadt Pamplona nieder, die 1975 eine Einwohnerzahl von 163 000 erreichte. Insgesamt wuchs die Bevölkerung Navarras im Vergleich zu den anderen Provinzen Hegoaldes nur wenig und stieg nur um 20% von 402 000 auf 484 000 Einwohner.

Die Einwohnerzahl in Bizkaia stieg von 1960 bis 1975 um 54% von

751 000 auf 1 155 000 und in Gipuzkoa um 43% von 474 000 auf 680 000. Der größte Teil dieses Bevölkerungswachstums ist auf Einwanderung aus anderen spanischen Regionen zurückzuführen. Zwischen 1961 und 1970 kamen fast 275 000 Immigranten in die vier Territorien Hegoaldes. Besonders das hochindustrialisierte Bizkaia war von dieser Wanderungsbewegung betroffen: Schon zwischen 1951 und 1960 wanderten 96 500 Personen ein; zwischen 1961 und 1970 waren es sogar 149 000; erst dann gingen die Zahlen zurück und betrugen zwischen 1971 und 1976 nur noch 34 500. Da nicht alle Einwanderer Wohnungen finden konnten, entstanden in der Peripherie der Großstädte Slums, die erst in den achtziger Jahren endgültig beseitigt werden konnten. Aber auch viele baskischsprachige Ortschaften auf dem Land erlebten eine Industrialisierung, die eine große Zahl nichtbaskischer Arbeiter anzog. Dies provozierte eine Krise der traditionellen Werte, die bald zum Konflikt führen sollte.

Die Entstehung des radikalen Nationalismus von ETA

Die exilierte EAJ-PNV hatte ihre ganze Mühe darauf verwendet, auf eine ausländische Intervention hinzuarbeiten. Im Baskenland hatte die Partei anfangs noch relativ großen Einfluß, der sich besonders in der erfolgreichen Steuerung des Streiks von 1947 zeigte. Im Laufe der Zeit vernachlässigte die EAJ-PNV jedoch die Schaffung politischer Strukturen im Inland. Sie beschränkte sich im wesentlichen auf folkloristische Arbeit, die sie ebenfalls als Widerstand gegen den spanischen Staat interpretierte. Der Widerstand von außen war gescheitert und im Innern gebrochen. Eine Erneuerung des Widerstands mußte durch die neue Generation erfolgen, die unter der franquistischen Diktatur aufgewachsen war.

In diesem Umfeld entstand 1959 eine neue nationalistische Gruppe: *Euskadi ta Askatasuna* (dt. „Baskenland und Freiheit"), kurz ETA genannt. Diese Gruppe forderte einen stärkeren Aktivismus und entwickelte sich zu der antifranquistischen Gruppe mit größter Wirksamkeit auf die Öffentlichkeit. Die ETA war aus einer kleinen Gruppe Intellektueller entstanden, die sich *Ekin* (dt. etwa „Aktion") nannte und von den baskischen Nationalisten forderte, sich nachdrücklicher für die baskische Kultur und Sprache einzusetzen, die in Gefahr waren, durch die spanische Kultur verdrängt zu werden. *Ekin* kritisierte, daß sich weite Teile der baskischen Nationalisten mit der Franco-Diktatur abgefunden hatten und wirtschaftlich sogar von ihr profitierten. Die

Gruppe trat 1956 der Jugendorganisation der EAJ-PNV, EG bei.[55] Diese war zwar illegal, aber ihre Aktivitäten wurden von der Polizei geduldet, weil sie sich im wesentlichen auf Folklore beschränkten. Innerhalb der EG entwickelte die Gruppe *Ekin* eine Theorie des bewaffneten Kampfes mit dem Ziel der Befreiung des Baskenlandes. Die Beziehungen zur EAJ-PNV waren gespannt, besonders weil die Baskische Nationalistische Partei schon die Unterstützung von Volksfesten und kulturellen Akten als direkte politische Aktionen des Widerstands betrachtete, was *Ekin* als völlig unzureichend ablehnte.

Schließlich trennte sich *Ekin* wieder von der EG und nahm am 31. Juli 1959 den Namen ETA an. Sie entwickelte eine eigene Strategie, die auf größerem Aktivismus beruhte. Durch den bewaffneten Kampf sollte ein souveräner baskischer Staat entstehen, der sich aus den sieben historischen Territorien zusammensetzen sollte. In den ersten Jahren beschränkte sich die ETA jedoch auf Wandmalereien, Verteilung von Propaganda und das Zeigen der *Ikurriña*, der unter dem Franquismus verbotenen baskischen Fahne. Im Juli 1961 beging sie ihren ersten Sabotageakt, als die Organisation versuchte, einen Zug mit franquistischen Kriegsveteranen zum Entgleisen zu bringen. Die Aktion schlug fehl und führte zur Verhaftung einer großen Zahl von *Etarras* (ETA-Mitgliedern), während andere nach Iparralde fliehen konnten.

In einer Benediktinerabtei in Iparralde fand im Mai 1962 die erste konstituierende Versammlung der ETA statt. Das wichtigste Ergebnis war eine Erklärung ihrer Prinzipien: Das Ziel war die Unabhängigkeit der sieben Territorien des Baskenlandes; Euskera sollte die offizielle Sprache sein, aber auch Spanisch und Französisch wurden vorläufig akzeptiert.

In den nächsten Jahren entwickelte sich die ETA immer mehr zu sozialistischen Positionen hin, beeinflußt durch andere nationale Befreiungsbewegungen wie in Kuba oder Algerien, die zeigten, daß Nationalismus und Sozialismus durchaus vereinbar waren. Auf dieser Basis konzipierte man eine Guerrilla-Theorie, deren taktische Grundlage die „Spirale" der Gewalt war: Der Staat sollte durch Attentate auf Amtsträger und Sicherheitskräfte zu repressiven Maßnahmen provoziert werden. Seine repressive Gewalt würde der Staat gegen die Bevölkerung einsetzen, weil er die Identität der Attentäter nicht kannte. Dies würde der aufständischen Bewegung immer mehr Anhänger zutreiben. Wenn die Repression für die Mehrheit der baskischen Bevöl-

---

[55] EG = *Eusko Gaztedi* = „Baskische Jugend".

kerung schließlich unerträglich wäre, käme es zur Massenerhebung des Volkes gegen seine Unterdrücker. Die ETA definierte sich selbst als „Bewegung der Nationalen Baskischen Befreiung" (*Movimiento de Liberación Nacional Vasca*).

Im Frühjahr 1964 wurden Kommandos „freigestellter" Aktivisten (*liberados*) gebildet, die im Untergrund tätig waren und von der Organisation finanziert wurden. Natürlich bereitete die Finanzierung dieser Kommandos Probleme, und so kündigte die ETA im September 1964 an, daß sämtliche Basken die Verpflichtung hätten, im Rahmen ihrer finanziellen Mittel zum Widerstand gegen die Unterdrücker beizutragen. Dies war der Ursprung der später so genannten „Revolutionssteuer" (*impuesto revolucionario*). Unternehmern, die nicht zur Zahlung bereit waren, wurde mit Repressalien wie Sabotageakten in Betrieben oder „Hinrichtung" gedroht. Die Eintreibung der Beträge war anfangs allerdings aufgrund fehlender Infrastruktur noch mit großen Schwierigkeiten verbunden.

Nachdem die ETA ihre Grundsätze definiert hatte, fand im folgenden Jahrzehnt die politische Positionierung statt. Unter dem Einfluß der europäischen Studentenbewegungen näherte sie sich marxistischen Positionen an. Dabei stand in den nächsten Jahren die Frage im Vordergrund, ob sie durch Mitwirkung am Klassenkampf dazu beitragen sollte, den spanischen Staat von der franquistischen Diktatur zu befreien, bevor endgültig die nationale Befreiung des Baskenlandes in Angriff genommen werden konnte.

Im Winter 1966/67 kam es zu Spaltungen innerhalb der ETA. Es setzte sich die Gruppe durch, die eine Strategie des Guerrilla-Kampfes auf der Basis marxistisch-leninistischer Ideologie definierte. In diesem Kampf wollte die ETA sowohl die Sympathien der traditionell nationalistischen baskischen Gesellschaft als auch die der baskischen Arbeiter gewinnen, wobei letztere alle Personen umfaßten, die im Baskenland arbeiteten und die baskischen Bestrebungen unterstützten. Man definierte sich selbst als nationalistische, revolutionäre Bewegung.

Der seit langem angekündigte Beginn des bewaffneten Kampfes konnte nun nicht mehr lange hinausgezögert werden, ohne unglaubwürdig zu werden. Im Jahr 1967 wurden verschiedene Banken überfallen und Bomben gelegt, die öffentliche Gebäude und Monumente beschädigten. Im Juni 1968 eskalierte die Gewalt. In einer Polizeikontrolle erschoß das ETA-Direktionsmitglied Txabi Etxebarrieta einen Angehörigen der Guardia Civil und wurde in der anschließenden Verfolgung selbst getötet.

Dieser Vorfall hatte ungeahnte Folgen: Viele Basken sahen darin einen kaltblütigen Mord der staatlichen Ordnungskräfte. Massenhafte Protestaktionen bewiesen ihre Solidarität mit dem verstorbenen Etxebarrieta, wobei sich die Protestkundgebungen nicht nur auf die baskischsprachigen Gebiete beschränkten, sondern auch in Fabriken stattfanden, in denen die Mehrheit der Arbeiter Immigranten waren. Sogar in den Kirchen wurden Messen für Etxebarrieta gelesen, der zum ersten Märtyrer der ETA wurde.

Die ETA war im Landesinnern eine ernsthafte Alternative des baskischen Nationalismus geworden, denn die EAJ-PNV war besonders nach dem Tod ihres charismatischen Präsidenten José Antonio Aguirre im Jahr 1960 zu einer anachronistischen Partei degeneriert, die nach mehr als zwei Jahrzehnten Exil den Kontakt mit ihrer Basis verloren hatte. Aber die ETA symbolisierte auch die Ablehnung der Diktatur durch einen großen Teil der baskischen Gesellschaft. Der Tod Etxebarrietas hatte es vermocht, den konservativen baskischen Nationalismus und den radikalen Sozialismus in ihren Protesten zu vereinigen, eine Allianz, die nicht dauerhaft sein konnte.[56]

Etxebarrietas Tod war der Auslöser für eine Radikalisierung der bewaffneten Auseinandersetzung mit dem spanischen Staat im Sinne der Theorie der „Spirale": Die ETA rächte sich mit dem Mord an dem als Folterer bekannten Polizeikommisar Melitón Manzanas in Irun. Daraufhin reagierte der Staat mit einer aggressiven Verfolgung, in deren Verlauf mehr als 2000 Personen verhaftet und Hunderte von ihnen gefoltert wurden.[57] Die Reaktion in der baskischen Bevölkerung waren weitere Protestkundgebungen und Streiks, intensiver noch als die nach Etxebarrietas Tod. Im August 1968 wurde der Ausnahmezustand über Gipuzkoa verhängt, der im Januar 1969 für die Dauer von drei Monaten auf ganz Spanien ausgeweitet wurde. Am Ende war wieder die staatliche Repression erfolgreich – ein beträchtlicher Teil der ETA-Mitglieder wurde verhaftet oder ging ins Exil. Am 25. März 1969 endete der Ausnahmezustand. Die Franco-Diktatur schien sich wieder einmal durchgesetzt zu haben. Fünfzehn inhaftierte Etarras wurden im Dezember 1970 in Burgos vor Gericht gestellt.

Die ETA begann nun, sich im französischen Exil erneut zu for-

---

[56] Siehe dazu die überzeugenden Erläuterungen von John Sullivan, *ETA and Basque nationalism. The fight for Euskadi*, London und New York 1988, S. 71–72.

[57] José María Lorenzo Espinosa, *Historia de Euskal Herria. El nacimiento de una nación*, Tafalla 1995, S. 253.

mieren. Beeinflußt von den Studenten- und Arbeiterunruhen des Mai 1968 in Frankreich glaubte man, daß Streiks der spanischen Arbeiter zur Revolution führen könnten. Die ETA verstand sich als Organisation, die über den Klassen stand. Nationalismus und Sozialismus seien vereinbar und Aspekte eines gemeinsamen Kampfes, der die Ausbildung eines nationalen baskischen Bewußtseins verlange.

Ihre sechste Versammlung fand Ende August/Anfang September 1970 in Itxassou (Labourd) im Zeichen ideologischer Spannungen statt und führte zur Spaltung in drei Gruppen. Der unnachgiebige militante Sektor, dem besonders die älteren Mitglieder angehörten, nahm nicht an der Versammlung teil und betrachtete sie als „illegal". Sie befürchteten ein Manöver mit dem Ziel, die Organisation vom bewaffneten Kampf zu entfernen und im Zeichen des Klassenkampfes zu „españolisieren".

Während der Versammlung trennten sich zunächst die sog. „Roten Zellen" von der ETA und bildeten eine eigene revolutionäre Organisation. Die verbleibende Mehrheit brach mit dem traditionellen Nationalismus und forderte nicht mehr die Unabhängigkeit, sondern das Recht auf Selbstbestimmung des baskischen Volkes. Der Klassenkampf stand im Vordergrund – durch ihn sollte die Befreiung des Baskenlandes erreicht werden. Neben dem bewaffneten Kampf sollte politische Arbeit an der Basis durchgeführt werden, um den Volksaufstand herbeizuführen. Die Gruppe, die als Mehrheit aus dieser sechsten Versammlung hervorging, erhielt den Namen ETA-VI.

Die militante Minderheit, die nicht an der Versammlung teilgenommen hatte, kritisierte die „spanischen" Abweichungen. Ihrer Meinung nach mußte im Baskenland die Frage der Unabhängigkeit im Vordergrund stehen und nicht der Klassenkampf. Der Marxismus als ideologische Begründung des bewaffneten Kampfes sei akzeptabel, aber nicht in dem Maße, daß er zur Entfremdung von der nationalistischen Basis führe. Die Revolution finde in und für das Baskenland statt, und Euskera sei die einzige Sprache eines zukünftigen unabhängigen baskischen Staates. Die Beteiligung an Massenaktionen wurde abgelehnt und die rein militärische Aktion befürwortet. Diese Gruppe wurde darum „*Milis*" genannt. Weil sie die Gültigkeit der sechsten Versammlung ablehnten und sich weiter auf die Ergebnisse der fünften stützten, nannte man sie ETA-V.

Die große Mehrheit der ETA-Mitglieder unterstützte zunächst die progressive Linie der ETA-VI. Bald aber zeigten viele ihrer Anhänger Sympathien für andere revolutionäre, besonders trotzkistische Organisationen und gingen in den folgenden Jahren zu diesen über. ETA-V, die ursprünglich die Minderheit innerhalb der ETA dargestellt hatte, setzte sich letztendlich durch. Die Jahre 1972 und 1973 waren von der bisher aktivsten Kampagne gekennzeichnet, die mit der Ermordung des spanischen Ministerpräsidenten Luis Carrero Blanco im Dezember 1973 endete.

Ein neuer qualitativer Schritt in der militärischen Strategie fand 1974 statt. Nachdem im Zuge der staatlichen Verfolgung verschiedene Etarras getötet, verwundet und festgenommen wurden, erschoß ETA einen Angehörigen der Guardia Civil in Azpeitia. Bisher hatte es sich bei den „Hinrichtungen" von Melitón Manzanas im Jahr 1968 und Luis Carrero Blanco 1973 um Ausnahmefälle gehandelt; alle anderen Opfer waren in direkten Auseinandersetzungen mit Etarras umgekommen. Erstmals vollzog ETA nun eine willkürliche Hinrichtung und drohte außerdem, daß alle Sektoren der staatlichen Sicherheitskräfte potentielle Opfer seien.

Ein organisatorisches Problem war seit jeher, militärische Operationen und Massenaktionen – wie Streiks – zu kombinieren, denn die Vollstrecker bewaffneter Attentate waren ständig in Gefahr, von den staatlichen Sicherheitskräften entdeckt zu werden. Dies erschwerte die Koordination der verschiedenen Sektoren, in die ETA seit 1967 organisiert war: die militärische Front, die Attentate verübte und seit 1970 im wesentlichen ETA-V entsprach, die politische Front, die die Direktion darstellte, die Arbeiterfront, die in den Betrieben den aktiven Klassenkampf betrieb, und die Kulturfront. Die Arbeiterfront warf der militärischen Front vor, ihre Aktionen durchzuführen, ohne sie mit der Basis zu koordinieren. Im Mai 1974 trennte sie sich von der ETA, um die neue revolutionäre Organisation LAIA zu gründen.[58]

Das Ausscheiden der Arbeiterfront löste nicht das Problem zwischen den beiden entgegengesetzten Standpunkten der reinen militärischen Operationen und der Koordination mit Massenaktionen. Die politische Front forderte, daß bewaffnete Operationen auf politischen Entscheidungen beruhen sollten. Daraufhin kam es im Dezember 1974 zur Spaltung in zwei verschiedene Organisationen: Die militärische Front nahm den Namen *ETA-Militar* bzw. kurz ETA-m an. Grundsätzlich befürwortete sie Massenaktionen und den Klassenkampf, vertrat aber die Ansicht, daß militärische Aktionen von Spezialisten durchgeführt werden sollten, die organisatorisch völlig unabhängig sein müßten; nur so könnten sie sich bestmöglich vor der staat-

---

[58] LAIA = *Langile Abertzale Iraultzaileen Alderdia* = „Patriotische Revolutionäre Arbeiterpartei".

lichen Verfolgung schützen. ETA-m bestand damals aus etwa dreißig Personen, die in Iparralde lebten und nur zum Zweck der Durchführung von bewaffneten Operationen die Grenze überquerten. In ihrer Mehrheit waren sie von der Organisation freigestellt (*liberados*).

Die politische Front und damit der größte Teil der ETA nahm den Namen *ETA-Político Militar* an, kurz ETA-pm. Auch ETA-pm vertrat weiterhin die Notwendigkeit des bewaffneten Kampfes und verübte selbst Attentate, fühlte sich aber auch dem Fernziel der sozialistischen Revolution verpflichtet. Zwischen den beiden Gruppen gab es keine offensichtlichen politischen Meinungsverschiedenheiten, so daß ihre Trennung in der Öffentlichkeit nur als interne organisatorische Veränderung wahrgenommen wurde.

Die ETA kann nicht nur durch ihre bewaffneten Aktionen beurteilt werden, sondern es muß berücksichtigt werden, daß sie in den ersten sechzehn Jahren ihres Bestehens ein wichtiges Forum der politischen Debatte und der revolutionären Reflexion war. Zu ihr gehörten nicht nur baskische Nationalisten, sondern sie war eine Zeitlang Schule der neuen Linken und der revolutionären Bewegungen des gesamten spanischen Staates. Die aus der ETA entstandenen bzw. abgespaltenen Gruppen sollten das politische Leben des Baskenlandes gegen Ende der Franco-Ära und in der Übergangsphase zur spanischen Demokratie entscheidend mitprägen.

Das Ende des Franquismus

In den sechziger Jahren begann der langsame Niedergang der franquistischen Diktatur. Neben den Problemen mit den historischen Nationalitäten in Katalonien und im Baskenland und der Entstehung der ETA bedeuteten die zunehmenden Konflikte mit der Arbeiterschaft und den Studenten sowie die Opposition des niederen Klerus schwere Bedrohungen für das Regime.

Die Religion war eine der entscheidenden Stützen von Francos Staat, aber der niedere Klerus hatte schon immer, d. h. seit der Republik, eine kritischere Haltung zum Staat und zur kirchlichen Hierarchie eingenommen, die sich in den sechziger Jahren noch verstärkte. Im Jahr 1960 beispielsweise beklagten 339 Pfarrer die Verfolgung der ethnischen, sprachlichen und sozialen Besonderheiten der Basken. Zu den nationalistischen Positionen kamen bald soziale Ansätze. Besonders nach der Öffnung der Kirche zur Zeit des Papstes

Johannes' XXIII. wurden christliche Basisgruppen in den ärmlichen Arbeitervierteln aufgebaut.

Die Weigerung der spanischen Kirchenhierarchie zum Dialog führte den baskischen Klerus in die offene Opposition zum Franquismus. Es gab sowohl Pfarrer, die in den Arbeiterkommisionen (*Comisiones Obreras*) mitarbeiteten, als auch solche, die mit der ETA kollaborierten. Eine Episode aus dem Jahr 1974 zeigt, wie sehr sich der Widerstand gegen die Diktatur von der Basiskirche auf den gesamten baskischen Klerus übertrug: Der neue Bischof von Bilbao, Añoveros, verlas am 24. Februar eine Homilie, in der die christliche Erlösung mit der ethnischen Befreiung gleichgesetzt wurde. Dies provozierte den schwersten Konflikt zwischen Kirche und Regime in den fast vier Jahrzehnten der Franco-Ära.

Eine erste intellektuelle Opposition gegen das Regime ging seit 1956 von den Studenten aus. Im Zuge der 68er-Bewegung verstärkte sich die Agitation auch an den spanischen Universitäten, aber sie sollte ihren Höhepunkt erst in der ersten Hälfte der siebziger Jahre erreichen, als die ständigen Proteste zu einer ununterbrochenen Ausnahmesituation an den Hochschulen führten.

Die Arbeiterbewegung verunsicherte den Staat ebenfalls. Zwar arbeiteten auch die UGT und die ELA-STV im Untergrund weiter, aber von allen verbotenen politischen Parteien und Gewerkschaften stellte sich die Kommunistische Partei am besten auf diese Situation ein. Sie förderte die sog. „Arbeiterkommissionen" (*Comisiones Obreras*, kurz CCOO), die seit 1958 als lockere Interessenverbände an Mobilisierungen der Arbeiter teilnahmen und sich normalerweise nach der Erfüllung des konkreten Auftrags wieder auflösten, was ihre Kontrolle und Verfolgung erschwerte. Es gelang ihnen teilweise sogar, die franquistische Einheitsgewerkschaft zu unterwandern. Im Zuge des Wirtschaftswachstums nahmen bei der Aushandlung von Kollektivverträgen die Arbeitskonflikte zu. 1962 brachen zahlreiche Streiks aus, die mit Massenentlassungen und der Verhängung des Ausnahmezustands beantwortet wurden. Trotzdem waren die Arbeiter erfolgreich, denn es gelang ihnen, daß die seit 1957 eingefrorenen Löhne erhöht wurden. In diesen Streiks traten erstmals die halblegalen CCOO offen hervor, die in ihrer Agitation die traditionellen Gewerkschaften ablösten.

Ab 1963 organisierten sich die CCOO über die Betriebe hinaus. Eine liberalisierte Gewerkschaftsordnung ermöglichte es 1966, daß ihre Mitglieder in die offiziellen gewerkschaftlichen Organe gewählt wurden. Als diese binnen kurzem unter ihrer Kontrolle waren, wurden sie im Jahr 1967 wieder illegalisiert, was ihrer Effizienz aber keinen entscheidenden Abbruch mehr tun konnte. In den Betrieben arbeiteten die CCOO nicht nur für die Verbesserung der Situation der Arbeiter, sondern auch auf den Sturz des Regimes hin.

Die CCOO waren gegen Ende der Franco-Ära die Gewerkschaft mit der höchsten Repräsentanz in den Betrieben. Dennoch war diese aufgrund der Illegalität, in der sich die Arbeiterorganisationen bewegen mußten, verschwindend gering. In Navarra beispielsweise gab es im Jahr 1978 nur 180 militante Gewerkschaftler in den CCOO.[59]

Die neue Arbeiterbewegung konsolidierte sich in den folgenden Jahren, und die Auseinandersetzungen gewannen an Häufigkeit und Dauer. Die Arbeitskonflikte und Streikbewegungen waren in den letzten 15 Jahren des Franquismus ein beherrschender Faktor der sozialen Realität, wobei das Baskenland – und zwar alle vier Territorien Hegoaldes – zu den konfliktreichsten Zonen des Staates gehörte. Im Winter 1966/67 dauerte ein Streik in der Fabrik *Bandas de Laminación* in Etxebarri (Bizkaia) 167 Tage; es war der längste Streik in der Ära des Franquismus, der wieder mit der Ausrufung des Ausnahmezustands und zahlreichen Verhaftungen beantwortet wurde. Zwischen 1967 und 1972 gab es mehr als tausend Streiks in Bizkaia und Gipuzkoa. 1972 gelang es den Arbeitern der Firma *Michelin*, ihren Streik auf ganz Vitoria auszudehnen. 1973 fanden 300 Streiks und 1974 mehr als tausend statt. Gegen Ende des Franquismus standen nicht mehr nur wirtschaftliche, sondern auch politische Motive im Vordergrund der Streiks, beispielsweise Solidarität mit anderen Arbeitern oder mit ETA-Häftlingen oder der Kampf für politische und gewerkschaftliche Freiheiten.

Im Dezember 1970 fand der Prozeß von Burgos statt. 15 ETA-Mitglieder standen wegen des 1968 begangenen Mordes an Melitón Manzanas vor einem Militärgericht. Die spanische Regierung wollte einen Schauprozeß gegen die ETA veranstalten und erlaubte eine in solchen Situationen unübliche Offenheit in der Berichterstattung. Die Taktik der ETA war jedoch sehr geschickt, und es gelang den Angeklagten, das Regime selbst anzugreifen. So wurde erstmals öffentlich die Diktatur angeklagt, und das in einem Schauprozeß des Franco-Regimes. Die öffentliche Meinung in Spanien und in der ganzen Welt brachte der ETA viele Sympathien entgegen, und im In- und Ausland gab es massenhafte Kundgebungen gegen die franquistische Repression. Die verbotenen politischen Parteien PSOE, EAJ-PNV und PC wurden

---

[59] Lorenzo, S. 258.

Das Ende des Franquismus

nach langem Schweigen erstmals wieder aktiv. In zahlreichen Fabriken gab es Streiks und Solidaritätsbezeugungen. Trotzdem war das Urteil sehr hart – sechs Personen wurden zum Tode verurteilt. Auf inneren und internationalen Druck sah sich Franco aber gezwungen, die Todesurteile nicht vollstrecken zu lassen.

Der Prozeß von Burgos brachte der ETA einen enormen Anstieg an Popularität, Aktivismus und Militanz. Der franquistische Staat wußte sich angesichts der allseits zunehmenden Proteste und der intensiven Aktivität der ETA nur mit Gewalt zu helfen, so daß die politische Öffnung der sechziger Jahre endete und die letzten Jahre des Franquismus von reiner Repression geprägt waren. Es gab Verfolgungen, Massenverhaftungen, Folterungen und Prozesse; mehrmals wurde der Kriegs- und Belagerungszustand über die baskischen Provinzen verhängt und ein Antiterrorismus-Gesetz verabschiedet.

All das konnte die ETA jedoch nicht aufhalten. Im Dezember 1973 verübte sie das spektakuläre Attentat auf den erst kürzlich eingesetzten und als Franco-Nachfolger designierten Ministerpräsidenten Luis Carrero Blanco, der mit seinem Auto in die Luft gesprengt wurde. Nachdem sie von 1968 bis 1972 insgesamt vier und 1973 sechs Menschen getötet hatte, eskalierte die Gewalt in den Jahren 1974 und 1975 mit zusammen 35 Morden durch die ETA. Als Franco schon im Sterben lag, wurden als letzter Racheakt des Regimes am 27. September 1975 zwei ETA-Mitglieder und drei Aktivisten der illegalen Widerstandsgruppe FRAP hingerichtet. Gegen diese Morde gab es in aller Welt Proteste, sogar durch Papst Paul VI. und einen Teil der spanischen Kirche. Am 20. November starb der Diktator Franco.

DAS SÜDLICHE BASKENLAND IN DER SPANISCHEN DEMOKRATIE

Autonomie und parlamentarische Demokratie

Nach Francos Tod setzte die Phase des „Übergangs" (*transición*) von der Diktatur in eine moderne parlamentarische Demokratie nach westeuropäischem Vorbild ein. Der Übergang war im Baskenland mit der Einführung der neuen spanischen Verfassung (1978) und der Einrichtung der autonomen Regionen Euskadi (1979) und Navarra (1982) abgeschlossen.

Zwei Tage nach Francos Tod kündigte König Juan Carlos I. als neuer Staatschef die Demokratisierung des politischen Systems an. Im November billigte das spanische Parlament das „Gesetz über die politische Reform" (*Ley de Reforma Política*), das die Ersetzung der Cortes durch ein allgemein gewähltes Zweikammerparlament mit verfassunggebenden Vollmachten vorsah. Am 15. Dezember 1976 wurde dieses Gesetz dem Volk vorgelegt und in einem Referendum von der großen Mehrheit der spanischen Bevölkerung angenommen. Auch die Navarrer stimmten dem Gesetz eindeutig zu, während in den drei westlichen baskischen Provinzen nur 49% des Wahlzensus dafür votierten.

In den ersten Jahren des Übergangs wurden die unter Franco verbotenen Parteien und Gewerkschaften legalisiert. In der Spätphase des Franquismus, in der das Ende der Diktatur abzusehen war, und in der Zeit nach Francos Tod hatten sich einige traditionelle Parteien des spanischen Staates und des Baskenlandes neu organisiert, zu denen die EAJ-PNV, PSOE und die Kommunistische Partei gehörten. Auch zahlreiche neue politische Gruppen entstanden, sowohl auf der Linken als auch auf der Rechten. Einige von ihnen schlossen sich für die kommenden Wahlen zu Bündnissen zusammen, die allmählich zu festgefügten politischen Parteien wurden.

An der Spitze der politischen Forderungen nationalistischer und linker Parteien stand die Amnestie der politischen Häftlinge. Ein Beispiel für die konfliktreiche Situation sind die zahlreichen Massendemonstrationen in den ersten Monaten nach Francos Tod, in denen die Amnestie und die Legalisierung der baskischen Fahne, der *Ikurriña*, gefordert wurden; letzteres wurde Anfang 1977 gewährt. Die Polizei antwortete auf die Demonstrationen in der aus dem Franquismus gewohnten Manier: mit brutaler Repression. Ein Beispiel ist die Räumung einer Kirche in Vitorias Stadtviertel Zaramaga am 3. März 1976, wo anläßlich eines Arbeitskonflikts eine Arbeiterversammlung stattgefunden hatte; daran schlossen sich Ausschreitungen an, in denen es fünf Tote und etwa hundert Verletzte gab. Dieses Ereignis führte zu Protesten und Streiks im gesamten Baskenland. Die schweren Auseinandersetzungen mit den spanischen Ordnungskräften während der Phase des Übergangs warfen das Problem ihrer Präsenz im Baskenland auf. Nach vierzig Jahren Diktatur waren Nationalpolizei und Guardia Civil bei großen Teilen der Bevölkerung verhaßt und ihr Abzug wurde gefordert.

Anfang 1976 gab es in den spanischen Gefängnissen noch fast 600 ETA-Häftlinge, von denen der größte Teil aus Bizkaia und Gipuzkoa stammte. Am 30. Juli 1976 wurde die erste Amnestie erlassen, durch die etwa die Hälfte der Gefangenen aus der Haft entlassen wurden, sowie weitere 300 Etarras aus dem französischen Exil in ihre Heimat zurückkehren konnten. Den zunehmenden Forderungen nach vollständiger Amnestie wurde zögernd nachgegeben, aber im Mai 1977 waren schließlich nur noch die 27 gefährlichsten Etarras im Gefängnis. Um ihre Freilassung zu erzwingen, organisierte die im Dezember 1975 gegründete Bürgerinitiative *Gestoras Pro-Amnistia* vom 9. bis 15. Mai eine Kampagne, die im Baskenland zu gewalttätigen Konflikten mit den staatlichen Sicherheitskräften führte und sechs Tote und viele Verletzte zurückließ. Die Forderungen der *Gestoras* hatten damals weitgehenden Rückhalt in der Bevölkerung, und am 16. Mai kam es zum Generalstreik im Baskenland, der allein in Bizkaia 300 000 Arbeiter in den Ausstand treten ließ.[60] Angesichts der Spannungen beschloß die Regierung die vollständige Amnestie, allerdings wurden fünfzehn Etarras nach Belgien, Dänemark und Norwegen ausgewiesen.[61]

In diesem vergifteten politischen Klima kam es am 15. Juni 1977 zu den ersten gesamtspanischen Wahlen. Die ehemalige antifranquistische Opposition hatte zunächst zum Wahlboykott aufgerufen, nahm aber schließlich doch mehrheitlich an den Wahlen teil. Die Hauptaufgabe des neuen Parlaments war die Ausarbeitung der neuen spanischen Verfassung.

[60] Lorenzo, S. 272.
[61] Martín de Ugalde, *Nueva síntesis de la historia del País Vasco, Band II*, San Sebastián 1983, S. 945.

Inzwischen setzten sich jedoch die Auseinandersetzungen auf den Straßen des Baskenlandes fort, und die Intensität der ETA-Attentate ließ nicht nach. Der spanische Staat erlebte seine schwerste politische Krise seit dem Ende des Bürgerkriegs. Um eine schnelle Lösung zu finden, rief die Regierung im Oktober 1977 eine Versammlung der Kräfte ein, die bereit waren, gemeinsam an der Entwicklung der neuen konstitutionellen Ordnung mitzuarbeiten. Auch die EAJ-PNV nahm an der verfassunggebenden Versammlung teil, war aber letztlich nicht mit dem Ergebnis einverstanden.

Am 31. Oktober 1978 wurde der Verfassungsentwurf vom spanischen Parlament angenommen. Verschiedene Artikel waren für die baskischen Nationalisten unannehmbar, besonders der zweite, der folgendermaßen lautet: „Die Verfassung basiert auf der unauflöslichen Einheit der spanischen Nation, die das gemeinsame und untrennbare Vaterland aller Spanier ist..." Die Verfassung sah eine regionalistische, nicht föderalistische Lösung der Autonomiefrage vor. Den Basken, Katalanen und Galiciern wurden dabei weitergehende Rechte eingeräumt als den anderen Regionen, und sie durften sich als „Nationalität" bezeichnen. Zwar wurde das „Recht auf Selbstverwaltung der Nationalitäten und Regionen" anerkannt, aber die EAJ-PNV forderte die Einbeziehung der Möglichkeit, sich vom Staat zu lösen und die Grenzen der baskischen Region, die Gipuzkoa, Bizkaia und Alava umfassen sollte, ggf. zu verändern, d. h. Navarra einzubeziehen. Außerdem forderte man ein Vetorecht für Entscheidungen des Staates, das in der Tradition des *pase foral* gestanden hätte, der 1841 abgeschafft worden war. Das Parlament war nicht bereit, diese Rechte zu gewähren, was von der EAJ-PNV als Weigerung verstanden wurde, die historischen Rechte des Baskenlandes anzuerkennen.

Aus Protest gegen den Verfassungsentwurf und angesichts der Aussichten, daß die Radikalisierung des politischen Klimas zum Volksaufstand und zur Unabhängigkeit des Baskenlandes führen könnte, führte die ETA in den Jahren 1978 bis 1980 eine beispiellose Terrorkampagne, der 253 Personen zum Opfer fielen. Zahlreiche Etarras wurden verhaftet, und die spanischen Gefängnisse begannen sich wieder mit ETA-Häftlingen zu füllen.

Die nationalistischen Parteien riefen zum Boykott des Referendums (u. a. EAJ-PNV) oder zur Ablehnung der Verfassung auf. Am 6. Dezember 1978 fand die Volksabstimmung statt, die die Annahme durch mindestens 50% des Wahlzensus erforderte. Die große Mehrheit der spanischen Bevölkerung nahm die Verfassung an, aber im Baskenland wurde sie abgelehnt. Besonders die Einwohner von Gipuzkoa (nur 27,8% des Wahlzensus stimmten für die Annahme der Verfassung) und Bizkaia (30,9% Annahme) zeigten deutlich ihre Ablehnung, in Alava war das Ergebnis nicht ganz so eindeutig (42,3% Annahme), und in Navarra nahm die Bevölkerung die Verfassung ganz knapp an (50,4%). Die Basken hatten die Verfassung zurückgewiesen, aber ihre ungewollte Zugehörigkeit zum spanischen Staat unterwarf sie seinen Gesetzen.

Obwohl die EAJ-PNV die Verfassung ablehnte, war sie bald bereit, an der Ausarbeitung des baskischen Autonomiestatuts mitzuarbeiten. Wieder einmal zeigte sich hier der politische Pragmatismus der EAJ-PNV, der sie schon in der Zeit der spanischen Republik charakterisiert hatte. Dieser Pragmatismus stand im Interesse der von der Partei vertretenen Wählerschaft, die zum großen Teil der bürgerlichen Mittelklasse angehörte, führte aber andererseits zum offenen Gegensatz zu den radikalen Nationalisten.

Der Entwurf für das Autonomiestatut wurde von einer Versammlung der baskischen Abgeordneten ausgearbeitet und am 29. Dezember 1978 in Gernika feierlich verkündet, weshalb es den Namen „Statut von Gernika" erhielt. Das Statut erlaubte eine weitgehende Selbstregierung. Diese Autonomie sollte durch die Conciertos Económicos finanziert werden, die für Bizkaia und Gipuzkoa 1977 wiederhergestellt worden waren; in Alava waren sie dagegen während der Franco-Ära erhalten geblieben, wie auch in Navarra in Form der Wirtschaftsabkommen. Allgemein betrachtet unterschied sich das Statut nicht wesentlich von seinem Vorläufer des Jahres 1936. Die autonome Region des Baskenlandes sollte den Namen *Euskadi* tragen.[62] Hauptstadt wurde Vitoria, um auch auf diese Weise die am wenigsten von der baskischen Kultur geprägte Provinz Alava ins Baskenland zu integrieren.

Die baskischen Nationalisten befürworteten die Einbeziehung Navarras in eine autonome baskische Region, was die meisten Parteien in Navarra jedoch ablehnten. Das im Januar 1978 in diesem Sinne vom spanischen Parlament verabschiedete Gesetz über die „Vorautonome Ordnung" (*Régimen Preautonómico*) hatte die Möglichkeit des Anschlusses Navarras an eine autonome baskische Region vorgesehen, worüber das Volk ggf. in einem Referendum entscheiden sollte.

Der Entwurf des „Statuts von Gernika" mußte dem spanischen Par-

---

[62] *Euskadi* bezeichnet auch das von Sabino Arana entwickelte Projekt eines unabhängigen vereinten Baskenlandes, aber wir werden es hier nur als Namen der autonomen Region innerhalb des spanischen Staates verwenden.

lament vorgelegt werden, das die automatische Einbeziehung von Navarra in die autonome baskische Region und den Abzug der staatlichen Sicherheitskräfte ablehnte. Durch diese Änderungen wurden die baskischen Abgeordneten praktisch gezwungen, die höhere gesetzgebende Gewalt des spanischen Staates anzuerkennen. Somit würden die Basken mit der Annahme des Autonomiestatuts indirekt die Inhalte der Verfassung annehmen, die sie gerade erst mit großer Mehrheit abgelehnt hatten.[63]

In den ersten Wahlen zum neugeschaffenen navarrischen Parlament am 3. April 1979 erzielten die Vertreter des baskischen Nationalismus nur 13 von 50 Parlamentssitzen: Die radikale linksnationalistische Partei *Herri Batasuna* (dt. „Volkseinheit", kurz HB) erhielt 9 Sitze und die EAJ-PNV 4. Da alle anderen Parteien gegen die Einbeziehung Navarras in eine autonome baskische Region waren, war die Teilnahme Navarras an der Volksabstimmung über das baskische Autonomiestatut ausgeschlossen.

Alle Parteien mit parlamentarischer Vertretung waren für die Annahme des baskischen Autonomiestatuts, sogar *Euskadiko Ezkerra* (dt. „Baskische Linke", kurz EE), die von der ETA-pm unterstützt wurde. Nur die HB und die ETA-m riefen in einer intensiven Kampagne zum Boykott auf. Das Autonomiestatut wurde am 25. Oktober 1979 angenommen. 59,8% des Wahlzensus stimmten ab, von denen 90,3% dem Statut zustimmten, was 54% des Zensus entspricht. Dieses Ergebnis war in allen drei Territorien etwa gleich und zeigt über die knappe Annahme hinaus den Erfolg der Kampagne für den Boykott.

In den Wahlen zum ersten baskischen Parlament am 9. März 1980 triumphierte die EAJ-PNV in allen drei Provinzen und gewann 36% der Stimmen, was zwar nur 25 von 60 Abgeordneten entsprach, aber der Boykott der parlamentarischen Tätigkeit durch die 11 HB-Abgeordneten erlaubte es der EAJ-PNV, allein zu regieren. Diese Situation sollte sich nach den Wahlen des Jahres 1984 noch zwei Jahre lang fortsetzen. Präsident der baskischen Regierung, *Lehendakari* auf baskisch, wurde Carlos Garaicoechea. Drei vorrangige Ziele setzte sich die baskische Regierung: die Weiterentwicklung des Autonomiestatuts, die Lösung der Wirtschaftskrise und die Befriedung des Baskenlandes, das in den Jahren 1979/80 von der Gewalt gekennzeichnet war, die von der ETA ausging.

Die EAJ-PNV hatte in diesen sechs Jahren der Alleinregierung die

---

[63] Diese Meinung vertritt Lorenzo, S. 287–288.

Möglichkeit, ein autonomes Baskenland nach ihren Vorstellungen aufzubauen. Unter anderem entwickelte sie die politische Struktur der autonomen Region, gründete ein baskisches Fernsehen und schuf die baskische Polizei, die den Namen *Ertzaintza* erhielt. Nach zweijährigen Vorarbeiten nahmen im Oktober 1982 278 baskische Polizisten ihren Dienst auf. Ursprünglich sollten sie die spanischen Guardia Civil und Nationalpolizei ersetzen, aber mit dem Argument des Terrorismus, worin sich sicher ein gewisses Mißtrauen der spanischen Regierung gegen die autonome baskische Polizei mischt, sind seitdem kaum staatliche Ordnungskräfte abgezogen worden. Heute befinden sich in der autonomen Region Euskadi etwa 15 000 Angehörige der verschiedenen Polizeieinheiten, was einer Dichte von 7,14 pro tausend Einwohner entspricht und damit eine in Europa außergewöhnlich hohe Konzentration darstellt.

Navarra blieb von der baskischen Autonomie ausgeschlossen. Erneut waren die Bemühungen einer Vereinigung der baskischen Territorien Hegoaldes gescheitert. Die getrennten Selbstregierungen beider autonomer Regionen sollten im Laufe der Zeit zu einer zunehmenden Entfremdung führen, der wir im folgenden Rechnung tragen, indem wir zwischen „Navarra" und „Euskadi" unterscheiden, wobei sich letzteres auf die autonome Region bezieht, die die drei westlichen Territorien bilden.

Die Verhandlungen über die Autonomie Navarras begannen im Dezember 1980 und zogen sich fast zwei Jahre hin, bis am 10. August 1982 das „Gesetz über Wiedereinsetzung und Ausbau des Foralwesens von Navarra" (*Ley Orgánica de Reintegración y Amejoramiento del Régimen Foral de Navarra*) verabschiedet wurde. Mit der Bezeichnung „foral" wurde Navarras jahrhundertelanger Sonderstellung Rechnung getragen. Navarra ist heute eine autonome Region innerhalb des spanischen Staates mit relativ weitgehenden Sonderrechten, insbesondere durch die Wirtschaftsabkommen, die der Region ihre seit 1841 bestehende fiskale Autonomie belassen.

Navarra und Euskadi nehmen als spanische autonome Regionen an der parlamentarischen Demokratie teil. Jede der 52 spanischen Provinzen, die die 17 Regionen bilden, entsendet ins spanische Parlament eine genau festgelegte Zahl von Abgeordneten, die dem Bevölkerungsanteil der Provinz entspricht und sich bei Bevölkerungsverschiebungen auch ändern kann. Auf Navarra entfallen danach 5 Abgeordnete, auf Gipuzkoa 6, auf Alava 4 und auf Bizkaia 9 (Stand von 1996).

Außer den Wahlen zum spanischen Parlament finden alle vier Jahre Wahlen zu den Parlamenten der autonomen Regionen statt. Euskadi hat ein Einkammerparlament mit 75 Sitzen (seit 1984; vorher 60), in das jede Provinz unabhängig von der Einwohnerzahl 25 Abgeordnete entsendet. Damit soll vermieden werden, daß das demographische Übergewicht Bizkaias zur politischen Hegemonie mißbraucht und andererseits das dünn besiedelte Alava zur Bedeutungslosigkeit verurteilt wird. Das Parlament von Navarra hat 50 Sitze.

Aus den Wahlen, die in Euskadi von 1977 bis 1996 stattfanden, ging fast immer die EAJ-PNV als meistgewählte Partei mit einem relativ festen Anteil von einem Drittel der abgegebenen Stimmen als Sieger hervor. Von 1980 bis 1986 regierte die EAJ-PNV alleine, bis sich eine Gruppe aufgrund von Differenzen in der Territorialfrage abspaltete und die Partei *Eusko Alkartasuna* (dt. „Baskische Solidarität", kurz EA) gründete. Während die EA ein zentralisiertes Baskenlandes fordert, hat sich die EAJ-PNV mit dem traditionellen Konzept der weitgehenden fiskalen Selbstverwaltung der Provinzen durchgesetzt: Die Diputaciones handeln ihre Conciertos Económicos mit dem Staat aus, wobei sie von der baskischen Regierung weitgehend unabhängig sind.

Seit der Abspaltung der EA war die EAJ-PNV zu Koalitionsregierungen gezwungen, deren konstanter Partner die PSOE war. Die Sozialistische Partei ist traditionell die zweitstärkste Partei in Euskadi und die stärkste in Navarra. Anfang der neunziger Jahre geriet sie im gesamten spanischen Staat in eine schwere politische Krise. Auch die Vereinigung mit der linken nationalistischen Partei *Euskadiko Ezkerra* im März 1993 konnte die Sozialisten nicht vor empfindlichen Verlusten bewahren. Ihr Stimmenanteil sank, und in Navarra fiel sie auf die zweite Position zurück.

Eine weitere nationalistische Partei ist *Herri Batasuna* (HB), die 1978 aus verschiedenen linksnationalistischen Gruppen entstanden ist. Sie verfügt über eine konstante Wählerschaft von 15 bis 20% in Euskadi und von etwa 10% in Navarra. Seit 1987 ist ein leichter, aber steter Rückgang der Stimmen für die HB zu beobachten. Mit der Vereinigung von PSOE und EE blieb die HB als einzige Partei der nationalistischen Linken übrig. In den vergangenen Jahren hat das dazu geführt, daß die gesamtstaatliche kommunistische „Vereinte Linke" (*Izquierda Unida*, kurz IU) im Baskenland stärker geworden ist.

Seit der Krise der PSOE erlebt die rechtskonservative „Volkspartei" (*Partido Popular*, kurz PP) einen starken Aufschwung. In Navarra tritt diese Partei gemeinsam mit der Regionalpartei UPN[64] zu den Wahlen an, und 1991 konnte die UPN erstmals die PSOE in der

---

[64] UPN = *Unión del Pueblo Navarro* = „Union des Navarrischen Volkes".

Regierung Navarras ablösen. Wie vorher die PSOE, bildete die UPN eine Minderheitsregierung unter Duldung der Opposition. Gegen Ende der vergangenen Legislaturperiode kam es jedoch zur Krise innerhalb der UPN, und es spaltete sich die neue Partei CDN[65] ab, die eine gemäßigtere Politik und auch eine Annäherung an Euskadi vertritt.

Die UPN richtet sich in ihrem Programm besonders gegen den baskischen Nationalismus. Das ist auch der wichtigste Programmpunkt der alavesischen Regionalpartei *Unión Alavesa* (kurz UA), die sich besonders dagegen wehrt, daß die baskische Regierung Euskera auch in nichtbaskischsprachigen Gegenden durchsetzen will. UA erhält zwar nur wenige tausend Wählerstimmen, aber dank des Wahlsystems, das den drei Territorien eine gleiche Zahl von Abgeordneten im baskischen Parlament einräumt, erlangte diese Partei 1994 fünf Sitze.

Die letzten Wahlen zum Parlament der autonomen Region Euskadi am 23. Oktober 1994 und zum foralen Parlament von Navarra am 28. Mai 1995 brachten folgende Ergebnisse:

Euskadi	Anteil	Sitze 1994 (1990)	Navarra	Anteil	Sitze 1995 (1991)
EAJ-PNV	29,8%	22 (22)	UPN	31,3%	17 (20)
PSOE	17,1%	12 (16)	PSOE	20,9%	11 (19)
HB	16,3%	11 (13)	CDN	18,4%	10 (–)
PP	14,4%	11 (6)	IU	9,3%	5 (2)
EA	10,3%	8 (9)	HB	9,2%	5 (6)
IU	9,2%	6 (–)	EA	4,6%	2 (3)
UA	2,7%	5 (3)	EAJ-PNV	0,9%	– (–)

Angesichts der hohen Verluste der PSOE ging aus den Wahlen in Euskadi eine Drei-Parteien-Koalition aus EAJ-PNV, PSOE und EA hervor. Lehendakari blieb José Antonio Ardanza, der dieses Amt seit 1986 bekleidet.

Die politischen Spannungen innerhalb des spanischen Staates mit ihrer Polarisierung zwischen PSOE und PP bzw. UPN verhinderten eine Minderheitsregierung der UPN in Navarra, die nach der bisherigen navarrischen Praxis nahegelegen hätte. Statt dessen bildete sich eine Koalition aus PSOE, CDN und EA, unter Duldung der IU. Diese Koalition scheiterte aber schon Mitte Juni 1996 aufgrund eines Korruptionsskandals, der den navarrischen Präsidenten

---

[65] CDN = *Centro Democrático de Navarra* = „Demokratisches Zentrum von Navarra".

Javier Otano (PSOE) zum Rücktritt zwang. Die naheliegendste Lösung war nun wieder eine Minderheitsregierung der UPN, die nach der in Navarra gesetzlich vorgeschriebenen Wartezeit am 18. September 1996 unter dem neuen Präsidenten Miguel Sanz ihre Arbeit aufnahm.

Am 3. März 1996 fanden vorgezogene Wahlen zum spanischen Parlament statt, die erwartungsgemäß mit der – wenn auch knappen – Niederlage der PSOE von Felipe González endeten. Zu viele Skandale hatten die PSOE in letzter Zeit erschüttert, als daß die Partei reelle Chancen gehabt hätte, an der Macht zu bleiben. Diese übernahm die PP, die aber keine absolute Mehrheit erreichte. In zweimonatigen zähen Verhandlungen gelang es schließlich, drei Parteien zur Unterstützung einer PP-Regierung zu gewinnen. Dazu gehört die EAJ-PNV, der vor allem Zugeständnisse in bezug auf die fiskale Autonomie und die Weiterentwicklung des Autonomiestatuts gemacht wurden. Die Parteienkoalition in Euskadi ist dadurch aber zunächst nicht gefährdet.

Im baskischen Parteienspektrum müssen einerseits rechte und linke Parteien und andererseits baskische Nationalisten und spanische Zentralisten unterschieden werden, wobei Euskadi und Navarra separat zu analysieren sind. Betrachten wir zuerst Euskadi: Links von der Mitte befinden sich HB, IU und PSOE, die bei den letzten Wahlen zum baskischen Parlament 42,7% auf sich vereinigen konnten. Das rechte Spektrum wird klar von PP und UA belegt, die auf 17,1% kamen. Die EAJ-PNV ist heute eine Partei des Zentrums, das sie mit der EA teilt; zusammen 40,2%. Man muß heute von einer eindeutigen Mitte-Links-Orientierung der baskischen Wählerschaft sprechen, was sich auch in der heutigen baskischen Regierungskoalition der EAJ-PNV mit der EA und der PSOE widerspiegelt. Die nationalistischen Parteien EAJ-PNV, EA und HB machen 56,4% der Stimmen aus, gegenüber 43,4% der zentralistischen Parteien. Die unvereinbaren Gegensätze innerhalb dieser Blöcke machten Koalitionsbildungen bisher jedoch unmöglich.

In Navarra sind die zentralistischen Parteien, zu denen auch die UPN zu zählen ist, klar in der Mehrheit. Das rechte Spektrum wird von der UPN besetzt, die auf einen Wähleranteil von 31,3% kommt. In der politischen Mitte befinden sich die CDN und die EA, die 23% auf sich vereinigen. Die linken Parteien IU, HB und PSOE erreichen 39,4%. Auch in Navarra ist also ein Übergewicht der Mitte-Links-Parteien zu beobachten. Hier ist allerdings der Vorbehalt anzumelden, daß es sich bei der CDN um eine Abspaltung von der rechten UPN handelt und daß erst die Zukunft zeigen wird, ob es sich bei dieser Partei um ein dauerhaftes politisches Projekt handelt.

Der Wandel von der Industriegesellschaft zur Dienstleistungsgesellschaft

Die Demokratisierung des spanischen Staates fiel mit der weltweiten Wirtschaftskrise zusammen, die durch die Ölpreiserhöhungen in den Jahren 1973 und 1978 ausgelöst wurde. Die baskische Industrie war besonders krisenanfällig. Das „Wirtschaftswunder" der sechziger Jahre wurde nicht von der notwendigen Diversifizierung der Produktion begleitet, sondern es dominierte nach wie vor – wie schon seit einem Jahrhundert – die Schwerindustrie mit einem Anteil von etwa 40% an der gesamten Industrieproduktion. Früher oder später mußte dieses Ungleichgewicht in eine Strukturkrise führen. Darüber hinaus war die baskische Industrie nicht wettbewerbsfähig. Trotz der wirtschaftlichen Öffnungen seit 1959 war die Schwerindustrie immer vom staatlichen Protektionismus geschützt worden, was zu einem erheblichen technischen Rückstand gegenüber anderen Ländern geführt hatte; die Kosten waren zu hoch und die Produktivität zu niedrig. Angesichts der beabsichtigten Öffnung zu den europäischen Märkten war die franquistische Wirtschaftspolitik nicht mehr haltbar. Diese Strukturkrise fiel nun mit der weltweiten Rezession zusammen.

In den Jahren des Übergangs nahm die Inflationsrate in Spanien enorm zu und erreichte im Jahr 1977 ihren Höhepunkt mit 26,7%. Die Industrieproduktion stagnierte. Durch ständig zunehmende Streiks wurde die ohnehin stockende Industrieproduktion noch weiter gelähmt. Das reale Wirtschaftswachstum sank, die Auslandsverschuldung und das Handelsbilanzdefizit wuchsen. Die Arbeitslosigkeit stieg dramatisch an und erreichte 1984 etwa 20%. In Hegoalde stieg die Zahl der Arbeitslosen von 4,2% bei Francos Tod auf 21,4% im Jahr 1984. Bizkaia war damals die am schwersten betroffene spanische Provinz mit 29%.

Die Streikaktivität war in den ersten Jahren des Übergangs sehr stark und hatte sowohl wirtschaftliche als auch politische Gründe. Nach den Parlamentswahlen vom Juni 1977 nahm die Zahl der Streikenden deutlich ab, stieg allerdings nach der Verabschiedung der Verfassung erneut an, als die Verteilungskämpfe härter wurden und politisch die Demokratie gesichert schien.

Eine Lösung der Strukturprobleme war nötig, aber in den Jahren des Übergangs hatte die Lösung politischer Probleme absolute Priorität vor der Bekämpfung der Arbeitslosigkeit und vor der industriellen Strukturveränderung. Weitgehende wirtschaftliche Passivität und die politische Schwäche der Übergangsregierung trugen zur Verschärfung der Wirtschaftskrise bei. Bis 1984 muß man daher von einer tiefen Depression sprechen.

Nach dem überwältigenden Wahlsieg der PSOE im Oktober 1982 stellte sich ihr die Aufgabe, den Eintritt in die Europäische Gemeinschaft vorzubereiten, der schließlich am 1. Januar 1986 erfolgen sollte. Die Sozialistische Partei betrieb nach ihrem Regierungsantritt eine kohärente und längerfristig angelegte Industriepolitik. Die industrielle Umstrukturierungspolitik (*reconversión industrial*) hatte sich zum Ziel gesetzt, Ressourcen an Kapital und Arbeit von Krisensektoren in zukunftsträchtige Industrien zu transferieren. De-Industrialisierung und Re-Industrialisierung sollten somit parallel verlaufen; die Volkswirtschaft sollte modernisiert und wettbewerbsfähig gemacht werden. Dabei wurde das Ziel der Vollbeschäftigung dem der Amortisierung der privaten Investitionen untergeordnet. Die spanische Regierung konzentrierte ihre Politik auf die Modernisierung der Wirtschaft und sah erst für eine spätere Etappe den Aufbau des Wohlfahrtsstaats vor. Die gesamtwirtschaftliche Strategie orientierte sich primär an der Inflationsbekämpfung, der Stabilisierung der Leistungsbilanz und der Eindämmung des Defizits im öffentlichen Sektor, was durch Rationalisierung und durch Teilprivatisierung erreicht wurde.

Die Umstrukturierungspolitik der PSOE zeigte nicht die gewünschten Erfolge, denn der Schließung von Unternehmen oder der Reduzierung ihrer Belegschaften folgte nicht die beabsichtigte Schaffung von Ersatzarbeitsplätzen. Der De-Industrialisierung folgte keine konsequente Re-Industrialisierung. Dies rief schwerwiegende Arbeitskonflikte hervor, wie den auf der Werft *Euskalduna* im Zentrum von Bilbao, die jahrelang andauerten und von schweren Auseinandersetzungen zwischen Arbeitern und der Polizei geprägt waren. Letztlich mußte *Euskalduna* Ende 1984 schließen. Der andere herausragende Industriebetrieb der bilbainischen Wirtschaft, die Metallfabrik *Altos Hornos de Vizcaya*, stellte Mitte 1996 endgültig die Produktion um und arbeitet heute nur noch mit einem Minimum an Personal. In der autonomen Region Euskadi schlossen von 1981 bis Mitte 1994 38 von 80 Betrieben mit mehr als 500 Mitarbeitern sowie 20% aller mittleren und kleinen Industriebetriebe. *Petronor* in Bizkaia war 1968 das letzte große Industrieunternehmen, das in Euskadi gegründet wurde.

Aber es gab auch einen Wirtschaftssektor, der überraschend hohe

Gewinne machte: die Banken und Sparkassen. Im Januar 1988 schlossen sich die beiden großen Banken, *Banco de Bilbao* und *Banco de Vizcaya*, zu einer großen Bank zusammen: *Banco Bilbao Vizcaya* (BBV). Der Banksektor hat in gewisser Weise die Schwerindustrie als Leitsektor der baskischen Wirtschaft abgelöst.

Erst ab 1985 gelang es, im Zuge der weltwirtschaftlichen Hochkonjunktur auch in Spanien die Wirtschaftslage zu verbessern. Die Investitionen und die Beschäftigung nahmen wieder zu; die Inflationsrate und das Haushaltsdefizit gingen deutlich zurück; die Wachstumsraten des realen Bruttoinlandsprodukts schnellten wieder in die Höhe und betrugen 1987 und 1988 je 5%. Die Unternehmergewinne wuchsen, die seit 1973 drastisch gestiegene Arbeitslosenrate konnte aber nicht wesentlich reduziert werden.

Eine Folge war die Zunahme der sozialen Spannungen zwischen Regierung und Gewerkschaften. Die traditionelle Bindung der spanischen und baskischen Gewerkschaften an politische Parteien ging teilweise verloren: Die UGT distanzierte sich von der PSOE, die bis März 1996 die spanische Regierung stellte, und die ELA-STV ging auf Distanz zur baskischen Regierungspartei EAJ-PNV. Die beiden anderen großen Gewerkschaften CCOO und LAB[66] blieben dagegen eng an die Parteien IU bzw. HB gebunden, die keine Regierungsverantwortung zu tragen hatten und haben. Überzeugendster Ausdruck der gewerkschaftlichen Mobilisierungen waren die beiden Generalstreiks, die am 14. Dezember 1988 und am am 27. Januar 1994 stattfanden und im Baskenland weitgehend befolgt wurden.

Aber in den letzten Jahren haben sich zwei schwer vereinbare Blöcke ausgebildet, die das Prinzip der gewerkschaftlichen Solidarität in Frage stellen: Auf der einen Seite haben sich die baskischen nationalistischen Gewerkschaften LAB und ELA-STV verbündet, die trotz aller ideologischen Gegensätze gemeinsam Aktionen veranstalten und Verlautbarungen herausgeben. Auf der anderen Seite arbeiten die spanischen Gewerkschaften CCOO und UGT eng zusammen. Die baskische Arbeiterschaft fühlt sich zunehmend zu den nationalistischen Gewerkschaften hingezogen, wie die Betriebsratswahlen des Jahres 1994 zeigten, in denen die ELA-STV 35,9% und die LAB 14,7% der gewählten Betriebsräte stellten, während die UGT nur auf 19,5% und die CCOO auf 14,7% kamen. Im Vergleich zu den

---

[66] LAB ist die Gewerkschaft des linksradikalen baskischen Nationalismus; der Name bedeutet *Langile Abertzale Batzordea* = „Patriotisches Arbeiterkomitee".

Wahlen des Jahres 1990 verzeichneten die nationalistischen Gewerkschaften Gewinne von mehr als 5%.

Nach der wirtschaftlichen Erholung seit 1985 gab es ab 1990 erneute Anzeichen einer Rezession, die nach dem spanischen „Jubeljahr" 1992, in dem die Olympischen Spiele in Barcelona und die Weltausstellung in Sevilla veranstaltet wurden, vehement ausbrach. Die Pesete wurde wiederholt abgewertet, und die Arbeitslosigkeit stieg bis Anfang 1994 in Spanien auf über 24% an, in Euskadi sogar auf über 25%. Zur Wirtschaftskrise kam eine lange Reihe von Finanzierungs- und Korruptionsskandalen der spanischen Regierung hinzu, die schließlich in den Regierungswechsel des 3. März 1996 mündeten. Im Jahr 1995 hatte die Wirtschaft aber schon den Weg der Besserung angetreten, so daß der neue spanische Ministerpräsident José María Aznar eine relativ gute Ausgangslage vorfand. Ende Juni 1996 waren in Hegoalde 208 490 Menschen ohne Arbeit, was einer Arbeitslosenrate von 19,4% entspricht. Die Extreme bilden Bizkaia mit 23,8% Arbeitslosen und Navarra mit nur 11%. Die Arbeitslosigkeit betrifft besonders die Jugendlichen: Von den 16- bis 25jährigen im Baskenland hat die Hälfte noch nie einen Arbeitsplatz gehabt.

Diese prekäre Situation auf dem Arbeitsmarkt hatte ihre Auswirkungen in der Bevölkerungsentwicklung. Die Volkszählung von 1991 zeigte in Bizkaia und Gipuzkoa erstmals einen Rückgang der Einwohnerzahlen im Vergleich zu zehn Jahren vorher, was auf Arbeitssuche außerhalb des Baskenlandes, aber auch auf die Rückkehr pensionierter ehemaliger Einwanderer in ihre Heimatorte zurückzuführen ist. In Alava und Navarra dagegen stieg die Bevölkerung leicht.[67] Der Bevölkerungsrückgang in Bizkaia und Gipuzkoa konnte seitdem wieder aufgehalten werden.[68]

Die Bevölkerungsentwicklung zeigt, daß im Baskenland in den achtziger Jahren der längst überfällige Übergang von der Industriegesellschaft zur Dienstleistungsgesellschaft eingesetzt hat. Auffälligstes und überraschendstes Beispiel ist dafür Bizkaia, wo der Anteil der Beschäftigten in der Industrie von 1960 bis 1989 von 52,6% auf 38,3% zurückging, während der Dienstleistungssektor von 35% auf 57,7% wuchs.

---

[67] Bizkaia 1981: 1 181 000, 1991: 1 156 000; Gipuzkoa 1981: 693 000, 1991: 676 000; Alava 1981: 261 000, 1991: 276 000; Navarra 1981: 507 000, 1991: 524 000.
[68] Die letzten Zahlen liegen für Ende 1993 vor: Bizkaia 1 163 269, Gipuzkoa 682 883, Alava 281 028, Navarra 532 836.

Die Fortsetzung des bewaffneten Kampfes durch die ETA und die Entwicklung der „Taktischen Alternative KAS"

Die Demokratisierung Spaniens war die Gelegenheit, den Kampf für ein unabhängiges sozialistisches Baskenland nicht nur an der militärischen Front weiterzuführen, sondern auch politische Parteien für den Kampf in den Institutionen zu bilden bzw. zu unterstützen. Zu diesem Zweck konstituierte sich im August 1976 der Block KAS.[69] Verschiedene legale und illegale Organisationen traten der sog. „Taktischen Alternative KAS" bei, u. a. die bewaffnete Organisation ETA, die Gewerkschaft LAB, die Jugendorganisation *Jarrai* (dt. etwa „Vorwärts") und verschiedene andere Gruppen. Die Beziehungen untereinander sind ziemlich komplex und wenig bekannt, weil sich einige ihrer Komponenten – wie die ETA – in der Illegalität befinden.

Die Maximalforderungen der KAS sind baskische Unabhängigkeit, sozialistische Revolution und sprachliche und kulturelle Baskisierung des Baskenlandes. Minimalforderungen an den spanischen Staat sind besonders die Anerkennung des Selbstbestimmungsrechts des baskischen Volkes, die Amnestie der politisch motivierten Gefangenen, Rückzug der staatlichen Sicherheitskräfte und die Verbesserung der Lebens- und Arbeitsbedingungen der baskischen Arbeiterschaft.

Aus Anlaß der ersten Wahlen zum spanischen Parlament im Juni 1977 spalteten sich von der KAS einige Gruppen ab, um die sozialistische Partei *Euskadiko Ezkerra* zu gründen, die seitdem an allen Wahlen teilnahm. Für die in der KAS verbliebenen Gruppen stellte sich das Dilemma dar, wie man sich die parlamentarische Demokratie mit ihrer relativen Representativität und der Wirksamkeit auf die Wähler zunutze machen könnte, wenn man doch ebendiese Demokratie ablehnte. Die Lösung wurde Ende 1978 mit der Gründung von *Herri Batasuna* gefunden, die zur Wahlplattform der in der KAS organisierten politischen Gruppen wurde. Um sich nicht aus der politischen Diskussion innerhalb des Baskenlandes auszuschließen, stellt sich die HB seitdem zur Wahl, ohne jedoch an der parlamentarischen Arbeit teilzunehmen. Nur in absoluten Ausnahmefällen, wenn es um entscheidende Angelegenheiten geht, die das Baskenland oder das Programm der HB betreffen, nehmen ihre Abgeordneten an den Sitzungen der Parlamente in Vitoria, Pamplona oder Madrid teil. Auf kommunalpolitischer Ebene dagegen zeigt die Partei rege Aktivität

---

[69] KAS = *Koordinadora Abertzale Sozialista* = „Patriotische Sozialistische Koordinationsgruppe".

und Teilnahme, weil man der Ansicht ist, daß in den Kommunen bürgernahe Politik betrieben werden kann.

Die HB ist in den Jahren ihres Bestehens auf äußerst konsequente Weise ihren Prinzipien treu geblieben. Diese bestehen in der Ablehnung des baskischen Autonomiestatuts, in der Solidarität mit den ETA-Häftlingen, im Kampf für die baskische Sprache und in den Versuchen, ETA gegenüber der Strafverfolgung durch die staatlichen Sicherheitskräfte abzuschirmen. Da sie stark an die ETA gebunden ist, kann an ihren Wahlergebnissen (1994 in Euskadi 16,3% und 1995 in Navarra 9,2%) der Grad der Zustimmung zu deren bewaffneten Aktionen gesehen werden, auch wenn man berücksichtigen muß, daß das Fehlen einer linksnationalistischen Alternative der HB auch Wähler zuspielt, die Gewalt ablehnen.

Seit dem Beginn der Demokratisierung unterstützte die ETA-pm die Partei *Euskadiko Ezkerra*; 1980 löste sich ETA-pm schließlich auf und trat dieser Partei bei. Im Gegensatz zur ETA-pm hielt die ETA-m den bewaffneten Kampf immer für den authentischsten Ausdruck des nationalen und sozialen Kampfes und für die einzige Form, die Unabhängigkeit des Baskenlandes zu erlangen. Trotzdem führt die ETA auch den Kampf in den Institutionen durch die „Taktische Alternative KAS". Sollte es in der Zukunft möglich sein, diese Alternative zu verwirklichen, d. h. ihre Forderungen auf diesem Wege durchzusetzen, dann würde sie den bewaffneten Kampf aufgeben.[70] Bei den bisherigen Kontakten mit Vertretern der spanischen oder der baskischen Regierung hat sich jedoch immer der unnachgiebige Sektor der ETA durchgesetzt, so daß die Annäherung der Positionen und damit die Aufgabe des bewaffneten Kampfes unwahrscheinlich sind.

Weil eine kurz- oder mittelfristige Lösung nicht erwartet werden kann, wird der baskische Konflikt als „chronischer" Konflikt bezeichnet. Die immer neue Bereitschaft der spanischen und der baskischen Regierung, mit der ETA Verhandlungen aufzunehmen, scheint daher nicht von realen Friedenserwartungen motiviert zu sein, sondern vielmehr von der Hoffnung, die nachgiebigeren Sektoren inner-

---

[70] Im April 1995 ließ die ETA der baskischen Tageszeitung *Egin* die Verlautbarung „Demokratische Alternative" zukommen, in der ihre Vorschläge für politische Verhandlungen mit dem Ziel einer friedlichen Lösung des baskischen Konflikts dargestellt wurden; vgl. *Egin* vom 26. April 1995. Die spontane Antwort der spanischen Regierung war, daß die von der ETA gestellten maximalistischen Forderungen keine Grundlage für Verhandlungen sein könnten.

halb der KAS an der Gewaltstrategie zweifeln zu lassen und der ETA allmählich die soziale Basis zu entziehen.

Die ETA hat sich nach den ideologischen Positionierungen der Gründungsjahre jedoch klar gefestigt. Das Ziel der Organisation ist die Unabhängigkeit eines sozialistischen Baskenlandes; auf dieses Ziel sind Theorie und Praxis des bewaffneten Kampfes ausgerichtet. Dieser Kampf ist mit hohen Kosten verbunden, weshalb die ETA ihre „Revolutionssteuer" (*impuesto revolucionario*) eintreibt. Mit der Forderung, daß alle Basken den Kampf gegen die spanischen Unterdrücker unterstützen müßten, werden Unternehmer und andere finanzstarke Bürger gezwungen, Geld an die ETA zu zahlen. Wenn sie sich weigern, können sie Repressalien ausgesetzt werden, die von Sabotage in Betrieben und Bombenanschlägen bis hin zu Entführung und Mord reichen. In den vergangenen Jahren haben sich jedoch die baskischen Unternehmer solidarisiert und weigern sich verstärkt, die „Revolutionssteuer" zu zahlen. Seitdem greift die ETA des öfteren zum Mittel der Entführung von Industriellen, um große Geldsummen zu erpressen. „Revolutionssteuer" und Entführungen haben dazu beigetragen, das Baskenland als Industriestandort zu diskreditieren, und zahlreiche Unternehmer haben das Land sogar verlassen, um woanders weiterzuproduzieren.

Sowohl in Kreisen der spanischen und baskischen Politiker wie auch unter den radikalen baskischen Nationalisten setzte sich allmählich die Überzeugung durch, daß nur durch Verhandlungen eine Lösung zu erreichen sei. Tatsächlich machte die ETA schon im Jahr 1978 einen ersten Vorschlag für einen Waffenstillstand, der aber in der gespannten Lage jener Zeit nicht verwirklicht werden konnte. Seit dem Wahlsieg der PSOE bei den spanischen Parlamentswahlen des Jahres 1982 hatte der Staat verschiedene Möglichkeiten zur Lösung des Problems in der Hand. Einerseits wurde die polizeiliche Arbeit perfektioniert und die Zusammenarbeit mit dem französischen Staat intensiviert, andererseits wurden Kontakte mit der ETA aufgenommen, die die Regierung allerdings öffentlich abstritt.

Die PSOE entwickelte eine Antiterrorismusstrategie, die auf einem globalen Plan polizeilicher Arbeit basierte. Die internationale Zusammenarbeit wurde intensiviert, um der ETA ihr Rückzugsgebiet im französischen Staat zu nehmen, was sich von 1986 bis 1996 in 212 Auslieferungen von Etarras ausdrückte. ETA-Mitglieder, die dem bewaffneten Kampf entsagten, konnten mit Reduzierungen ihrer Haftstrafen rechnen. Ihnen wurde zudem die Wiedereingliederung in die Gesellschaft erleichtert. Der Erfolg der spanischen Terrorismusbekämpfung zeigte sich in einem Rückgang der Attentate: Von 1981 bis 1987 kamen noch etwa vierzig Personen pro Jahr durch die ETA ums Leben, aber ab 1988 sank diese Zahl auf jährlich etwa zwanzig Personen.

Auch mit illegalen Mitteln versucht der spanische Staat seit zwei Jahrzehnten gegen die ETA vorzugehen. Seit 1975 wurden Attentate gegen Etarras verübt, wobei es sich um Brand- und Bombenanschläge, Entführungen und Erschießungen handelte. Zwischen 1975 und 1981 kamen dabei mindestens 26 Personen in Hegoalde und 14 in Iparralde ums Leben. Die verantwortlichen Gruppen trugen verschiedene Namen; am stärksten tat sich bis 1981 das „Baskisch-Spanische Bataillon"[71] hervor.

Angesichts der großen Zahl von ETA-Flüchtlingen in Iparralde und der Schwierigkeiten, den französischen Präsidenten Mitterrand zur Auslieferung von exilierten Etarras zu bewegen, wurde nach dem Regierungswechsel in Madrid eine neue illegale Gruppe gegründet, die die ETA mit Waffengewalt bekämpfte. Diese sog. GAL[72] verübten von Oktober 1983 bis Juli 1987 Dutzende von Anschlägen, denen mindestens 28 Menschen zum Ofer fielen. Ihr Operationsgebiet war Iparralde, mit Ausnahme eines Attentats, bei dem am 20. November 1984 in Bilbao der HB-Abgeordnete Santi Brouard erschossen wurde.

Als die spanische Justiz begann, gegen die Attentäter zu ermitteln, stellten die GAL Mitte 1987 ihre Aktivität ein. Außerdem kam die neue französische Mitte-Rechts-Regierung unter Ministerpräsident Chirac den spanischen Wünschen nach Auslieferung der Etarras bereitwilliger nach, was die Aktionen der GAL teilweise erübrigte. Trotzdem wurde – in geringerem Umfang – der „Schmutzige Krieg" fortgesetzt. So wurde am 20. November 1989 in Madrid der HB-Abgeordnete Josu Muguruza von einem bewaffneten Kommando erschossen.

Es gibt zahlreiche Hinweise darauf, daß die GAL und ihre Vorläufer aus Mitteln des spanischen Innenministeriums finanziert wurden, mit diesem Ministerium, mit dem spanischen Geheimdienst und mit Guardia Civil und Nationalpolizei zusammenarbeiteten und sich teilweise aus ehemaligen Mitgliedern der spanischen Sicherheitskräfte rekrutierten. Keinem dieser Hinweise konnte jedoch bisher juristische Beweiskraft zugesprochen werden.[73]

[71] *Batallón Vasco Español.*
[72] GAL = *Grupos Armados de Liberación* = „Bewaffnete Befreiungsgruppen".
[73] Bisher deutlichste Hinweise: Am 26. Januar 1996 erklärte der General

Die Ermittlungen der spanischen Justiz gegen die GAL und ihre Hintermänner sind mit großen Schwierigkeiten verbunden, weil die Untersuchungen von staatlicher Seite erschwert werden. Trotzdem konnten Verwicklungen hoher Politiker und Regierungsbeamter in die GAL aufgedeckt und einige Politiker und Angehörige der spanischen Sicherheitskräfte verhaftet werden, darunter am 27. Mai 1996 auch der General der Guardia Civil Enrique Rodríguez Galindo. Aus Mangel an Beweisen wurden die meisten Verhafteten jedoch schnell wieder auf freien Fuß gesetzt, so auch gegen Kaution am 3. August 1996 General Rodríguez Galindo.

Die Skandale um die Aufdeckung des „Schmutzigen Krieges" gegen die ETA trugen zum Sturz der PSOE-Regierung im März 1996 bei. Die spanischen Politiker sind vor der öffentlichen Meinung unglaubwürdig geworden, und unter den Sympathisanten des radikalen baskischen Nationalismus hat der bewaffnete Kampf der ETA eine zusätzliche Legitimation gewonnen.

Seit Ende 1986 gab es in Algerien Kontakte zwischen dort exilierten Mitgliedern der Direktion der ETA und der spanischen Regierung. Diese befand sich damals in einer so vorteilhaften Situation, daß sie offen zugeben konnte, daß man eine Verhandlungslösung suchte. Für den Fall, daß die Verhandlungen beginnen würden, hatte die ETA bereits einen Waffenstillstand vorgeschlagen. Ein unnachgiebiger Sektor innerhalb der ETA war jedoch dagegen, weil man die Organisation stärker wähnte, wenn sie die Attentate fortsetzen würde, und am 19. Juni 1987 kostete ein Bombenattentat auf den Supermarkt *Hipercor* in Barcelona 21 Menschen das Leben. Diese brutale Aktion führte zum vorläufigen Abbruch der Kontakte, die seitens der spanischen Regierung vor der öffentlichen Meinung nicht mehr vertretbar waren.

José Sáenz de Santamaría, der während seiner Karriere höchste Ämter in der Nationalpolizei, Guardia Civil und im Innen- und Justizministerium innehatte, daß er Beweise für die Anwendung illegaler Mittel bei der Terrorismusbekämpfung seit 1975 habe; vgl. dazu die spanische Tagespresse des 27. Januar 1996. Am 14. Februar 1996 wurden im Besitz von Juan Alberto Perote, *Coronel* des spanischen Geheimdienstes CESID, Kopien von zwanzig geheimen Schriftstücken gefunden, die illegale Aktionen gegen die ETA beschreiben; sie wurden der Justiz übergeben, haben aber als nicht beglaubigte Fotokopien keine juristische Beweiskraft. Abschriften dieser Kopien wurden der Presse zugespielt und unter dem Vorbehalt ihrer Richtigkeit Mitte Dezember 1996 in der Tagespresse veröffentlicht; vgl. u. a. *El País*, 17. Dezember 1996, S. 1 und S. 12 sowie eine Beilage „*Dossier*" mit 16 Seiten.

Der Anschlag von Barcelona ließ in vielen Anhängern des bewaffneten Kampfes Zweifel aufkommen. Innerhalb von *Herri Batasuna* – sogar in der Direktion – wurden Stimmen laut, die kritisierten, daß eine so hohe Zahl ziviler Opfer nicht durch den revolutionären Kampf zu rechtfertigen sei. Als Ende 1987 der alljährliche Kongreß der HB stattfand, wurden die kritischen Mitglieder nicht wieder in die Parteidirektion gewählt. Einige Monate später wurden sie sogar aus der Partei ausgestoßen. Die HB offenbarte damit erstmals eine Haltung, die sie bis heute charakterisiert: absolute Unnachgiebigkeit kritischen Stimmen gegenüber und totale Unterordnung unter die Ziele und die Art des bewaffneten Kampfes der ETA.

Im Januar 1988 wurde im Wohnsitz des Lehendakari Ardanza der „Pakt von Ajuria Enea" unterzeichnet, den alle im baskischen Parlament vertretenen Parteien außer der HB unterschrieben. Man beschloß eine gemeinsame Strategie, um die zu isolieren, die die politische Gewalt verteidigten, d. h. besonders die HB.

Trotz allem wurden die Kontakte zwischen der spanischen Regierung und der ETA in Algerien bald wiederaufgenommen, und am 8. Januar 1989 verkündete die ETA einen Waffenstillstand. Die Verhandlungen in Algerien scheiterten Anfang April, weil die Regierung die Forderungen der ETA für eine Fortsetzung des Waffenstillstandes – besonders die Freilassung der ETA-Gefangenen und die sofortige Anerkennung des Selbstbestimmungsrechts der Basken – nicht akzeptieren konnte. Man kann jedoch davon ausgehen, daß es seitdem immer wieder Kontakte zwischen der ETA und der spanischen oder baskischen Regierung gegeben hat.

Die ETA setzt den bewaffneten Kampf gegen den spanischen Staat fort, wird darin aber durch ständige Verhaftungen von Etarras behindert. Der bisher schwerste Schlag war die Verhaftung der Direktion der ETA am 29. März 1992 in Bidart (Labourd). Auch die autonome baskische Polizei *Ertzaintza* beteiligt sich an ihrer Bekämpfung, was zu den ersten Auseinandersetzungen zwischen ihr und ETA-Kommandos geführt hat, aber auch zu Konflikten mit Sympathisanten der ETA in den Straßen des Baskenlandes. Letztlich hat dies heute die Beziehungen zwischen dem radikalen und dem gemäßigten Nationalismus – vertreten durch die EAJ-PNV – schwer belastet.

In der baskischen Bevölkerung wird die Ablehnung der ETA immer offener gezeigt. Als am 5. Juli 1993 der gipuzkoanische Industrielle Julio Iglesias Zamora entführt wurde und sich 117 Tage in den Händen der Entführer befand, war ein beträchtlicher Teil der baskischen Bevölkerung nicht mehr bereit, den Aktionen der ETA tatenlos zuzusehen, und trug den Protest auf die Straße. Angeführt wurden diese Proteste von pazifistischen Gruppen, die in den Jahren zuvor entstanden waren, allen voran die Bürgerinitiative *Gesto por la Paz* (dt. „Geste für den Frieden").

Am 8. Mai 1995 wurde der gipuzkoanische Transportunternehmer José María Aldaya entführt und erst 341 Tage später, am 14. April 1996, gegen Lösegeld freigelassen. In diesen elf Monaten nahmen die Protestkundgebungen ständig zu. Gleichzeitig kam es zu schweren Auseinandersetzungen, bei denen ETA-Sympathisanten Personen angriffen, die ihren Protest gegen die ETA und die Entführung ausdrückten. Die Organisationen im Umfeld des radikalen Nationalismus wollten sich ihre traditionelle Initiative auf den Straßen des Baskenlandes nicht nehmen lassen und riefen ihre radikale jugendliche Anhängerschaft auf, mit spontanen Protest- und Gewaltaktionen die Initiative zurückzugewinnen. Diese Aktionen sog. „unkontrollierter" Gruppen haben in den vergangenen Jahren stark zugenommen und enorme Sachschäden angerichtet, unter denen besonders Dutzende von verbrannten Autobussen erwähnt werden müssen.

Inzwischen haben sich verschiedene Friedensgruppen gebildet, die jedoch in zwei Lager gespalten sind: Die meisten dieser Gruppen verlangen ein Ende der vom radikalen Nationalismus ausgehenden Gewalt, während die Gruppen aus dem Umfeld von HB Amnestie für die politisch motivierten Gefangenen und das Selbstbestimmungsrecht der Basken fordern. In dieser Situation der Polarisierung und der Ausnutzung pazifistischer Gruppen für die jeweiligen parteipolitischen Interessen entstand Ende 1992 aus dem Umfeld des linken und radikalen Nationalismus die Gruppe *Elkarri* (dt. etwa „Dialog"), die es sich zum Ziel gesetzt hat, die radikalen Nationalisten und die traditionellen demokratischen Parteien an den Verhandlungstisch zu bringen. Dies gelang erstmals auf einer Friedenskonferenz Anfang März 1995, die natürlich nur ein erster Schritt war, ohne konkrete Ergebnisse erzielen zu können. Unabhängig davon haben auch die Bischöfe von San Sebastián und Bilbao erklärt, daß die Kirche bereit wäre, bei Verhandlungen als Vermittler aufzutreten.

Insgesamt sind in knapp drei Jahrzehnten durch die ETA bisher etwa 800 Menschen gestorben und Tausende verletzt worden. Dabei richten sich die Attentate i. d. R. gezielt gegen Repräsentanten der Staatsgewalt, besonders gegen Mitglieder der Nationalpolizei, der Guardia Civil oder des Militärs. Im Laufe der Zeit variierte die ETA aber dieses Schema und ging auch gegen andere Bevölkerungsgruppen vor, z. B. Politiker, baskische Polizisten (*Ertzainak*), Unternehmer, die sich weigerten, die „Revolutionssteuer" zu zahlen, oder allgemein Privatleute, die in irgendeiner Weise mit den vorgenannten Personen in Kontakt stehen. Auch touristische Interessen des spanischen Staates wurden getroffen, und gelegentlich fielen auch Privatpersonen den Gewalttaten zum Opfer, die keinerlei Verbindung zu den genannten Gruppen hatten.

Einige der aufsehenerregendsten Anschläge der vergangenen Jahre waren: am 22. November 1993 in Bilbao der Mord am *Ertzaina* und EAJ-PNV-Mitglied José Antonio Goikoetxea; am 23. Januar 1995 der Mord an dem Vorsitzenden der PP in San Sebastián, Gregorio Ordóñez; der knapp gescheiterte Bombenanschlag gegen den damaligen Oppositionsführer José María Aznar (PP) am 19. April 1995 in Madrid; der Mord am ehemaligen Führungsmitglied der gipuzkoanischen PSOE Fernando Múgica am 6. Februar 1996 und nur eine Woche später, am 14. Februar 1996, der Mord am ehemaligen Präsidenten des spanischen Verfassungsgerichts Francisco Tomás y Valiente.

Auf seiten des radikalen Nationalismus kamen seit Francos Tod etwa hundert Personen in Auseinandersetzungen mit staatlichen Sicherheitskräften ums Leben. Dazu kommen seit 1978 etwa 14500 Verhaftungen militanter Basken im Zusammenhang mit der Terrorismus-Bekämpfung, von denen etwa 3500 ins Gefängnis kamen. Weitere tausend Basken haben Hegoalde verlassen und in Iparralde, in Frankreich oder in anderen Staaten Zuflucht gesucht, um der Verhaftung in Spanien zu entgehen. Allein in Mexiko leben heute etwa 300 Personen, die mit der ETA in Verbindung stehen oder standen und aus Spanien geflohen sind.

Ende Oktober 1996 gab es 539 ETA-Häftlinge, davon 488 in 58 verschiedenen spanischen Gefängnissen, 60 in 14 französischen Gefängnissen und einen in Portugal. Die PSOE führte seit ihrem Regierungsantritt im Jahr 1982 eine gezielte Politik der Verteilung der politischen Gefangenen über den gesamten spanischen Staat, um sie von ihren Wohnorten zu entfernen. So befinden sich ca. 60% der Häftlinge mehr als 400 km von ihrer Heimat entfernt, was die Kontakte untereinander, aber auch die Familienbesuche erheblich erschwert. Diese Politik ist zwar verfassungswidrig,[74] wird aber angesichts der außerge-

---

[74] Laut Organischem Gesetz zum Strafrecht von 1979 soll die „soziale Entwurzelung der Häftlinge verhindert" werden (*Ley Orgánica* 1/1979, 1.12.). Die Inhaftierung in großer Entfernung vom Heimatort ist danach im Einzelfall möglich, darf aber nicht allgemein angewandt werden. (Die Organischen Gesetze sind eine Besonderheit im spanischen Rechtswesen: Sie dienen der Weiterentwicklung der Verfassung und haben somit Grundgesetzcharakter.)

wöhnlichen Situation von den meisten spanischen Politikern und Massenmedien akzeptiert. In Euskadi dagegen ist die öffentliche Meinung eindeutig für die Verlegung der ETA-Gefangenen in Gefängnisse in der Nähe des Baskenlandes,[75] und am 4. Oktober 1996 sprach sich auch die Menschenrechtskommission des baskischen Parlaments dafür aus, allerdings gegen die Stimmen der PP und der PSOE.

Gegen die Verteilung der ETA-Häftlinge über das Land protestieren energisch die HB und im Umfeld des radikalen Nationalismus angesiedelte Bürgerinitiativen wie *Gestoras Pro-Amnistía*. Diesen Protesten schloß sich die ETA an, die am 17. Januar 1996 den Beamten José Antonio Ortega Lara entführte, der seinen Arbeitsplatz im Gefängnis von Logroño hat. Sie fordert eine Verlegung ihrer Gefangenen in die Nähe ihrer Heimatorte. Die neue Regierung der PP, die am 3. März 1996 als Sieger aus den Wahlen hervorging, scheint nur zu minimalen Zugeständnissen bereit zu sein, die an der bestehenden Situation im wesentlichen nichts ändern werden.

Mehr als dreieinhalb Jahrzehnte führt die ETA schon diesen ungleichen Kampf gegen den spanischen Staat. Das Geheimnis ihres Überlebens unter den widrigsten Umständen liegt einigen Analytikern zufolge in der Festigkeit und Kohärenz ihrer frühesten Postulate, die immer beibehalten wurden, trotz des Einflusses linker revolutionärer Ideologien und der massiven Bekämpfung durch die staatlichen und baskischen Sicherheitskräfte und politischen Parteien. Die Organisation hat immer auf die Klarheit ihrer Forderungen hingewiesen und beispielsweise 1991 mitgeteilt: „Unsere Strategie ist durchsichtig und ohne Geheimnisse, und sie kennt weder Machiavellismus noch Demagogien, noch Heucheleien ... (...) Unsere Strategie hat klare und gut definierte Ziele: die staatliche Anerkennung der politischen und sozialen Rechte, die unserem Volk auf brutale Weise und mit Waffengewalt entrissen wurden."[76]

Die „Erholung" der baskischen Sprache im südlichen Baskenland

In den Jahren des Franquismus war die Kultur der Basken keineswegs untergegangen, im Gegenteil, denn kulturelle Manifestationen waren besonders seit den sechziger Jahren die Reaktion eines Volkes,

---

[75] In einer Umfrage im Auftrag der baskischen Regierung sprachen sich 73% aller Befragten dafür und nur 4% dagegen aus; vgl. die baskische Tagespresse am 24. Oktober 1996, z.B. *DEIA*, S. 7, und *El Correo*, S. 15.

[76] Übersetzung des Autors; zitiert aus Lorenzo, S. 255.

das sich von der Zentralregierung nicht um seine kulturelle Erbschaft bringen lassen wollte. So hat die baskische Kultur bis heute einen reichen Fundus an musikalischen, literarischen (orale Tradition der *Bertsolariak*), künstlerischen und sportlichen Traditionen bewahren können. Die Verdrängung der baskischen Sprache aus ihrem traditionellen Sprachraum ist nicht Franco alleine anzulasten, sondern war ein jahrhundertelanger Prozeß, der sich im 19. und 20. Jh. beschleunigte und unter Franco seinen Höhepunkt erreichte.

Heute ist die baskische Kultur und besonders die baskische Sprache als entscheidender Kulturträger weniger von staatlicher Gewalt bedroht als vielmehr von der viel subtileren Einflußnahme der modernen Massenmedien. In Hegoalde dominieren die spanischen Massenmedien – und in Iparralde in noch größerem Ausmaß die französischen. Ihnen garantiert die Benutzung der Staatssprache ein größeres Publikum, da ja fast jeder *Euskaldun* (dt. Baskischsprecher) auch Spanisch bzw. Französisch ausgezeichnet beherrscht. So war es notwendig, die baskische Kultur zu institutionalisieren und von seiten der baskischen Regierung zu subventionieren.

Heute gibt es in Hegoalde ein baskisches Fernsehen, *Euskal Telebista*, das einen Sender in baskischer und einen in spanischer Sprache hat. Zahlreiche baskischsprachige Radiosender sind entstanden, aber die Presse hat nicht nachgezogen. Bis heute gibt es nur eine einzige Tageszeitung in baskischer Sprache, *Egunkaria*. Selbst das Sprachrohr des radikalen baskischen Nationalismus, *Egin*, enthält nur wenige Artikel auf baskisch, weil mit der spanischen Sprache mehr Leser angesprochen werden. Immerhin ist heute die starke dialektale Zersplitterung des Baskenlandes durch die seit 1964 erarbeitete Hochsprache *Euskera Batua* zumindest in den Medien überwunden. Dies ermöglicht wiederum Veröffentlichungen in baskischer Sprache, die aber stark subventioniert werden müssen. 1992 erschienen 980 Bücher auf euskera.

Die Hauptaufgabe der baskischen Kulturpolitik ist die sog. „Erholung" des Euskera, wobei es nicht um die Verdrängung der spanischen und französischen Sprache geht, sondern um Zweisprachigkeit. In der autonomen Region Euskadi werden alle Gebiete, auch die spanischsprachigen Encartaciones und die Provinz Alava, als potentielles baskisches Sprachgebiet angesehen. Dagegen werden in Navarra drei Sprachzonen unterschieden: Das nordwestliche Grenzgebiet zu Gipuzkoa und Iparralde ist baskischsprachig, der zentrale Landesteil mit Pamplona zweisprachig, und der größte Teil im Süden Navarras ist spanischsprachig.

Die wichtigste Maßnahme zur Erreichung der Zweisprachigkeit ist die Schulbildung. Heute werden vier sprachliche Modelle in den Schulen Hegoaldes unterschieden: komplett Euskera mit Spanisch als Unterrichtsfach (Modell D), zweisprachig (B), komplett Spanisch mit Euskera als Unterrichtsfach (A) und ausschließlich Spanisch (X). Letzteres Modell ist in der Region Euskadi fast inexistent, überwiegt aber in Süd-Navarra. Im Norden Navarras sowie in ganz Euskadi herrscht zweisprachige Schulbildung vor, und in einigen Gebieten dominiert sogar die baskische Sprache. Der Extremfall ist Gipuzkoa, wo im Jahr 1993 56% aller Vorschüler nach dem Sprachmodell D eingeschult wurden.

Auch die Erwachsenenbildung kommt nicht zu kurz, wofür die *Euskaltegiak*, Baskischschulen für Erwachsene, zur Verfügung stehen. Diese Schulen erlebten nach der Demokratisierung einen Boom, der inzwischen aber nachgelassen hat. Die meisten Erwachsenen, die heute noch freiwillig Euskera lernen, tun dies, um eine bessere berufliche Qualifikation zu erlangen, denn in vielen Betrieben und besonders im öffentlichen Dienst wird heute die Beherrschung der baskischen Sprache verlangt. Damit haben die Euskaldunes zunehmend die Möglichkeit, sich auch im öffentlichen Leben ihrer Muttersprache zu bedienen.

Trotz aller Schwierigkeiten wird die Politik der „Erholung" des Euskera als erfolgreich angesehen: Der Anteil der zweisprachigen Fünf- bis Vierzehnjährigen verdoppelte sich in der Region Euskadi von 1981 bis 1991 von 19,7% auf 38,7% und stieg auch in Navarra von 12,1% auf 14,7%. Heute sind in Gipuzkoa 55% der Bevölkerung als baskisch- bzw. zweisprachig zu bezeichnen, in Bizkaia nur 24%, was aber an der demographischen Dominanz des Großraums Bilbao (etwa eine Million Einwohner) mit seinem hohen Anteil an nichtbaskischen Einwanderern liegt, und in Alava und Navarra jeweils zwischen 14 und 15%.[77] Dies entspricht etwa 630000 Euskaldunes bzw. Zweisprachigen bei einer Gesamtbevölkerung Hegoaldes von mehr als zweieinhalb Millionen.

In Hegoalde erholt sich die baskische Sprache langsam von der jahrhundertelangen Verdrängung. Am positivsten ist vielleicht, daß die

---

[77] Genaue Zahlen, unterschieden in A: baskische Einsprachigkeit, B: aktive Zweisprachigkeit und C: passive Zweisprachigkeit: Gipuzkoa A: 2,0%/B: 41,7%/C: 10,7%; Bizkaia A: 0,7%/B: 15,8%/C: 7,5%; Alava A: –/B: 7,0%/C: 7,5%; Navarra: A: 0,7%/B: 8,9%/C: 4,6%; vgl. *Euskararen Jarraipena*, hrsg. von der Baskischen Regierung (Eusko Jaurlaritza), Vitoria 1995, S. 62.

Sprache, die früher im Ruf stand, nur von Bauern und Fischern gesprochen zu werden, heute an Sozialprestige gewonnen hat. Die große Mehrheit der Bevölkerung ist heute dafür, die Verbreitung der baskischen Sprache zu fördern, auch wenn diese Personen nicht selbst Baskisch sprechen. Die meisten baskischen Eltern wollen, daß ihre Kinder Baskisch lernen, was der hohe Anteil an Vorschülern beweist, die nach den Sprachmodellen D und B eingeschult werden: 1993 waren es in ganz Hegoalde 37% (D) und 25,2% (B).

Dazu trägt auch bei, daß die Region Euskadi in den vergangenen zwei Jahrzehnten einen erstaunlichen Prozeß der Enkulturation durchgemacht hat, nachdem sie ein Jahrhundert lang durch massenhafte Einwanderung eine fortschreitende Verdrängung der baskischen Kultur erlebt hatte. In Euskadi empfinden sich heute drei Viertel der Bevölkerung als Basken.[78]

---

[78] Umfrageergebnisse in *Euskararen Jarraipena*, S. 206: In der Region Euskadi antworteten auf die Frage, ob man sich als Baske oder als Spanier empfinde, 35% „Baske", 11% „mehr Baske als Spanier", 28% „so sehr Spanier wie Baske", 4% „mehr Spanier als Baske" und 16% „Spanier". In Iparralde antworteten auf die gleiche Frage 13% „Baske", 6% „mehr Baske als Franzose", 29% „so sehr Franzose wie Baske", 11% „mehr Franzose als Baske" und 35% „Franzose". In Navarra lautete die Frage: „Empfinden Sie sich als Baske?", und 34% antworteten mit „Ja", 13% „teilweise" und 51% mit „Nein".

DAS NÖRDLICHE BASKENLAND VOM ZWEITEN WELTKRIEG BIS HEUTE

Wirtschaft, Bevölkerung und Sprache

In Iparralde sind deutlich zwei Wirtschaftsräume zu unterscheiden: einerseits die Küste, an der es Ansätze zur Industrialisierung und einen starken Tourismus gibt, und andererseits das landwirtschaftlich geprägte Landesinnere, das Ost-Labourd sowie Nieder-Navarra und Soule in ihrer Gesamtheit umfaßt. Damit ist Iparralde heute nach wie vor ein Gebiet, das entscheidend von der Landwirtschaft geprägt wird. Die wichtigsten Erwerbszweige im Landesinnern sind Viehzucht, Ackerbau sowie einige bescheidene Industrien. An der Küste gehört der Fischfang noch heute zu den Hauptbeschäftigungen; daneben gibt es fischverarbeitende Industrie. Das einzige stark urbanisierte Gebiet um Bayonne, Anglet und Biarritz hat einige Industrien, die um den Hafenbereich angesiedelt sind. Die Metallfabrik *Forges de l'Adour*, die ein Jahrhundert lang das Herz der Industrie von Iparralde war, wurde 1964 geschlossen. Eine Wirtschaftskrise drohte, die aber mit der Ansiedlung kleinerer Industriebetriebe vermieden werden konnte. Bayonne ist das Handelszentrum nicht nur für Iparralde, sondern auch für die angrenzenden Gebiete von Les Landes. Auch Basken aus den nahegelegenen Territorien Navarra und Gipuzkoa fahren häufig zum Einkaufen nach Bayonne. Der wichtigste Erwerbszweig ist heute der Tourismus. Jährlich besuchen etwa 150 000 Touristen die Küste, Tagesgäste nicht mitgezählt. 90% aller Gäste sind Franzosen. Seit 1950 wird auch das Landesinnere touristisch erschlossen.

Die Bevölkerung Iparraldes hat von 173 000 Einwohnern im Jahr 1901 auf 250 000 im Jahr 1990 zugenommen. Das deutet auf eine normale Bevölkerungsentwicklung hin, verbirgt aber ein großes Ungleichgewicht: Während die Bevölkerung an der Küste gewachsen ist, hat im Landesinnern eine wahre „Entvölkerung" stattgefunden, die alarmierende Ausmaße angenommen hat. Gegenüber 210 000 Einwohnern von Labourd, die sich zudem an der Küste konzentrieren, hat Nieder-Navarra nur 25 000 Einwohner und Soule sogar nur 14 000. In den hundert Jahren von 1876 bis 1976 hat Saint-Jean-Pie-de-Port

31,5% seiner Bevölkerung verloren, Tardets in Soule sogar 46% und andere kleinere Orte noch mehr. Die Überalterung der Landbevölkerung bedroht heute nicht nur die Bevölkerungsstruktur, sondern das Überleben der Landwirtschaft selbst.

Diese Situation rief radikale Gegenbewegungen hervor, die der französischen Wirtschaftspolitik vorwarfen, nur den Tourismus und die Bodenspekulation zu begünstigen, während die traditionellen Industrien des Landesinnern eingingen und die Einkünfte der Bauern nicht ausreichten, um die Jugend in ihrer Heimat zu halten.

In Iparralde konnte die baskische Sprache besser überleben als in Hegoalde. An der Küste dominiert heute zwar Französisch und in Labourd sind die Euskaldunes mit 26,6% der Bevölkerung in der Minderheit, in Nieder-Navarra aber und in Soule stellen sie mit 61,5% bzw. 63,8% die klare Mehrheit. Trotzdem beträgt der euskaldune Bevölkerungsanteil in ganz Iparralde nur 34,2%, was an der extrem dünnen Besiedlung des Landesinnern liegt. Es ergibt sich die paradoxe Situation, daß die baskische Sprache ausgerechnet in den Gebieten, in denen sie den größten Sprecheranteil hat, am stärksten bedroht ist, denn 14 000 Einwohner von Soule und 25 000 von Nieder-Navarra sind als solide Grundlage einer baskischsprachigen Gesellschaft zu wenig.

In den sechziger Jahren wurde allmählich bewußt, daß die Randsprachen im französischen Staat – geringschätzig als Regionalsprachen, *patois*, bezeichnet – seit der Revolution stark diskriminiert worden waren. Der verstärkte Kampf um die baskische Sprache führte 1969 endlich zur Einsetzung von drei staatlichen Baskisch-Lehrerinnen in Iparralde. Dieses scheinbar bedeutungslose Ereignis stellt das Ende der Ignorierung der baskischen Sprache im französischen Staat dar. Zehn Jahre später gab es schon zwölf Baskisch-Lehrer, die in 67 Schulen 1550 Kindern Euskera lehrten.

Inzwischen hatte auch das System der baskischen Schulen, der *Ikastolak*, die privat finanziert wurden, auf Iparralde übergegriffen. 1969 wurde die erste Schule in Bayonne gegründet, die nur acht Schüler hatte. 1996 gab es 19 Ikastolak, in denen 1450 Kinder unterrichtet wurden. Diese Schulen befinden sich insbesondere in den Städten und an der Küste, d.h. im weitgehend entbaskisierten Gebiet. Auch die kirchliche Liturgie und der Katechismus werden wieder in Euskera verlesen, und an den Universitäten von Bordeaux, Toulouse, Pau und Bayonne kann man heute Baskisch studieren. Trotzdem ist man noch weit entfernt von den Mindestvoraussetzungen, die das Überleben der baskischen Sprache in Iparralde garantieren können.

Die Entwicklung des baskischen Nationalismus
im nördlichen Baskenland

Der Historiker López Adán titulierte im Jahr 1978 einen Artikel „Iparralde, 150 Jahre ohne Geschichte (1789–1934)".[79] Dieser Titel ist als Provokation gerechtfertigt, verlangt aber gleich der Richtigstellung: Natürlich ist die Zeit in Iparralde nicht stehengeblieben, wie wir in der Beschreibung seit der Französischen Revolution gesehen haben. Iparralde hat durch seine Zugehörigkeit zum französischen Staat sogar direkt oder indirekt an verschiedenen Kriegen teilgenommen: am Deutsch-Französischen Krieg und an den beiden Weltkriegen, und auch die Karlistenkriege und der Spanische Bürgerkrieg waren in Iparralde spürbar. Aber all das hat weder die wirtschaftliche noch die soziale Struktur Iparraldes wesentlich verändert. Auch politisch hat sich Iparralde konstant verhalten, und seit den Jahren der Französischen Revolution bis heute wird konservativ mit einer Tendenz zu lokalen Machthabern gewählt.

Der Titel von López Adán bezieht sich auf zwei Eckdaten in der Geschichte Iparraldes: 1789 schaffte die Französische Revolution das baskische Gewohnheitsrecht ab, und 1934 entstand die erste Kulturorganisation in Iparralde: *Aintzina*. Diese Gruppe, die eine gleichnamige Zeitschrift herausgab, war vom Gedankengut des baskischen Nationalismus in Hegoalde beeinflußt und verteidigte die baskische Sprache und Kultur. In einer Zeit antibaskischer Propaganda, die besonders von dem obengenannten Jean Ybarnegaray angeführt wurde, hielt sich die Zeitschrift nur bis 1937, konnte aber 1942/43 und noch einmal 1944 wieder erscheinen.

Erst parallel zum Entstehen des radikalen baskischen Nationalismus in Hegoalde konnte sich in Iparralde eine Bewegung entwickeln, die über einigen Rückhalt in der Bevölkerung verfügte. 1953 gründeten baskische Studenten die Gruppe *Enbata* („Windstoß"), die sich zunächst nur als baskische Kulturbewegung verstand, allmählich aber zum baskischen Nationalismus tendierte. Die Kriege in Algerien und in Indochina führten zu einem massenhaften Anschluß an den *Enbata*, besonders als de Gaulle 1959 das Selbstbestimmungsrecht der Algerier anerkannte, das den Basken aber versagt blieb. Im Juni 1960 fand in Espelette in Labourd die eigentliche Gründung statt, bei der sich die Gruppe als nationalistisch und europäisch-föderalistisch defi-

---

[79] E. López Adán, „*Ipar Euskal Herria: 150 urte historiarik gabe (1789–1934)*", in: Saioak, Nr. 2 (1978), S. 99–135.

nierte. Sie widersetzte sich der zentralistischen Kulturpolitik der französischen Regierung und der Wirtschaftspolitik, die die Landwirtschaft und die traditionellen Industrien auf dem Land vernachlässigte und dadurch die Bewohner des Inlands zwang, an die Küste oder in nichtbaskische Gebiete abzuwandern.

Ihren ersten nationalen Kongreß hielt die Gruppe in Itxassou (Labourd) am 15. April 1963 ab, am symbolischen Aberri Eguna (Tag des Vaterlands) der baskischen Nationalisten. Insgesamt 500 Personen, u. a. baskische Abgeordnete im französischen Parlament und Vertreter anderer Volksgruppen aus dem französischen Staatsgebiet, nahmen daran teil. Am Schluß des Kongresses wurde eine Erklärung verabschiedet, in der die baskischen Teilnehmer erklärten, die Basken seien ein Volk, eine Nation und eine Demokratie und hätten das Recht auf Einheit. Es wurde vorgeschlagen, zunächst ein baskisches Departement innerhalb des französischen Staates zu bilden und dann eine autonome Region innerhalb Europas, die die historischen sieben Territorien des Baskenlandes umfassen sollte. Mit diesem Programm nahm der *Enbata* an Wahlen teil und konnte in einigen Ortschaften Prestigeerfolge erringen, wie beispielsweise bei den Kantonalwahlen des Jahres 1963 mit 11% der Stimmen in Saint-Jean-de-Luz.

Die Radikalisierung des bewaffneten Kampfes in Hegoalde und die Anwesenheit zahlreicher ETA-Flüchtlinge in Iparralde führten zur Zersplitterung der nationalistischen Bewegung und zur Radikalisierung des *Enbata*, der bisher als Schmelztiegel der verschiedenen Tendenzen innerhalb des baskischen Nationalismus in Iparralde gedient hatte. Die französischen Autoritäten taten mit gezielter Propaganda ein übriges, um den *Enbata* als radikale Gruppe darzustellen. In seinem Umkreis nahm die Unterstützung der ETA zu. Während des Prozesses von Burgos im Dezember 1970 führte der *Enbata* sämtliche Protestkundgebungen in Iparralde an. Bei Ausweisungen von Etarras aus dem französischen Staat führte die Gruppe Hungerstreiks durch. Die Reaktion der französischen Autoritäten war hart: In den Jahren 1971 und 1972 wurden die Feiern zum Aberri Eguna untersagt, und am 30. Januar 1974 wurde der *Enbata* selbst verboten.

Der *Enbata* war von einer überragenden Bedeutung für den baskischen Nationalismus in Iparralde. Es war die erste politische Organisation, die den französischen Zentralstaat anklagte, das Baskenland sprachlich, kulturell, rechtlich, sozial und wirtschaftlich zu diskriminieren. Dabei entwickelte der *Enbata* moderne Perspektiven: Der Schulunterricht sollte baskische Sprache und Kultur beinhalten, das Baskenland sollte wirtschaftlich modernisiert werden, ein vereintes

Baskenland sollte in ein föderales Europa integriert werden. Im Gegensatz zu den Diskussionen, die in Hegoalde die ideologische Positionierung der ETA erschwerten, hatte für den *Enbata* immer die nationale Befreiung eindeutige Präferenz vor dem Klassenkampf.

Zwei Monate nach dem Verbot des *Enbata* wurde die Partei HAS[80] gegründet, die in gewisser Weise eine Fortsetzung des *Enbata* darstellte und den Linksruck im baskischen Nationalismus bestätigte. Die HAS verstand sich von Anfang an als eine politische Partei und wollte an den Urnen für die Unabhängigkeit der Basken und den internationalen Sieg des Sozialismus kämpfen. Gewalt als Mittel zur Verfolgung der politischen Ziele lehnte die Partei ab. Nach Francos Tod vereinten sich die HAS und die Gruppe EAS[81] aus Hegoalde zur ersten gesamtbaskischen Partei EHAS.[82] Als sich kurz darauf in Hegoalde die KAS bildete, trat die südliche EHAS in diese radikale Dachorganisation ein und distanzierte sich allmählich von den gemeinsamen Aktivitäten mit der nördlichen Gruppe, auch wenn der Zusammenhalt der Partei zwischen Hegoalde und Iparralde nach wie vor öffentlich bekundet wurde. Die EHAS konnte bei den Regionalwahlen 1976 und bei den Kommunalwahlen 1977 jeweils etwa 5% der Stimmen auf sich vereinigen. Die Bevölkerung nahm die EHAS zunehmend als radikale linke Gruppe wahr, woraufhin ihr Stimmenanteil bei den folgenden Wahlen zurückging. Im Mai 1981 löste sie sich aufgrund der mangelnden Unterstützung auf.

Nach dem Scheitern des *Enbata* hatten sich außer der HAS kleine zumeist linke Splittergruppen gebildet, die über wenig Rückhalt in der Bevölkerung verfügten und meist recht kurzlebig waren. Aus einer dieser Abspaltungen ging die radikale linksnationalistische Gruppe *Iparretarrak* hervor. Der Name bedeutet „Die Etarras des Nordens". Diese Gruppe verübte seit 1973 Anschläge gegen touristische Einrichtungen, Immobilienmakler und Bodenspekulanten. Sie waren strikte Gegner des Tourismus, der ihrer Meinung nach nicht nur am Kulturverlust, sondern auch an den hohen Bodenpreisen schuld sei, die für die arme baskische Landbevölkerung unbezahlbar seien. Die *Iparretarrak* definierten sich selbst als revolutionäre und sozialisti-

---

[80] HAS = *Herriko Alderdi Sozialista* = „Sozialistische Volkspartei".
[81] EAS = *Euskal Alderdi Sozialista* = „Baskische Sozialistische Partei". EAS hatte sich 1974 in der Illegalität aus Mitgliedern der Kulturfront von ETA gebildet.
[82] EHAS = *Euskal Herriko Alderdi Sozialista* = „Baskische Sozialistische Volkspartei".

sche baskische Organisation für nationale Befreiung und forderten die Rückkehr zur traditionellen Wirtschaft auf der Grundlage der Landwirtschaft. Seit 1979 verübten sie auch Attentate auf administrative Einrichtungen des französischen Staates, wie auf die Subpräfektur in Bayonne. Die *Iparretarrak* führten Brand- und Bombenanschläge aus, ohne sich direkt gegen Personen zu richten, aber im März 1982 verloren zwei Polizisten bei einem Schußwechsel ihr Leben. In den folgenden Jahren starben in ähnlichen Situationen zwei weitere Polizisten und zwei Aktivisten der *Iparretarrak* sowie drei bei der Vorbereitung von Bombenanschlägen. Die *Iparretarrak* sind bis heute aktiv, ohne ihre Strategie im Laufe der Jahre wesentlich verändert zu haben. Drei Aktivisten sitzen heute in französischen Gefängnissen ein.

Die Aktivität der *Iparretarrak* ist in keiner Weise mit der der ETA in Hegoalde zu vergleichen. Die soziale Unterstützung ist nur gering, und die Attentate werden von der großen Mehrheit der Bevölkerung offen abgelehnt. Auch die Zahl der Aktivisten ist niedrig und mag 1985 etwa vierzig betragen haben.[83] Selbst die Beziehungen zur ETA waren immer gespannt.

Nach den revolutionären Tendenzen der siebziger Jahre, die einerseits von der Studentenbewegung und andererseits vom linksnationalistischen Widerstand in Hegoalde inspiriert wurden, bildeten sich in den achtziger Jahren verschiedene linke und gemäßigte nationalistische Parteien. Den Anfang machte im August 1985 die EMA,[84] die mit dem Vorsatz gegründet wurde, an den Wahlen des Jahres 1986 teilzunehmen. Es handelt sich um eine sozialistische Bewegung, die das Selbstbestimmungsrecht der Basken und ihre Anerkennung als Nation innerhalb des französischen Staates fordert. Die EMA zeigt Sympathien für den bewaffneten Kampf der *Iparretarrak*, ohne ihn jedoch offen zu unterstützen. Bei den französischen Parlaments- und Regionalwahlen am 16. März 1986 erzielte die EMA ein enttäuschendes Ergebnis. Insgesamt kam die Partei nur auf 5111 Stimmen. Dies rief die ironischen Kommentare hervor, daß der baskische Nationalismus nie viel mehr als 5000 Stimmen bekäme, denn acht Jahre vorher erhielt die EHAS 4924 Stimmen, und zwei Jahrzehnte vorher erzielte der *Enbata* 5035.

Fast parallel zur EMA entstand im Juni 1986 die EB.[85] Diese Partei

---

[83] Vgl. James E. Jacob, *Hills of conflict. Basque nationalism in France*, Reno 1994, S. 268.

[84] EMA = *Ezkerreko Mugimendu Abertzalea* = „Patriotische Bewegung der Linken".

[85] EB = *Euskal Batasuna* = „Baskische Einheit".

vertrat gemäßigtere Positionen als die EMA. Sie forderte die Anerkennung der baskischen Identität durch den französischen Staat und einen offiziellen Status für die baskische Sprache. Die EB vertrat das Projekt einer baskischen Region innerhalb Europas. Vor allem aber lehnte sie den bewaffneten Kampf ab. Die Gründung der Partei war eine direkte Reaktion auf die Sympathien der EMA für Gewaltaktionen. Erstaunlich ist jedoch, daß die Gründung der EB durch die HB in Hegoalde vorbereitet wurde, um der unabhängigen Partei EMA Konkurrenz zu machen. Aus strategischen Gesichtspunkten wurde im konservativen Iparralde der Gewaltverzicht für politisch opportun gehalten.[86]

Als nächste nationalistische Partei trat ab November 1986 *Eusko Alkartasuna* (EA) auf, die wenige Monate vorher in Hegoalde gegründet worden war. Auch die EA fordert ein Statut zum Schutz der baskischen Sprache und Kultur im französischen Staat, vor allem aber ist sie die Partei, die am konsequentesten die Idee einer autonomen baskischen Region in einem Europa der ethnischen Gruppen vertritt. Als Nahziel fordert sie die Schaffung eines baskischen Departements im französischen Staat. In einem Jahr hatten sich also drei nationalistische Parteien gebildet, während es ein Jahr zuvor noch keine einzige gegeben hatte. Dazu sollte 1990 auch die EAJ-PNV kommen, die aber zur Zeit noch nicht an Wahlen teilnimmt.

Die drei obengenannten Parteien waren sich bewußt, daß die Zersplitterung ihrer Kräfte nachteilig wäre, und nahmen als Koalition an den Parlaments- und Kantonalswahlen des Jahres 1988 teil. Erstmals konnte der traditionell niedrige nationalistische Stimmenanteil erhöht werden. Die Koalition gewann in den Wahlen der Jahre 1988 und 1989 jeweils zwischen 7 und 8% der Stimmen. An der Küste betrug der Anteil nur um 5%, im Landesinnern aber bis über 20%. Die Koalition der baskischen Nationalisten wurde damit hinter den rechten Gaullisten/RPR und den Sozialisten drittstärkste Partei in Iparralde, noch vor Le Pens Nationaler Front und der Kommunistischen Partei.

Die politischen Differenzen zwischen den linken EMA und EB und der Zentrumspartei EA führten bald zur Spaltung des Wahlbündnisses, besonders weil die EA im Januar 1988 in Vitoria den „Pakt von Ajuria Enea" unterzeichnet hatte, der u. a. die Isolierung der HB zum Ziel hatte, mit der wiederum die EB sympathisierte. In den Regionalwahlen am 22. März 1992 erreichte der baskische Nationalismus sein bisher bestes Ergebnis mit 7,2% für die EMA-EB und 1,1% für die

[86] Jacob 1994, S. 349.

EA. Ein Rückschritt waren die Parlamentswahlen des 21. März 1993, in denen die EMA-EB 5,4% und die EA 1,1% der Stimmen erhielten. Politisch und administrativ hat sich Iparralde bis heute nicht emanzipieren können. Nach wie vor gehört es zum *Département Pyrénées Atlantiques*, in dem die Basken nur etwa ein Drittel der Gesamtbevölkerung ausmachen. Positiv zu bewerten sind die Bemühungen um die Schaffung eines eigenen Departements, das ganz Iparralde umfassen und Bayonne als Hauptstadt haben soll. Dafür haben sich im Jahr 1996 besonders die Bürgermeister zahlreicher Ortschaften eingesetzt. Auch die europäische Integration des spanischen Staates hat zu einem regen wirtschaftlichen und kulturellen Austausch zwischen Hegoalde und Iparralde geführt, was sich positiv auf die baskische Kultur im allgemeinen ausgewirkt hat.

DIE POLITISCHE ENTWICKLUNG SEIT 1995

Von Walther L. Bernecker

Die Situation im Baskenland hat sich in neuester Zeit, vor allem seit dem Attentat auf das New Yorker *World Trade Center* vom 11. September 2001, geändert. Die Verschärfung des antiterroristischen Kampfes gewann durch die verschiedenen staatlichen Aktivitäten eine verstärkt grenzüberschreitende Dimension. Zum einen kam es sehr schnell zu einer Intensivierung der bilateralen antiterroristischen Zusammenarbeit zwischen Frankreich und Spanien, zum anderen wurde innerhalb kürzester Zeit ein gemeinsamer europäischer Rechtsraum geschaffen, der eine Verfolgung der Terroristen auf europäischer Ebene erheblich erleichterte. Auf dem EU-Gipfel im belgischen Laeken wurde Mitte Dezember 2001 eine europäische Festnahme- und Auslieferungsverordnung verabschiedet.

In den Jahren der Transition hatte ETA eine Doppelstrategie zur Erreichung ihres politischen Zieles eines unabhängigen Baskenlandes entwickelt: Neben den Terrorismus trat der Versuch der politischen Durchsetzung der Institutionen. Der zu diesem Zweck gegründeten „Patriotischen Sozialistischen Koordinationsgruppe" KAS gehörten auch (neben ETA selbst) die Jugendorganisation *Jarrai*, die nationalistische Gewerkschaft LAB und einige weitere Gruppierungen an. In den folgenden Jahren vertrat KAS zumeist die von ETA propagierten Maximalforderungen, kämpfte aber auch für (von großen Teilen der baskischen Bevölkerung mitunterstützte) kurzfristige Ziele wie Zusammenlegung der baskischen Gefangenen, Amnestie oder Rückzug zentralstaatlicher Polizeikräfte aus dem Baskenland.

Seit die baskische Regierung die Kompetenz über eine eigene Polizei hat (*Ertzaintza*), ist diese auch immer öfter Opfer von Attentaten geworden. Was früher ein Konflikt zwischen dem Baskenland und der Zentralregierung war, wurde nunmehr eine innerbaskische Auseinandersetzung. Lange Zeit war in Euskadi zum ETA-Terror geschwiegen worden, teils aus angeblichem Verständnis, teils aus Angst. Es war mit nicht unerheblichen Risiken verbunden, öffentlich seine Stimme gegen ETA zu erheben. In den letzten Jahren hat sich allerdings eine immer breitere Widerstandsfront gegen das radikal-nationalistische Lager und dessen Gewalttaten gebildet.

Allerdings gibt es auch widersprüchliche Entwicklungen: Schon 1988 hatten sich die demokratischen Parteien des Baskenlandes im „Pakt von Ajuria Enea" zu einer Antiterrorismus-Front zusammengeschlossen. Die Front durchlief Höhen und Tiefen, überstand letztlich aber alle Krisen bis 1998, als sich der PNV den radikalen Nationalisten zuwandte und die Gemeinsamkeiten mit den gesamtstaatlichen Parteien immer weiter schrumpften. In den 90er Jahren wurde immer häufiger der Vorwurf an den PNV gerichtet, sich nicht deutlich genug von den Positionen der Terroristen zu distanzieren. Nach dem Mord an dem jungen konservativen Gemeinderat von Ermua, des *Partido Popular*-Mitglieds Miguel Angel Blanco im Juli 1997, entschlossen sich die demokratischen Parteien des Baskenlandes, alle *Herri Batasuna*-Bürgermeister, die sie bis dahin mitgetragen hatten, abzuwählen.

Während die 80er Jahre trotz des Autonomiestatuts und einer Konsolidierung der demokratischen Institutionen nur sehr langsam eine Erosion des Rückhalts von ETA in der baskischen Bevölkerung brachten, schritt ab Mitte der 90er Jahre dieser Prozeß der moralischen Delegitimierung von ETA und den Hilfsorganisationen in ihrem Dunstkreis schnell voran. Friedensorganisationen wie *Gesto por la Paz* ließen sich nicht politisch vereinnahmen, neue Initiativen wie *Elkarri* entstanden.

Als ein Großteil der baskischen Bevölkerung Terrorakte von ETA sichtbar verurteilte und sich politisch von *Herri Batasuna* abzuwenden schien, andererseits die polizeilichen Maßnahmen zur Zerschlagung mehrerer ETA-Kommandos geführt hatten, änderten die separatistischen Linksnationalisten ihre Taktik. Anfang September 1998 taufte sich *Herri Batasuna* in *Euskal Herritarrok* („Wir baskischen Bürger") um; diese „patriotische" Liste sollte als erweiterte Wahlplattform bei den Regionalwahlen antreten. *Euskal Herritarrok* (EH) übernahm weitgehend das politische Programm von *Herri Batasuna*, welches das Recht auf Selbstbestimmung des baskischen Volkes, eine demokratische Lösung des Gewaltproblems, mehr soziale Gerechtigkeit und die Vereinigung aller Basken (einschließlich derer in der nur teilweise baskischen Provinz Navarra und in Frankreich) forderte.

Wenige Tage nach der Gründung von EH unterzeichneten in Estella (baskisch: Lizarra) die nationalistischen Kräfte des Baskenlandes einen Pakt, der im Wesentlichen einen zuvor präsentierten „Friedensplan" des baskischen Ministerpräsidenten aufgriff und mit den klassischen ETA-Forderungen verband. Er enthielt die Verpflichtung zu allseitigen und offenen, zugleich aber ausschließlich baskischen Verhandlungen über die politische Zukunft des Baskenlandes. Kaum war die „Deklaration von Lizarra" verabschiedet, erklärte ETA einen „unbefristeten und vollständigen Waffenstillstand", der an keine Bedingungen geknüpft war; allerdings behielt sich die Separatistenorganisation vor, zu ihrer Strategie des Terrors zurückzukehren.

In den Monaten, die auf die Ausrufung des Waffenstillstandes durch ETA folgten, kamen sich der PNV und die separatistischen Organisationen immer näher: Gemeinsame Demonstrationen für die Zusammenführung und Annäherung von ETA-Häftlingen, übereinstimmende Erklärungen beider Organisationen sowie die Zusammenarbeit in politischen Fragen charakterisierten die neue politische Szene. Der von ETA ausgerufene Waffenstillstand wurde bis Januar 2000 eingehalten; in der Zwischenzeit griffen allerdings Brandanschläge, Zerstörungen, Aufforderungen zur Zahlung der „Revolutionssteuer" und vor allem Straßenterror (*kale borroka*) durch die Jugendorganisation *Jarrai* – somit ein Terrorismus „niedriger Intensität" – wieder um sich. Außerdem bereitete sich ETA während des Waffenstillstands durch Waffenkäufe, Diebstahl von Sprengstoffen und Verbesserung ihrer Infrastruktur auf neue Attentate vor. Es steht inzwischen fest, daß der Waffenstillstand von Anfang an ein Täuschungsmanöver der Terroristen war.

Im Herbst 1999 sollten die Ereignisse eine weitere dramatische Wendung nehmen. Zum 20. Jahrestag des Erlasses des Autonomiestatuts erklärten die nationalistischen Parteien das „Statut von Gernika" für „beendet"; die Autonomieregelung für das Baskenland wurde als oktroyierte Regelung abgelehnt, da sie „Unterordnung" bedeute; angekündigt wurde ein „Souveränitätsprojekt", das dem Baskenland eine gleichberechtigte Verhandlungsbasis einräumen sollte. Wenige Wochen später, am 28. November 1999, verkündete ETA das Ende ihres Waffenstillstandes. Sie rechtfertigte ihren Schritt mit der angeblich von Spanien und Frankreich ausgeübten „Repression" sowie vor allem mit der Weigerung der Nationalisten des PNV, die extremen Forderungen von ETA zu erfüllen, zu denen dieser sich angeblich in einem Geheimpakt mit ETA verpflichtet hatte. Der PNV leugnete, jemals ein Geheimabkommen mit den Terroristen geschlossen zu haben. Er warnte zwar ETA nachdrücklich vor einer Wiederaufnahme des Terrorismus, führte aber seine parlamentarische Zusammenarbeit mit *Euskal Herritarrok* bedingungslos weiter. Anfang Dezember 1999 brach der PNV endgültig mit der Madrider Regierungspartei und entzog Ministerpräsident Aznar seine parlamentarische Unterstützung. Zugleich kündigte der PNV-Vorsitzende Xabier Arzalluz an, er werde mit der Separatistenorganisation *Euskal Herritarrok* über deren „Souveränitätsprojekt für Euskadi" in ein Gespräch eintreten. Im Januar 2000 sprach sich der PNV-Parteitag für eine „Souveränitätspolitik" neuer Art aus. Damit ließ die Partei zwanzig Jahre Politik auf der Grundlage des Autonomiestatuts hinter sich. Im Laufe des Jahres 2000 kam es zu einer immer deutlicheren Distanzierung des baskischen PNV-Nationalismus von der Madrider Regierung.

Anfang Juni 2002 verabschiedete das spanische Parlament mit überwältigender Mehrheit ein Parteiengesetz, das ein Verbot von Parteien vorsah, die Gewalt und Terrorismus direkt oder indirekt unterstützen. Auf die Partei *Batasuna* zugeschnitten war das nun mögliche Verbot einer solchen Partei, die in ihren Reihen Personen duldet, die wegen Terrorismus verurteilt worden sind und diesem nicht abgeschworen haben.

Am 17. März 2003 erklärte das Oberste Gericht Spaniens *Batasuna* für illegal; die Separatistenpartei mußte sich auflösen. Im April ordnete das Gericht die Auflösung der parlamentarischen *Batasuna*-Gruppen im Baskenland an, ließ allerdings offen, ob die Anordnung auch auf *Sozialista Abertzaleak* zutraf (diese Bezeichnung hatte *Batasuna* schon kurz vor ihrer erwarteten Illegalisierung angenommen). Sämtliche Konten und Guthaben von *Batasuna* wurden beschlagnahmt; die Mittel sollten den Opfern des Terrorismus zugute kommen.

Im September 2002 verkündete Ibarretxe schließlich seinen Plan, den er eine „Initiative für das Zusammenleben" nannte. Für das Baskenland sah der Plan den Status „freier Assoziierung" an Spanien vor. Außerdem konnte das Baskenland institutionelle Verbindungen mit Navarra und den in Frankreich gelegenen baskischen Provinzen aufnehmen. Schließlich sollte es der baskischen Regierung zustehen, internationale Verträge zu schließen und in den EU-Gremien vertreten zu sein. Das Baskenland wurde als „assoziierte Nation" in Europa definiert, die eigenständig Volksbefragungen auf baskischem Territorium durchführen könne. Ein Referendum im Baskenland sollte den Plan demokratisch legitimieren; die Volksbefragung sollte allerdings erst stattfinden, wenn Bedingungen „vollständiger Freiheit" herrschten, d. h., nachdem ETA ihre Terroraktivitäten eingestellt hatte.

Der verfassungsrechtlich bedenklichste Teil des Ibarretxe-Plans bestand im baskischen Selbstbestimmungsanspruch. Das baskische Volk – so hieß es im Plan – „ist kein untergeordneter Teil des Staates"; es verfüge vielmehr über eine „originäre Souveränität" und das „Recht, befragt zu werden, um über seine eigene Zukunft in Übereinstimmung mit dem Selbstbestimmungsrecht zu entscheiden". Die Verfassung von 1978 übertrug die Souveränität aber „dem spanischen Volk"; außerdem proklamierte sie die „unauflösliche Einheit der spanischen Nation", was dazu führte, daß Verfassungsrechtler den Ibarretxe-Plan für unvereinbar mit der spanischen Verfassung hielten.

Am 30. Dezember 2004 verabschiedete das baskische Parlament den „Freistaatsplan" Ibarretxes, wobei drei (der verbliebenen sechs) *Batasuna*-Abgeordnete, die ihre Mandate trotz der Illegalisierung ihrer Partei behalten durften, dem Plan über die entscheidende Hürde der absoluten Parlamentsmehrheit verhalfen. Anfang Februar 2005 brachte Ibarretxe seinen Freistaatsplan sodann in das spanische Parlament ein; dieses lehnte den Plan erwartungsgemäß mit der überwältigenden Mehrheit der Sozialisten und Konservativen ab. Während der baskische Regierungschef trotzdem ein Referendum über seine Absichten ankündigte, bot Rodríguez Zapatero einen Neubeginn mit einer einvernehmlichen und verfassungskonformen Reform des Autonomiestatuts von Gernika aus dem Jahr 1979 an. Unmittelbar nach seiner Niederlage im spanischen Parlament kündigte Ibarretxe für den 17. April vorgezogene Neuwahlen im Baskenland an.

Das Wahlergebnis war sodann überraschend und widersprach allen Vorhersagen: Die seit vier Jahren regierende Koalition aus PNV und zwei kleineren Parteien erhielt keine Mehrheit für eine abermalige Regierungsbildung; im 75-köpfigen baskischen Parlament ging ihre Abgeordnetenzahl vielmehr von 36 auf 32 zurück. Die beiden nicht-nationalistischen Parteien – Sozialisten und Konservative – stellten zusammen 33 Abgeordnete. Somit war im Parlament eine Art Pattsituation eingetreten. Die erstmals angetretene radikale „Kommunistische Partei der Baskischen Länder" (*Partido Comunista de las Tierras Vascas – Euskal Herrialdeetako Alberdi Kommunistak*, PCTV-EHAK) war nun mit neun Abgeordneten vertreten. Das Ergebnis der baskischen Parlamentswahl und die augenscheinliche Schwäche von ETA ließen in Spanien wieder die Hoffnung auf ein Ende der Gewalt keimen.

Im Frühjahr 2006 verdichteten sich die Hinweise auf eine bevorstehende Grundsatzerklärung von ETA. Am 22. März war es schließlich soweit: ETA erklärte eine „dauerhafte Waffenruhe", die am 24. März beginnen sollte. In einer vom baskischen Fernsehen ausgestrahlten Videoaufzeichnung nannte eine vermummte ETA-Sprecherin den Gewaltverzicht einen „Anstoß zu einem demokratischen Prozeß". In der Erklärung verlangte die Terrorgruppe eine Anerkennung der Rechte der Basken als „Volk" und eine Garantie dafür, daß im Baskenland „alle politischen Optionen" möglich sein sollten. (Diese Forderung war eine Umschreibung für die Wiederzulassung der verbotenen *Batasuna*-Partei.) Am Abschluß des „demokratischen Prozesses" müsse die Ausübung des Selbstbestimmungsrechts der Basken stehen; wörtlich hieß es: „Am Ende dieses Prozesses müssen die baskischen Bürger das Wort haben und über ihre Zukunft entscheiden können." Der spanische und der französische Staat müßten die Ergebnisse „ohne irgendeine Einschränkung" anerkennen.

Die Reaktionen auf die ETA-Ankündigung waren überwiegend von Erleichterung und Zuversicht geprägt. Ministerpräsident Zapatero sprach von einem „langen und schwierigen" Weg, der nun bevorstehe, während Oppositionsführer Rajoy sofort davor warnte, den Terroristen durch Konzessionen bei Verhandlungen einen „politischen Preis" zu bezahlen. Der Regierungschef bot der konservativen Opposition enge Zusammenarbeit bei den bevorstehenden Verhandlungen an. Kommentatoren wiesen darauf hin, daß auch in der Erklärung vom 22. März nicht die Rede von einer ETA-Auflösung oder von einer Ablieferung der Waffen sei; Skepsis bleibe angesagt.

Im Gefolge des Waffenstillstands äußerten sich alle politischen Kräfte zur Zukunft des Baskenlandes. Der PNV-Vorsitzende Josu Jon Imaz trat im Namen seiner Partei wieder für die alte nationalistische Forderung nach „territorialer Einheit der baskischen Nation" (unter Einbeziehung Navarras und der drei südwestfranzösischen Departements) ein; die Souveränität über dieses „Großbaskenland" könne mit Spanien, Frankreich und Europa „geteilt" werden. Ministerpräsident Zapatero bot zwar der konservativen Opposition ein enges Zusammengehen in allen Fragen der Antiterrorismuspolitik an; der Oppositionsführer Mariano Rajoy warf dem Ministerpräsidenten jedoch ein „Attentat auf den Rechtsstaat" vor, da er zur Beendigung der Gewalt in einen Dialog mit ETA eintreten wolle und bereits vor einem definitiven Gewaltverzicht Kontakte mit der verbotenen Partei *Batasuna* unterhalte. Damit war der früher zwischen den beiden großen Parteien geschlossene Anti-Terror-Pakt endgültig gebrochen; fortan gab es nur noch Vorwürfe,

Mißtrauen und ständige Unterstellungen. Vergiftet war das Klima auch zwischen den Opferverbänden. Die Vereinigung der ETA-Opfer (*Asociación de Víctimas del Terrorismo*, AVT) protestierte auf Großkundgebungen – mit Unterstützung der parlamentarischen Opposition – vehement gegen den Regierungskurs. Die Haltung gegenüber ETA spaltete auch den im Baskenland regierenden PNV. Der Parteivorsitzende Imaz plädierte nachdrücklich dafür, jegliche politische Veränderung im Baskenland an ein Ende der Gewalt zu koppeln und stets ein zwischen nationalistischen und nicht-nationalistischen Kräften gemeinsam ausgehandeltes Ziel anzustreben. Demgegenüber ging der PNV-Vorsitzende von Guipúzcoa, Joseba Egibar, davon aus, daß die (knappe) nationalistische Mehrheit durchaus für weitreichende politische Initiativen genügte und die Souveränität des Baskenlandes auch bei Fortbestehen des ETA-Terrorismus angestrebt werden sollte.

Ende Juni 2006 kündigte Zapatero die Aufnahme direkter Verhandlungen mit ETA an; zugleich stellte er klar, daß seine Regierung „keinen politischen Preis für den Frieden" zahlen und mit ETA keine „politischen Verhandlungen" führen werde. Kernpunkte der Gespräche sollten der endgültige Gewaltverzicht, die Waffenniederlegung der Terroristen, die Auflösung von ETA und das Schicksal der mehr als 600 in Spanien und Frankreich inhaftierten *etarras* sein. Die von den radikalen Nationalisten geforderte Anerkennung eines „Selbstbestimmungsrechts" der Basken und die Angliederung der Nachbar-Region Navarra an das Baskenland lehnte Zapatero erneut ab. Offensichtlich war keine Annäherung zwischen den Lagern zu registrieren, denn noch im August – also vor Beginn der Verhandlungen – ließ ETA als Druckmittel die Straßengewalt jugendlicher Sympathisanten (*kale borroka*) wiederaufleben. Es kam immer wieder zu Brandanschlägen auf Busse, Bahnhöfe und Bankautomaten, was die spanische Regierung in eine zunehmend schwierige Lage brachte. Auch die Erpressung baskischer Industrieller und der Diebstahl von Waffen wurden fortgesetzt.

Am 30. Dezember 2006 fand der „Waffenstillstand" von ETA ein ebenso überraschendes wie gewaltsames Ende: Eine Bombe explodierte in einem Terminal des Madrider Flughafens und hinterließ zwei Tote und etliche Verletzte. Die spanische Regierung erklärte den „Friedensprozeß" für gescheitert und unterbrach sämtliche Gespräche mit der Terrororganisation; *Batasuna* hielt demgegenüber den Prozeß für „nicht beendet" und machte für das Attentat Zapatero verantwortlich, der in den vergangenen Monaten seit Ausrufung des Waffenstillstands kein Entgegenkommen gezeigt habe. Und ETA sprach davon, daß der „Waffenstillstand" weiterhin gültig sei, die Regierung nun aber endlich „handeln" müsse.

Vorerst handelte die Justiz. Während in den vorhergehenden Monaten seit Verkündung des Waffenstillstands die Richter demonstrativ zurückhaltend bei Verurteilungen politischer Gewalttäter waren, wurden noch im Januar 2007 die drei der ETA nahestehenden Jugendorganisationen *Jarrai, Haika* und *Segi* – die hinter dem jugendlichen Straßenterror standen – vom Obersten Gerichtshof als „terroristische Organisationen" verboten. Im Juni wurde der Führer der ETA-nahen Partei *Batasuna*, Arnaldo Otegi, „wegen Verherrlichung des Terrorismus" inhaftiert. Anfang Oktober wurde sodann der gesamte *Batasuna*-Vorstand, der die Partei in der Illegalität reorganisiert hatte und als Instrument der Gewaltaktionen von ETA einsetzen wollte, festgenommen. Die Polizeiaktion wurde von *Batasuna* als „Kriegserklärung" bezeichnet. Ende November 2007 schlug die Justiz abermals zu: Sie verhaftete zahlreiche Verdächtige aus dem radikalnationalistischen Umfeld der Organisationen Ekin, KAS und Xaki, die als ziviles Netz von ETA gelten. Damit setzte sich der Richter Baltasar Garzón durch, der seit Jahren behauptet hatte, daß das zivile Unterstützernetz von ETA genauso gefährlich sei wie die militanten „Kommandos" der Terrororganisation. Und schon im Dezember verurteilte der Nationale Gerichtshof die 47 Angeklagten aus dem „Umfeld von ETA" zu hohen Haftstrafen.

Im April 2007 trat eine „neue" politische Formation an die Öffentlichkeit, um an den Kommunalwahlen von Mai 2007 teilnehmen zu können: *Acción Nacionalista Vasca* (ANV, Baskisch-Nationalistische Aktion), die sich schon in den 1930er Jahren als linke PNV-Abspaltung konstituiert hatte und später dann (ab 1978) bis 2002 ein Teil von *Herri Batasuna* bzw. *Batasuna* war. Obwohl die illegale Partei *Batasuna* jede Verbindung mit ANV leugnete, wiesen politische Beobachter sofort darauf hin, daß es sich bei der alt-neuen Partei um einen Ersatz für *Batasuna* handelte. Tatsächlich traten dann bei den Kommunalwahlen zwei politische Formationen an (ANV und *Abertzale Sozialisten Batasuna*, ASB), deren rund 1000 Kandidaten zu einem nicht unerheblichen Teil aus den *Batasuna*-Reihen stammten. Der Oberste Gerichtshof annullierte daraufhin auf Antrag der Regierung 379 Listen der radikalnationalistischen Linken; nur 123 ANV-Listen blieben bestehen, was für den oppositionellen *Partido Popular* Anlaß genug war, der Regierung abermals vorzuwerfen, sie ermögliche die „Rückkehr" von ETA in die Institutionen Euskadis und Navarras. Vorerst wurde ANV nicht illegalisiert, weil die Justizbehörden hierzu keine Handhabe sahen. Bei den Kommunalwahlen vom 27. Mai 2007 eroberte die ANV 25 Bürgermeisterposten und in 15 weiteren Kommunen eine relative Mehrheit. Insgesamt sprach sich *Batasuna* 187000 Stimmen zu – wobei sie die „ungültigen" (wegen ihrer Illegalisierung) und die ANV-Stimmen zusammenzählte.

Wenige Tage nach den Kommunalwahlen vom 27. Mai 2007 erklärte ETA am 5. Juni den von ihr 15 Monate zuvor ausgerufenen „permanenten Waffenstillstand" für beendet; sie kehre zum bewaffneten Kampf „an allen Fronten" zurück, da der spanische Staat weiterhin die Rechte des Baskenlandes unterdrücke und die Aggressionen gegen „Euskal Herria" zugenommen hätten. Damit endete der (vorerst letzte) Versuch, ein ausgehandeltes Ende der Gewalt zu erreichen. Abermals bewies ETA, daß die Terrororganisation zu keinen Kompromissen bezüglich ihrer maximalistischen Ziele bereit war; und abermals wurde deutlich, daß eine demokratisch gewählte Regierung, deren Handlungsgrundlage die Verfassung sein muß, in den Kernfragen den Separatisten nicht entgegenkommen kann. Nachdem nach Aufkündigung des „Waffenstillstands" durch ETA die Justiz weit härter als zuvor durchgriff, wurde Ende 2007 immer deutlicher, daß die Regierung entschlossen war, ANV illegalisieren zu lassen, da in der Zwischenzeit verdeckte Beziehungen zwischen ANV und ETA nachgewiesen worden waren.

Ende August 2007 kündigte Ibarretxe an, er werde im Baskenland einen „Volksentscheid über das Recht auf Selbstbestimmung" herbeiführen, unabhängig davon, was ETA in der Zwischenzeit unternehme. Damit provozierte er nicht nur die spanische Zentralregierung, die sofort auf die Illegalität einer derartigen Abstimmung hinwies, sondern auch den gemäßigten PNV-Vorsitzenden Imaz, der für ein breites Bündnis aller politischen Kräfte im Baskenland eintrat. In Anbetracht einer bevorstehenden Spaltung des PNV über die entscheidende Frage, welche Position gegenüber ETA und der Zukunft des Baskenlandes einzunehmen sei, entschied sich Imaz für einen Rückzug aus dem Vorsitz des PNV. Allerdings überließ er das Feld nicht völlig kampflos den „Souveränitätsverfechtern" in der Partei; denn es galt als ausgemacht, daß sein Rivale Joseba Egibar ebenfalls auf eine Kandidatur verzichten würde. Statt dessen sollte der PNV-Vorsitzende Vizcayas – Iñigo Urkullu – als Kompromißkandidat den Vorsitz übernehmen. (Anfang Dezember 2007 wurde

Urkullu erwartungsgemäß zum neuen PNV-Vorsitzenden gewählt.) Die spanische Regierung bedauerte den Rückzug von Imaz außerordentlich, war er doch jahrelang ihr vertrauensvollster Dialogpartner im Baskenland in allen Fragen des Antiterrorkampfes gewesen.

Ende September 2007 gab der *lehendakari* (Ministerpräsident der autonomen Region Baskenland) Ibarretxe sodann den genauen Zeitplan seiner politischen Pläne bekannt: Bis Juni 2008 sollte eine Abmachung mit der Zentralregierung erfolgen, die das „Recht der Basken auf Selbstbestimmung" festlegte. Im Juni sollte dann im baskischen Parlament das Gesetz verabschiedet werden, das die Volksbefragung auf den 25. Oktober 2008 terminierte, unabhängig davon, ob die Zentralregierung damit einverstanden sein würde oder nicht. Diese erste Volksbefragung sollte die Regierung zu Verhandlungen mit den verschiedenen baskischen Parteien ermächtigen, von denen ein Unabhängigkeitsplan ausgearbeitet werden sollte, der in der zweiten Jahreshälfte 2010 dem endgültigen Volksentscheid unterworfen würde. Wenige Tage nach der Ankündigung des PNV-Vorsitzenden Imaz, nicht wieder für den Parteivorsitz zu kandidieren, brach Ibarretxe mit der Veröffentlichung seiner Pläne sämtliche Brücken zu den nicht-nationalistischen Parteien des Baskenlandes und zur Madrider Regierung ab. Der (Noch-)Parteivorsitzende Imaz mußte sich düpiert vorkommen. Der PNV-Parteitag verabschiedete im Dezember 2007 außerdem ein politisches Programm, das zwischen den beiden sich gegenüberstehenden Parteiflügeln ausgehandelt worden war. Das neue Programm integrierte die beiden Prinzipien, zwischen denen der PNV seit Jahrzehnten hin- und herpendelte: Paktismus (mit dem spanischen Staat) und Souveränitätsstreben (mit dem Ziel der Unabhängigkeit). Dementsprechend betonte das Programm auch „das Recht [des Baskenlandes] zu entscheiden".

Anfang 2008 sah das politische Panorama des Baskenlands nicht positiv aus: Trotz vieler politischer Erfolge war der ETA-Apparat nicht zerschlagen; die Bande mordete weiter. Im PNV hatte der radikalnationalistische Flügel die Oberhand gewonnen, der baskische Regierungschef bestand auf der Weiterverfolgung seiner Sezessionspläne und die Beziehungen mit Madrid waren außerordentlich gespannt. Das „baskische Problem" schien einer Lösung ferner denn je.

AUSWAHLBIBLIOGRAPHIE

Abascal Conde, Santiago: ¿Derecho de autodeterminación?: Sobre el pretendido derecho de secesión del „Pueblo Vasco", Madrid 2004.
Agirreazkuenaga, Joseba, et al.: Historia de Euskal Herria, 10 Bände, San Sebastián 1980–1982.
Agirreazkuenaga, Joseba (Hrsg.): Gran Atlas Histórico del Mundo Vasco, Bilbao 1994.
Allieres, Jacques: Les basques, Paris 1977 (3. Aufl. 1986).
Álvarez Urcelay, Milagros, et al.: Historia de Navarra, San Sebastián 1990.
Aranzadi, Juan: Good-Bye, ETA, San Sebastián 2005.
Baeza, Álvaro L.: El Plan Ibarretxe: los protagonistas, Madrid 2005.
Barandiarán, José Miguel: El hombre prehistórico en el País Vasco, Buenos Aires 1953.
Barbero, Abilio/Vigil, Marcelo: Sobre los orígenes sociales de la Reconquista, Esplugues de Llobregat 1974.
–: La formación del feudalismo en la Península Ibérica, Barcelona 1978.
Barrena, Elena: La formación histórica de Guipúzcoa, San Sebastián 1989.
Caro Baroja, Julio: Los Vascos, San Sebastián 1949.
–: Linajes y Bandos. A propósito de la nueva edición de 'Las bienandanzas e fortunas', Bilbao 1956.
–: Los pueblos del Norte, San Sebastián 1973 (2. Aufl.).
Clark, Robert P.: The Basques: The Franco years and beyond, Reno 1979.
Corcuera Atienza, Javier: Orígenes, ideología y organización del nacionalismo vasco 1876–1904, Madrid 1979.
Davant, Jean Louis: Historia del Pueblo Vasco, Zarautz 1990.
Díaz Herrera, José: Los mitos del nacionalismo vasco de la Guerra Civil a la secesión, Barcelona 2005.
Esteban, Milagros: El País Vasco atlántico en época romana, San Sebastián 1990.
Euskaltzaindia (Akademie der Baskischen Sprache): El libro blanco del euskara, Bilbao 1977.
Eusko Jaurlaritza (Baskische Regierung): II. Euskal Mundu-Biltzarra. II Congreso Mundial Vasco. Historia de Euskal Herria, 7 Bände, Vitoria 1988.
–: Euskararen Jarraipena. La continuidad del euskera, Vitoria 1995.
Extramiana, José: Historia de las guerras carlistas, 2 Bände, San Sebastián 1979–1980.
Fernández Albadalejo, Pablo: La crisis del Antiguo Régimen en Guipúzcoa. 1766-1833, Madrid 1975.

Fernández de Pinedo, Emiliano: Crecimiento económico y transformaciones sociales del País Vasco (1100–1850), Madrid 1974.
Fusi, Juan Pablo: Política obrera en el País Vasco 1880–1923, Madrid 1975.
–: El problema vasco en la Segunda República, Madrid 1979.
–: El País Vasco. Pluralismo y nacionalidad, Madrid 1984.
García de Cortázar, Fernando: Historia de Alava, 2 Bände, San Sebastián 1986.
García de Cortázar, Fernando/Lorenzo Espinosa, José María: Historia del País Vasco, San Sebastián 1988.
García de Cortázar, Fernando/Montero, Manuel: Historia de Vizcaya, 2 Bände, San Sebastián 1980.
Garitaonandía, Carmelo/Granja, José Luis de la (Hrsg.): La guerra civil en el País Vasco. 50 años después, Bilbao 1987.
Garmendia, José María: Historia de ETA, 2 Bände, San Sebastián 1979/1980.
Gómez Pineiro, Francisco Javier, et al.: Geografía de Euskal Herria, 5 Bände, San Sebastián 1979–1983.
González Portilla, Manuel/Garmendia, José María: La guerra civil en el País Vasco. Política y economía, Madrid und Leioa 1988.
–: La posguerra en el País Vasco, San Sebastián 1988.
Goyheneche, Eugène: Le Pays Basque. Soule-Labourd-Basse-Navarre, Pau 1979.
–: Historia de Iparralde, San Sebastián 1985.
Granja, José Luis de la: El siglo de Euskadi, Madrid 2003.
Granja, José Luis de la: Nacionalismo y II República en el País Vasco, Madrid 1986.
–: República y guerra civil en Euskadi (Del Pacto de San Sebastián al de Santona), Bilbao 1990.
–: El nacionalismo vasco: un siglo de historia, Madrid 1995.
Haritschelhar, Jean (Hrsg.): Etre basque, Toulouse 1983.
Humboldt, Wilhelm von: „Die Vasken", in: Werke II (7 Bände), Darmstadt 1961 (Berlin 1841), S. 418–627.
Intxausti, Joseba (dir.): Euskal Herria. Proyecto y realidad, 2 Bände, San Sebastián 1985.
Jacob, James E.: Hills of conflict. Basque nationalism in France, Reno 1994.
Labayru, Estanislao: Historia General del Señorío de Vizcaya, 8 Bände, Bilbao 1967–1973 (1. Aufl. 1895–1903).
Lacarra, José María: Historia política del Reino de Navarra, 3 Bände, Pamplona 1973.
Larrea, María Angeles/Mieza, Rafael: Introducción a la Historia del País Vasco, Madrid 1987. (Introduction to the History of the Basque Country, Bilbao 1991.)
Letamendía, Francisco (Ortzi): Historia de Euskadi: El nacionalismo vasco y ETA, Paris 1975 und Barcelona 1977.
–: Historia del nacionalismo vasco y ETA, 4 Bände, San Sebastián 1994.
Lizundia, Julen (Hrsg.): Atlas de Euskal Herria, San Sebastián 1982.

Lorenzo Espinosa, José María: Historia de Euskal Herria. El nacimiento de una nación, Tafalla 1995.

Mees, Ludger: Nationalism, Violence and Democracy. The Basque Clash of Identities, Hampshire 2003.

Mees, Ludger: Nacionalismo vasco, movimiento obrero y cuestión social (1903–1923), Bilbao 1992.

–: Entre nación y clase. El nacionalismo vasco y su base social en perspectiva comparativa, Bilbao 1991.

Michelena, Luis: Problemas de la prehistoria y de la etnología vascas, Pamplona 1966.

Montero, Manuel: Historia del País Vasco, San Sebastián 1995.

Otazu, Alfonso: El „igualitarismo" vasco: mito y realidad, San Sebastián 1973.

Pablo, Santiago de/Mees, Ludger/Rodríguez Ranz, José A.: El péndulo patriótico, Barcelona 2005.

Payne, Stanley G.: El nacionalismo vasco, desde sus orígenes a E. T. A., Madrid 1974.

Sayas, Juan José: Los vascos en la antigüedad, Madrid 1994.

Schuchardt, Hugo: Primitiae Linguae Vasconum. Einführung ins Baskische, Tübingen 1968, XXIV, 38 S. (Erstauflage: Halle 1923, VIII, 33 S.).

Sullivan, John: ETA and basque nationalism. The fight for Euskadi, London und New York 1988.

Ugalde, Martín de: Nueva Síntesis de la Historia del País Vasco, 2 Bände, San Sebastián 1983.

Valverde, Lola: Historia de Guipúzcoa, San Sebastián 1984.

Waldmann, Peter: Militanter Nationalismus im Baskenland, Frankfurt am Main 1990.

Woodworth, Paddy: Dirty War, Clean Hands. ETA, the GAL and Spanish Democracy, Cork 2001.

ZEITTAFEL

7000 Jahre	Alter des ersten im Baskenland gefundenen Skeletts.
3500 v. Chr.	Beginn des Neolithikums im Baskenland.
2000 v. Chr.	Beginn des Zeitalters der Metalle im Baskenland.
900 v. Chr.	Durchzug der Kelten und teilweise Niederlassung im mediterranen Baskenland.
Seit 178 v. Chr.	Romanisierung des Baskenlandes im mediterranen Gebiet vollständig, im atlantischen Gebiet nur teilweise.
75/74 v. Chr.	Gründung von *Pampaelo* (heute Pamplona) durch Pompeius.
2. Jh.	Gründung der römischen Provinz *Novempopulania* in Aquitanien.
3.–5. Jh.	Krise in den römisch-baskischen Beziehungen; Aufstände der Landbevölkerung (*bagaudae*); Anlage römischer befestigter Städte in den Randgebieten des Baskenlandes.
4./5. Jh.	Beginn der Christianisierung (erst im Spätmittelalter abgeschlossen).
Seit 409	Völkerwanderung: Schwaben, Alanen und Westgoten ziehen durch das Baskenland.
Ende des 5. Jh.	Stabilisierung der neuen Nachbarvölker: Franken im Norden und Westgoten im Süden.
Seit Ende des 6. Jh.	Westgotisches Streben nach Dominierung des Baskenlandes, u. a. durch die Gründung von *Victoriaco* (581; heute Vitoria) und die Anlage der Festung Olite (621).
Anfang des 7. Jh.	Gründung der Grafschaft *Vasconia* (später Gascogne) innerhalb Aquitaniens bzw. des Frankenreiches.
Anfang des 8. Jh.	Vordringen der Araber in die Randgebiete des südlichen Baskenlandes.
778	Schlacht von Roncesvalles: Überfall eines fränkischen Heeres durch die Basken.
816–851	Herrschaft von Iñigo Arista über das christliche Pamplona.
9.–11. Jh.	Innerhalb des navarrischen Einflußbereichs Herausbildung der Grafschaften Bizkaia, Alava und Gipuzkoa und der Vizegrafschaften Labourd und Soule.
905	Einführung der erblichen Monarchie von Pamplona unter König Sancho Garcés I.
1000–1035	Höhepunkt der Macht des Königreichs Pamplona unter König Sancho dem Großen (*Sancho el mayor*), „König aller Basken".

Zeittafel

1035	Beim Tod König Sanchos Teilung des Königreichs unter seine Söhne.
1076	Auflösung des Königreichs Pamplona: Gipuzkoa, Alava und Bizkaia fallen an Kastilien, das Kerngebiet Navarras an Aragón.
Seit 1090	Städtegründungen am Jakobsweg, dem Pilgerweg nach Santiago de Compostela, auf seinem Weg durch Navarra; erste Städte sind Sangüesa und Estella.
1134	Nach dem Tod des kinderlosen aragonesischen Königs Alfons I. erneute Unabhängigkeit des Königreichs Navarra; auch Gipuzkoa, Alava und Bizkaia geraten wieder unter navarrischen Einfluß.
12. Jh.	Städtegründungen in Navarra und Alava aus wirtschaftlichen und militärischen Gründen, u.a. Vitoria im Jahr 1181.
1152	Durch Heiratsverbindung werden die Könige von England zu Herzögen von Aquitanien.
1174	Bayonne erhält innerhalb des englischen Einflußbereichs die Stadtrechte.
1179–1200	Bizkaia, Alava und Gipuzkoa fallen endgültig an Kastilien.
1181	Gründung von San Sebastián durch den König von Navarra, aus Interesse am Seehandel.
1193	Labourd wird direkt der englischen Verwaltung unterstellt.
1194–1249	Integration der Territorien Nieder-Navarras in das Königreich Navarra.
1234	Mit König Theobald I. gerät Navarra unter französischen Einfluß.
1253	Ausdehnung des englischen Herrschaftsbereichs auf Soule.
13./14. Jh.	Städtegründungen an der Küste und an den wichtigsten Handelsstraßen in Bizkaia und Gipuzkoa; Gründung von Bilbao im Jahr 1300.
1285–1314	Philipp IV., der Schöne, König von Frankreich und Navarra.
1328	Nach dem Tod Karls IV. Trennung der Kronen von Navarra und Frankreich; Navarra bleibt unter dem Einfluß französischer Adelsfamilien.
1362–1379	Verlust sämtlicher französischer Besitzungen der Könige von Navarra.
14./15. Jh.	Schwere Wirtschafts- und Sozialkrise im Baskenland: Höhepunkt der Bandenkriege zwischen den *Ahaide Nagusiak/Parientes Mayores*; Einrichtung der *Hermandades* (Polizeitruppen zur Bekämpfung der Banden); zahlreiche Städtegründungen als Schutzmaßnahme vor den Banden-

	kriegen; Sieg der *Hermandades*; Entmachtung der feudalen und vorfeudalen Eliten im atlantischen Baskenland.
1447–1452	Bürgerkrieg in Navarra um die Thronfolge.
1449 u. 1451	England verliert Labourd (1449) und Soule (1451) an Frankreich.
1512	Besetzung Navarras unter Ferdinand dem Katholischen und Anschluß an Kastilien.
1530	Rückzug der kastilischen Truppen aus Nieder-Navarra; Fortsetzung der navarrischen Monarchie in Nieder-Navarra (1620 definitive Vereinigung mit der französischen Krone).
15./16. Jh.	Wirtschaftliche Erholung im gesamten Baskenland: Aufschwung der eisenschaffenden Industrie; im 16. Jh. ist Bizkaia wichtigster Eisenlieferant Westeuropas; Entwicklung der Hochseefischerei; baskische Fischer im Nordatlantik; Zunahme des Seehandels und des Schiffbaus; 1511 wird das „Konsulat und Handelshaus von Bilbao" gegründet.
17. Jh.	Wirtschaftliche Veränderungen: Rückgang der europäischen Nachfrage nach baskischem Eisen; Maisrevolution im atlantischen Baskenland; Verlust der Fischfanggründe im Nordatlantik; Bilbao wird der wichtigste Hafen für die kastilische Wollausfuhr; Ende des 17. Jh. Blütezeit Bayonnes in Handel und Schiffbau.
17./18. Jh.	Zahlreiche Volksaufstände (*Matxinada*) gegen die Einschränkung der baskischen Freiheiten durch die Zentralregierungen Frankreichs und Spaniens.
Um 1700	Aufstieg des Handelsbürgertums von San Sebastián, Bilbao und Bayonne, besonders dank der Kontrolle des internationalen Handels durch das einheimische Bürgertum.
1728	Gründung der „Königlichen Handelsgesellschaft Gipuzkoa-Caracas" (*Real Compañía Guipuzcoana de Caracas*); Blütezeit bis 1740.
18. Jh.	Wirtschaftsaufschwung: Blütezeit des Schiffbaus in Bayonne, Saint-Jean-de-Luz, Pasaia (Gipuzkoa) und Zorroza (bei Bilbao); Aufschwung des Handels und der eisenschaffenden Industrie; Höhepunkt der Maisrevolution.
1765	Gründung der „Königlichen Gesellschaft der Freunde des Baskenlandes" (*Real Sociedad Bascongada de Amigos del País*); nach 1785 Rückfall in die Bedeutungslosigkeit.
Ende des 18. Jh.	Schwere strukturelle Krise in Landwirtschaft, Handel und Industrie.
1789	Französische Revolution; in ihrer Folge Abschaffung der traditionellen Institutionen und Sonderrechte im nördlichen Baskenland.
1790	Bildung des Departements der Unteren Pyrenäen (*Basse-*

Zeittafel

	Pyrénées, seit 1969 *Pyrénées Atlantiques*), zu dem das nördliche Baskenland und die Region des Béarn gehören.
1793–1795	Krieg zwischen dem revolutionären Frankreich und der spanischen Monarchie; zeitweilige Besetzung von Teilen des südlichen Baskenlandes durch französische Truppen.
1808–1813	Volkskrieg gegen Napoleon (Spanischer Unabhängigkeitskrieg; Francesada) mit reger Guerrilla-Aktivität im Baskenland.
1820–182	Liberale „Drei konstitutionelle Jahre" (*Trieno Constitucional*): allmähliche Abschaffung der baskischen Fueros; Entstehung von Guerrilla-Bewegungen; im April 1823 Invasion eines französischen Heeres und Restauration des Absolutismus und der Fueros.
1823–1833	„Ominöse Dekade" (*Ominosa Década*): häufige Verletzungen der Fueros.
1833–1839	Erster Karlistenkrieg: Beherrschung des Baskenlandes durch die Karlisten, mit Ausnahme der Städte; Friedensschluß durch den Kompromiß des Abkommens von Bergara (*Convenio de Bergara*).
1836	Desamortisationsgesetz des spanischen Wirtschaftsministers Mendizábal, im Baskenland erst nach Kriegsende wirksam.
1841	Gesetz *Ley Paccionada* in Navarra: definitive Integration Navarras in den spanischen Staat, Aufgabe der Fueros, im Gegenzug weitgehende fiskale Autonomie.
Mitte des 19. Jh.	Beginn der Industrialisierung in Bizkaia und Gipuzkoa: Fortschritte im Bergbau und in der metallurgischen Industrie; erste Hochöfen und Papierfabriken; Gründung der *Banco de Bilbao* (1875).
Seit Mitte des 19. Jh.	Tourismus in Bayonne, San Sebastián und anderen Küstenorten.
1855	Spanisches Gesetz zur Desamortisation von Gemeinschaftsland.
1855–1864	Anlage von Bahnlinien und damit infrastrukturelle Integration der baskischen Territorien in die Wirtschaften Spaniens und Frankreichs.
1872–1876	Zweiter Karlistenkrieg: Beherrschung des Baskenlandes durch die Karlisten, mit Ausnahme der Städte; militärische Niederlage der Karlisten; Abschaffung der Fueros in Alaya, Bizkaia und Gipuzkoa.
1878	Einrichtung der fiskalen Autonomie für Alava, Bizkaia und Gipuzkoa durch die „Wirtschaftlichen Konzerte" (*Conciertos Económicos*).
1878–1910	Eisenerzabbau in Bizkaia als Motor der Industrialisierung im atlantischen Baskenland; Gründung bedeutender me-

	tallurgischer Unternehmen (*Forges de l'Adour* 1881, *Altos Hornos de Vizcaya* 1902), Werften (*Euskalduna* 1900) und Banken (*Banco de Vizcaya* 1901); Bevölkerungsexplosion in den Küstengebieten.
Seit 1879	Entstehung der Arbeiterbewegung in Bizkaia durch die Gründung der „Sozialistischen Arbeiterpartei Spaniens" PSOE (1879) und der sozialistischen Gewerkschaft UGT (1888).
Seit 1893	Entstehung der Bewegung des baskischen Nationalismus durch Sabino Arana Goiri; Gründung der „Baskischen Nationalistischen Partei" EAJ-PNV (1895) und der nationalistischen Arbeitergewerkschaft ELA-SOV (1911; später ELA-STV); von Bilbao ausgehend, allmähliche Expansion der Ideologie des baskischen Nationalismus.
Seit 1901	Erschließung von Stromquellen durch Wasserkraft; Anlage der bedeutsamsten Stauanlagen Europas im Baskenland und in Kastilien durch baskische Unternehmen.
1914–1918	Erster Weltkrieg: 6000 Soldaten aus dem nördlichen Baskenland lassen ihr Leben.
1917	Gründung der „Gesellschaft für Baskische Studien" *Eusko Ikaskuntza*.
1919	Gründung der „Akademie der Baskischen Sprache" *Euskaltzaindia*.
1930–1935	Schwere Wirtschafts- und Finanzkrise im Zuge der Weltwirtschaftskrise.
14. 4. 1931	Ausrufung der spanischen Republik im Ort Eibar in Spanien.
17. 7. 1936	Militäraufstand und Beginn des Spanischen Bürgerkriegs (Pamplona war eines der wichtigsten Zentren der republikfeindlichen Verschwörung): in Navarra und Alava Sieg der Rebellen innerhalb weniger Tage; im September Fall Gipuzkoas; nur Bizkaia bleibt auf seiten der Republik.
1. 10. 1936	Annahme des baskischen Autonomiestatuts durch das spanische Parlament; José Antonio Aguirre wird *Lehendakari*, d. h. Präsident der Regierung von *Euskadi*, das Alava, Bizkaia und Gipuzkoa umfassen soll.
26. 4. 1937	Bombardierung der baskischen Symbolstadt Gernika durch die Flugzeuge der deutschen Legion Condor als Hilfstruppen des aufständischen spanischen Militärs.
Mitte Juni 1937	Eroberung Bizkaias durch die Rebellen; Erklärung von Bizkaia und Gipuzkoa zu Verräterprovinzen und Entzug ihrer fiskalen Sonderrechte der *Conciertos Económicos*; Ende des Spanischen Bürgerkriegs im Baskenland (in Spanien am 1. 4. 1939); Einrichtung der franquistischen Diktatur.

Zeittafel 235

1939–1945	Zweiter Weltkrieg: Besetzung der französischen Atlantikküste durch die Deutschen, einschl. Labourds und des westlichen Nieder-Navarra von Juni 1940 bis August 1944.
1959–1973	Spanischer Wirtschaftsaufschwung: starker Industrialisierungsschub in den vier Provinzen des südlichen Baskenlandes; Bevölkerungsexplosion in Bizkaia, Gipuzkoa, Vitoria und Pamplona aufgrund hoher Einwanderung.
1959	Entstehung der radikal-nationalistischen Gruppe ETA (*Euskadi ta Askatasuna* = „Baskenland und Freiheit") mit dem Ziel der Befreiung des Baskenlandes durch den bewaffneten Kampf, seit 1961 Verübung von Sabotageakten; 1968 erste Todesopfer.
Seit 1963	Teilnahme verschiedener kleiner baskisch-nationalistischer Parteien an den Wahlen im nördlichen Baskenland.
Dezember 1970	Prozeß von Burgos gegen 15 ETA-Mitglieder: als Schauprozeß der Diktatur geplant, bringt er der ETA weltweit Sympathien ein.
10.12.1973	Ermordung des spanischen Ministerpräsidenten Luis Carrero Blanco durch die ETA.
Seit 1973	Brand- und Bombenanschläge im nördlichen Baskenland durch die linksnationalistische Gruppe *Iparretarrak,* 1982 erste Todesopfer bei einem Schußwechsel mit der Polizei.
20.11.1975	Tod des spanischen Diktators Francisco Franco; Ende der Diktatur.
Seit 1975	„Schmutziger Krieg" gegen die ETA mit Dutzenden von Todesopfern durch illegale, vom spanischen Staat unterstützte Gruppen, besonders 1983–1987 durch die GAL; die meisten Anschläge passieren im nördlichen Baskenland.
1976	Konstituierung der „Taktischen Alternative KAS", der verschiedene legale und illegale linksnationalistische Organisationen beitreten, u.a. die ETA und die Gewerkschaft LAB; Ende 1978 innerhalb der KAS Gründung der Wahlplattform *Herri Batasuna* (HB), die seitdem an Wahlen teilnimmt.
1976–1977	Amnestierung aller fast 600 inhaftierten ETA-Mitglieder.
1977	Wiederherstellung der 1937 entzogenen *Conciertos Económicos* in Bizkaia und Gipuzkoa.
1978–1980	Serie von gewalttätigen Anschlägen durch die ETA; der Kampagne fallen 253 Personen zum Opfer.
6.12.1978	Volksabstimmung über den spanischen Verfassungsentwurf, deutliche Ablehnung in Alava, Bizkaia und Gipuzkoa; knappe Annahme in Navarra.
25.10.1979	Volksabstimmung über das baskische Autonomiestatut in Alava, Bizkaia und Gipuzkoa, die die spanische autonome Region *Euskadi* bilden.

Seit 1980	Alle vier Jahre Wahlen zum Parlament von *Euskadi*: Die EAJ-PNV ist ständig stärkste Partei, aber ohne absolute Mehrheit.
1982	Einrichtung der spanischen autonomen Region Navarra; die Wahlen zum Parlament von Navarra zeigen immer noch ein deutliches Übergewicht der nicht-baskischen Parteien.
Seit Ende 1986	Kontakte zwischen der spanischen Regierung und der ETA mit dem Ziel, den baskischen Konflikt auf dem Verhandlungsweg beizulegen.
Januar 1988	Antiterrorismus-„Pakt von Ajuria Enea" durch alle im baskischen Parlament vertretenen Parteien des südlichen Baskenlandes mit Ausnahme von *Herri Batasuna*.
10. 7. 1997	Die Entführung und Ermordung des baskischen Kommunalpolitikers Miguel Angel Blanco löst massive Anti-ETA-Demonstrationen in ganz Spanien aus.
12. 9. 1998	23 nationalistische Parteien und Organisationen im Baskenland unterzeichnen die „Erklärung von Lizarra", in der eine Friedensinitiative vorgeschlagen wird, ohne einen vorherigen Gewaltverzicht von ETA zu fordern.
16. 9. 1998	ETA verkündet einen unbefristeten und totalen Waffenstillstand.
29. 12. 1998	Der gemäßigte PNV-Politiker Juan José Ibarretxe wird zum *Lehendakari* (Ministerpräsident der autonomen Region Baskenland) gewählt und bildet eine von EH unterstützte Minderheitsregierung von PNV und *Eusko Alkartasuna* (EA).
25. 10. 1999	Am 20. Jahrestag der Annahme des „Statuts von Gernika" erklären die nationalistischen Parteien des Baskenlandes das Statut für obsolet und lehnen es als oktroyierte Regelung ab.
28. 11. 1999	ETA kündigt ihren 1998 verkündeten Waffenstillstand auf und begründet dies mit der anhaltenden Repression gegen ihre Mitglieder.
Jan. 2000	Der PNV spricht sich wiederholt für eine „Souveränitätspolitik" der neuen Art aus und verschärft seinen Konfrontationskurs gegen die Zentralregierung in Madrid.
21. 6. 2001	Die Partei *Batasuna* wird als Nachfolgerin von HB gegründet.
16. 4. 2002	Das baskische Parlament erlaubt der Fraktion von *Batasuna*, sich in *Sozialista Abertzaleak* (*S.A.*) umzubenennen, um so ihre Auflösung zu verhindern.
8. 7. 2002	Juan José Ibarretxe fordert ultimativ die Umsetzung der noch fehlenden Punkte des Autonomiestatuts von 1979, andernfalls werde die baskische Regierung den Sezes-

Zeittafel 237

	sionsprozeß einleiten; wenige Tage später erklärt das baskische Parlament das Autonomiestatut für obsolet.
26. 8. 2002	Die spanische Justiz verbietet jegliche Aktivitäten von *Batasuna*; die Cortes leiten das Verbotsverfahren ein.
26. 9. 2002	*Lehendakari* Juan José Ibarretxe kündigt im baskischen Parlament an, das Baskenland zu einem mit Spanien assoziierten Freistaat machen zu wollen und die Bürger darüber abstimmen zu lassen (*Plan Ibarretxe*).
17. 1. 2004	Josu Jon Imaz tritt die Nachfolge von Xabier Arzalluz als Vorsitzender des PNV an.
15. 11. 2004	Die verbotene baskische Partei *Batasuna* legt einen Friedensplan vor und ruft dazu auf, den bewaffneten Kampf zu beenden. Ihr Vorsitzender schlägt Spanien und Frankreich ein Referendum über die Zukunft des Baskenlandes vor.
2. 2. 2005	Das spanische Parlament lehnt den umstrittenen Unabhängigkeitsplan für das Baskenland mit großer Mehrheit ab. Der baskische Regionalpräsident Juan José Ibarretxe will dennoch eine Volksabstimmung über das Vorhaben abhalten lassen.
22. 3. 2006	ETA verkündet einen „dauerhaften Waffenstillstand", beginnend mit dem 24. März.
4. 5. 2006	Ministerpräsident Ibarretxe legt einen Plan für „Frieden und Zusammenleben" vor.
30. 12. 2006	ETA-Attentat auf den Madrider Flughafen (2 Tote).
20. 1. 2007	Illegalisierung der drei ETA-nahen Jugendorganisationen *Jarrai*, *Haika* und *Segi* als „terroristische Organisationen".
12. 4. 2007	Öffentliche Vorstellung der „alt-neuen" politischen Formation *Acción Nacionalista Vasca*.
27. 5. 2007	Kommunalwahlen im Baskenland und in Navarra; relativer Erfolg der Radikalnationalisten.
5. 6. 2007	ETA erklärt den „dauerhaften Waffenstillstand" für beendet.
31. 8. 2007	Ankündigung eines Referendums zur Selbstbestimmung des Baskenlandes durch Ministerpräsident Ibarretxe.
12. 9. 2007	Ankündigung durch den PNV-Vorsitzenden Josu Jon Imaz, daß er nicht wieder für das Amt des Vorsitzenden kandidieren werde.
29. 9. 2007	Ankündigung konkreter Termine für die vorgesehenen zwei Volksabstimmungen im Baskenland; die erste soll am 25. Oktober 2008 stattfinden.
2. 12. 2007	PNV-Parteitag; neuer PNV-Vorsitzender: Iñigo Urkullu.
8. 2. 2008	ANV und PCTV-EHAK werden wegen Unterstützung terroristischer Vereinigungen vom Richter Baltasar Garzón suspendiert.

(Nur die historisch bedeutsamen Ortschaften sind angegeben.)

Entdecken Sie
die Vielfalt des WBG-Programms

Das WBG-Programm umfasst rund 3000 Titel aus mehr als 20 Fachgebieten.
Aus dem Fachgebiet Geschichte empfehlen wir besonders:

C. AMBOS / S. HOTZ / G. SCHWEDLER / S. WEINFURTER (HRSG.)
Die Welt der Rituale
Von der Antike bis heute

Autoren aus den unterschiedlichsten Fächern der Kultur- und Sozialwissenschaften zeigen, was Rituale in Gesellschaften leisten und wie sie sich entwickeln. **Ein gut lesbarer Überblick nicht nur für Fachleute** mit zahlreichen Beispielen!

2005. VIII, 276 S. mit 11 s/w Abb. und 3 s/w Kt., Fadenh., geb.

ISBN: 978-3-534-18701-0

WALTHER L. BERNECKER
Krieg in Spanien
1936–1939

»Bernecker hat mit bewundernswerter analytischer Kraft und feinem Sinn für historische Gerechtigkeit ein außerordentlich abgewogenes Buch geschrieben. ... In deutscher Sprache gibt es nichts Vergleichbares.« FAZ

2., vollst. überarb. und erw. Aufl. 2005. V, 297 S. mit 5 Kt. und 2 Tab., geb.

ISBN: 978-3-534-19027-0

JÜRGEN MATTHÄUS / KLAUS-MICHAEL MALLMANN (HRSG.)
Deutsche, Juden, Völkermord

20 international renommierte Autoren analysieren das Verhältnis von Juden und Deutschen unter dem Vorzeichen des Holocaust auf dem aktuellen Stand der Forschung. **Eine einzigartige Zusammenschau!**

(Veröffentlichungen der Forschungsstelle Ludwigsburg).
2006. 340 S. mit 5 s/w Abb., Fadenh., geb.

ISBN: 978-3-534-18481-1

Weitere Informationen zum WBG-Programm:

www.wbg-darmstadt.de

(0 61 51) 33 08 - 330 (Mo.–Fr. 8–18 Uhr)

(0 61 51) 33 08 - 277

service@wbg-darmstadt.de